Kai Diekmann

Der große Selbst-Betrug

Kai Diekmann

Der große Selbst-Betrug

Wie wir um unsere Zukunft gebracht werden

Piper
München Zürich

FSC
Mix
Produktgruppe aus vorbildlich
bewirtschafteten Wäldern und
anderen kontrollierten Herkünften

Zert.-Nr. GFA-COC-1223
www.fsc.org

ISBN 978-3-492-05122-4

Satz: seitenweise, Tübingen
Druck und Bindung: Clausen & Bosse, Leck
Printed in Germany

www.piper.de

Nichts bedarf dringender der Verbesserung als die Angewohnheiten anderer Leute.

Mark Twain

Inhalt

Sind wir DDR?
Einleitung

Zu den Gemeinplätzen zeitgeschichtlicher Erkenntnis gehört die Feststellung, dass die DDR nicht zuletzt an ihrer Verlogenheit zugrunde gegangen ist. All die schöngerechneten Leistungsbilanzen konnten den täglichen Mangel so wenig verdecken wie das Geschwätz über die Einheit von Volk und Partei deren totale Entfremdung. Am Ende erschienen die Produktivitätszahlen so aberwitzig wie die auf Walter Ulbricht zurückgehende Losung, man wolle den Westen »überholen, ohne einzuholen« – der große Selbst-Betrug einer senilen Altherrenkaste.

Die Frage ist, ob es im Westen anders war. Wer in die Archive geht, findet vor allem in den Organen der linken Selbstverständigung erstaunliche Dinge: Über die Wirtschaftskraft der DDR wie über die einfache Menschlichkeit des dortigen Lebens; über den multikulturellen Segen der Zuwanderung im Westen; über die akute Gefahr eines Atomkriegs in Deutschland und die Unverantwortlichkeit der Nachrüstung; über die braune Gefahr, die »BRD«-weit auf dem Vormarsch sei; oder über die Forderung der Wiedervereinigung, an der allein weltfremde Hinterbänkler festhielten.

Heute wissen wir: Vieles war an der Grenze zur Täuschung, manches weit darüber hinaus. Noch mehr war Selbsttäuschung. Man wollte die Wirklichkeit nicht sehen, weil sie den eigenen Wünschen und ideologischen Vorbehalten widersprach. Das »Paralleluniversum«, das Kritiker so gerne *Bild* bescheinigen, war eher eine Sache von *Zeit, Stern, Frankfurter Rundschau* und manch öffentlich-rechtlicher Sender. Dem eigenen Verständigungs- und Entspannungsfetischismus opferten viele nicht nur die schlichtesten Forderungen der Humanität, sondern die eigene Klarsicht – nicht alles ein »Abgrund an Landesverrat«, aber durchaus abgründig.

Seitdem hat sich vieles verändert. Nur der Hang zum Selbst-Betrug ist geblieben. Und nicht nur in den Medien, sondern bei uns allen. Ob Rentenpolitik, Krankenversicherung, Überalterung, Energiepolitik, Ausländerkriminalität oder internationale Konkurrenzfähigkeit – von den meisten Dingen wollen die Deutschen nichts wissen, oder zumindest nicht die Tatsachen. Stünde der Selbst-Betrug unter Strafe, gäbe es in diesem Land kaum freie Bürger.

Woher kommt diese Lust am Wolkenkuckucksheim? Warum fehlt den Deutschen der Sinn für die Wirklichkeit, für Interessen, für die Selbstverständlichkeiten des Lebens? Hat der Reichtum, den Deutschland nie zuvor kannte, den Sinn für Realitäten verstellt? Spielt der Niedergang des Religiösen eine Rolle? Ist der Versorgungsstaat schuld, der immer mehr verteilt, aber immer weniger zufrieden macht? Ist der Verlust der oft geschmähten Sekundärtugenden wie Fleiß, Ordnung, Pünktlichkeit oder Respekt die Ursache der Realitätsflucht? Oder haben die Veränderungen, für die gemeinhin Achtundsechzig steht, also Selbstverwirklichung, Bindungsangst, Kinderfeindlichkeit und Kapitalismuskritik, diesem Land die Zukunft genommen?

Das sind die Fragen, die dieses Buch stellt. Doch soll es kein intellektuelles Buch sein, sondern ein Plädoyer für den gesunden Menschenverstand. Manches, was ich in meinem beruflichen Alltag erlebe, die oft seltsame Einordnung von Fakten und Vorgängen durch Politiker, Gesprächspartner, Medien, lässt mich daran zweifeln, ob in diesem Land eins plus eins rechnerisch noch zwei ergibt. Deshalb ist dieses Buch mit heißem Herzen geschrieben, weniger mit kühlem Kopf. Es erhebt keinen Anspruch auf Vollständigkeit, auf Ausgewogenheit oder Objektivität. Meine Worte sind nicht mit der Goldwaage gewogen, meine Sätze nicht abgestimmt mit den politisch Korrekten. Es ist eine polemische Attacke ohne Rücksichten – und in dem Wissen geschrieben, dass manche Schüsse auch mich selbst treffen. Denn auch ich greife wie selbstverständlich auf vieles zurück, was zumindest seit – nicht notwendig durch – Achtundsechzig zum Standard wurde. Und auch ich bin, mag es auch viele verblüffen, oft selbst der »Gutmensch«, über den ich mich lustig mache. Dass ich schon aus beruflichen Gründen genötigt bin, dies zu verbergen, sollte man mir nachsehen.

Hamburg, im September 2007
Kai Diekmann

Am deutschen Wesen soll die Welt genesen

Wie uns die Gutmenschen verrückt machen

In Deutschland ist die Neigung ausgeprägt, die Dinge gleich zweihundertprozentig zu machen. »Am deutschen Wesen soll die Welt genesen«, verkündeten die konservativen Vordenker zu Kaiser Wilhelms Zeiten. Schon der führte das Land in einen Krieg, der nicht unbedingt zur Genesung der Welt beitrug. Dann jubelte man Hitler zu. Der wollte die Welt vor einer »jüdischen Weltverschwörung« retten. Er zettelte den Zweiten Weltkrieg an, der zwischen 50 und 60 Millionen Menschen das Leben kostete. Nach Niederlage, Wiederaufbau und Wirtschaftswunder kamen dann die Achtundsechziger, von denen viele mit dem gleichen Rigorismus Verbrecher wie Mao Zedong und Ho Tschi Minh anbeteten. Das war alles vor meiner Zeit. Doch inzwischen hat uns ein neuer Totalitarismus in seinen Bann geschlagen. Ein Totalitarismus, der nicht weniger Intoleranz produziert: Wir Deutschen wollen die Korrektesten, die Anständigsten, die moralisch Besten sein auf dieser Welt. Dagegen gäbe es eigentlich gar nichts einzuwenden – eigentlich. Wenn es nicht regelmäßig das Gegenteil dessen hervorriefe, was gesunden Menschenverstand ausmacht. Wenn sich unsere Gesellschaft deswegen nicht immer wieder aufwendige Nebenkriegsschauplätze leistete, die so gar nichts mit den wirklichen Herausforderungen dieses Landes zu tun haben.

Man kann Achtundsechzig, also dem Epochenbruch der deutschen Gesellschaft in Richtung Egozentrik, Mittelmaß und Faulheit, vieles vorwerfen. Aber die verhängnisvollste Folge dieser Zeit ist das Aufkommen des Gutmenschen, also die säkulare Form des pietistisch-abseitigen Frömmlers: Voll unbedingten Glaubens an das Gute im Menschen, unbeirrt von allen Fakten, ohne Vorstellung von der Welt, dafür mit dem festen Willen, dass das gut Gemeinte auch das Gute sei.

Solange dieses Land noch arm war und das Leben hart, war die idealistische Träumerei einiger weniger kein Problem. Heute allerdings ist der Gutmensch zum Problem, zur Plage geworden. Denn nach dem »Marsch durch die Institutionen« sitzen die Eiferer des guten Herzens nun an gesellschaftlich wichtigen Stellen: in Schulen, Behörden, auf Richterbänken, in der Politik, in den Medien. Ihre Weltsicht, vor allem aber ihr Katechismus der Güte und grundsatzfreien Toleranz, bestimmt nun Notenvergabe, Asyl- und Hartz-IV-Verfahren, Urteile und Gesetze – und häufig auch die Berichterstattung. Der Fall Murat Kurnaz gibt ein Beispiel.

Murat Kurnaz ist vermutlich ein freundlicher Mensch. Bei öffentlichen Auftritten wirkt der früher langbärtige Moslem, den meisten Deutschen als »Bremer Taliban« bekannt, ein wenig wie Hagrid, der drachenliebende Gärtner bei Harry Potter: gutmütig, wenn auch etwas waldschratig-verschroben. Wahrscheinlich gibt es auf dieser Welt viele Kurnaze – mehr oder minder angenehme Zeitgenossen, mitunter ein bisschen seltsam und mit dem einen oder anderen Tick, aber insgesamt durchaus akzeptabel. Und sie alle sollten darauf vertrauen können, dass ihr Heimatland ihnen hilft, wenn sie anderswo schuldlos in Schwierigkeiten geraten. Murat Kurnaz ist in Deutschland geboren und aufgewachsen, aber er ist türkischer Staatsbürger. Seine Familie lebt in der Türkei, auch seine – mittlerweile von ihm geschiedene – Ehefrau. Kurnaz war von Geburt an Türke, und er wollte dies ganz offensichtlich auch bleiben. Um die deutsche Staatsbürgerschaft bemühte er sich erst 2007. Zuständig für diplomatische Schritte im Fall irgendwelcher Probleme von Murat Kurnaz im Ausland war daher nicht Deutschland, sondern allein die Türkei – und »allein« heißt »allein«.

Aber wohl nicht für alle. Vor allem nicht für viele deutsche Medien. Sie veranstalteten 2006 über Monate ein Kesseltreiben gegen Außenminister Frank-Walter Steinmeier. Der hatte in seiner früheren Funktion als Kanzleramtsminister der Regierung Schröder entschieden, das Angebot der USA, Kurnaz aus dem Strafgefangenenlager Guantánamo nach Deutschland abzuschieben, nicht anzunehmen. Auch die Türkei wollte ihren Staatsbürger offensichtlich nicht zurückhaben; schon während der viereinhalbjährigen Haft von Kurnaz hatte das Land am Bosporus nichts unternommen, um Kurnaz freizubekommen.

Was hat Frank-Walter Steinmeier falsch gemacht? Unsere Kanzler und Minister geloben bei Amtsantritt per Eid, »Schaden vom deutschen Volk abzuwenden«. Nichts anderes hatte der heutige Außenminister damals beabsichtigt. Erinnern wir uns: Am 11. September 2001 waren die Zwillingstürme des World Trade Center in New York in Feuer und Staub versunken, das Pentagon wurde schwer verwüstet, ein Anschlag auf das Weiße Haus in Washington nur mit Glück und unter großen Opfern verhindert. Die Verantwortung für diese Anschläge übernahm noch am gleichen Tag al-Qaida, eine radikal-muslimische Terrororganisation unter Führung Osama bin Ladens, finanziell und logistisch von zahlreichen islamischen Ländern unterstützt, vor allem aber vom afghanischen Regime der Taliban. Der islamistische Terror war nicht nur für die Amerikaner zur Bedrohung geworden, sondern für alle Länder, ob westlich, östlich, christlich, hinduistisch, säkular oder selbst islamisch. Auch für Deutschland, zumal mehrere Attentäter des 11. September in Deutschland gelebt, studiert und ihr Netzwerk aufgebaut hatten.

Laut staatsanwaltschaftlicher Ermittlungsakte reagierte Murat Kurnaz auf die Anschläge in New York und Washington mit den Worten, dass dies »Allahs Wille« und Vergeltung sei: »Die Amerikaner sind auch verantwortlich für den Tod von vielen Moslems zuvor.« Unmittelbar darauf soll sich Kurnaz Tarnanzug, Springerstiefel und ein Nachtsichtgerät gekauft und Anfang Oktober 2001 eine Maschine nach Pakistan bestiegen haben, um dort, wie er sagt, seine Kenntnisse des Korans zu vertiefen – was angesichts der oftmals unsicheren Stromversorgung in pakistanischen Koranschulen ein Nachtsichtgerät wohl erforderlich macht. Schon in Pakistan wurde Kurnaz jedoch von Sicherheitskräften festgenommen, den Amerikanern übergeben und nach Guantánamo verbracht. Eine Beteiligung an terroristischen Aktivitäten konnte ihm allerdings nicht nachgewiesen werden – der rasche Zugriff der Pakistaner ließ dafür wohl auch keine Gelegenheit.

Doch das ist Spekulation. Nach allem, was man weiß, hat Kurnaz als unschuldig zu gelten. Er darf reisen, wohin es ihm beliebt, sofern die betroffenen Länder die Anwesenheit eines Muslims mit Nachtsicht- und Camouflage-Bedürfnissen nicht als unvereinbar mit ihren Sicherheitsinteressen empfinden. Zwar mögen manche die Kurnaz'schen Bedürfnisse als völlig normal und sozialadäquat betrachten, doch ist auch eine andere Einschätzung zulässig. Und man sollte Frank-Walter Steinmeier daher mit Nachsicht behandeln, wenn er nicht sofort sämtliche diplomatischen Hilfsmaßnahmen für den türkischen Staatsbürger Murat Kurnaz in die Wege leitete – auch wenn viele deutsche Medien darin einen Akt schweren Unrechts erkennen wollen. Im Übrigen waren Versuche des Auswärtigen Amts, Kurnaz konsularisch zu betreuen, schon 2002 von den Amerikanern unter ausdrücklichem Hinweis auf die türkische Staatsbürgerschaft des Gefangenen zurückgewiesen worden.

Als es nun darum ging, ob Kurnaz nach Deutschland zurückkehren dürfe oder nicht, interessierte es niemanden, dass er türkischer und nicht deutscher Staatsbürger ist. Wir taten stattdessen so, als laute die Alternative: Deutschland oder Guantánamo. Das »Nein« der rot-grünen Bundesregierung folgte dem Grundsatz: Im Zweifel für die Sicherheit. Unsere Sicherheit wohlgemerkt, nicht die des Murat Kurnaz – seinen Misshandlungen in Afghanistan und Guantánamo zum Trotz. Das wollen die Betroffenheitsagitatoren nicht wahrhaben. In ihren Augen war es der Schröder-Regierung egal, unter welch unwürdigen Bedingungen Kurnaz von den Amerikanern festgehalten wurde. Das war es sicher nicht. Es war ihnen aber genauso wenig egal, dass ein junger Muslim, der nur Deutsch und Türkisch sprach, sich drei Wochen nach dem 11. September 2001 spontan zu einer Pakistan-Reise entschloss. Dass seine Mutter angab, er wolle nach Afghanistan, um dort zu kämpfen. Dass er vielleicht kein Terrorist war, aber möglicherweise auf dem besten Weg dahin.

Murat Kurnaz durfte 2006 zurück nach Deutschland – aus humanitären Gründen. Er hat noch immer keine glaubhafte

Erklärung für seine Reise abgegeben. In seinem Buch steht, er habe in pakistanischen Koranschulen in weniger als zwei Monaten alles lernen wollen, »was ich wissen müsste, um ein guter Ehemann und Moslem zu sein«. Wer an diesen islamischen Hauswirtschaftskurs glaubt, dem fällt es natürlich leicht, das verantwortungsvolle »Nein« Steinmeiers zu geißeln. Der heutige Kanzleramtsminister Thomas de Maizière erwidert darauf: »Ich bin froh, dass ich die Entscheidung 2002 nicht habe treffen müssen.« Wie wahr.

Mit einem Kurnaz allein begnügen sich die guten Deutschen nicht. Zum Glück gibt es noch Khaled al Masri. Er ist Deutscher libanesischer Herkunft. Deshalb hat unser Staat eine Fürsorgepflicht für ihn, so wie für jeden anderen Bundesbürger. Bevor al Masri allerdings Bundesbürger wurde, kommandierte er im Libanon eine sechzehnköpfige bewaffnete Einheit der »Al-Tawhid«-Bewegung, die zum Netzwerk von al-Qaida gerechnet wird. Gegründet wurde Al-Tawhid vom 2006 getöteten Top-Terroristen Abu Musab al-Sarkawi, dem für die Enthauptung von Geiseln berüchtigten irakischen Statthalter bin Ladens. Ziel der militanten Al-Tawhid ist die Vernichtung Israels sowie die Errichtung einer islamistischen Herrschaft unter strikter Beachtung der Scharia, des mittelalterlich-brutalen Rechtskodexes des Koran.

Seinen Asylantrag in Deutschland begründete al Masri 1985 mit der Mitgliedschaft in eben dieser Organisation, war doch das Leben des »heiligen Kriegers« im Libanon in Gefahr. Später heiratete er eine deutsche Frau, erhielt die deutsche Staatsbürgerschaft, ließ sich wieder scheiden und zog nach Neu-Ulm, wo er im Umkreis des »Multikulturhauses Neu-Ulm« aktiv war, das 2005 wegen staatsfeindlicher Aktivitäten geschlossen wurde. Nach einer Einschätzung des Verfassungsschutzes gilt al Masri, der in den letzten Jahren mehrfach in arabische und osteuropäische Länder reiste, als Anhänger Osama bin Ladens und deutscher Kontaktmann für islamistische Gruppierungen. In einem internen Dossier heißt es, al Masri habe im Vorfeld der Anschläge vom 11. September 2001 angedeutet, man werde »alsbald etwas hören« und dass »man den Amerikanern wehtun müsse …«

Anfang 2004 wurde al Masri an der serbisch-mazedonischen Grenze aufgegriffen und vom US-Geheimdienst verhaftet. In der Tasche des Sozialhilfeempfängers befanden sich mehrere Tausend Euro. Als Grund seiner Reise gab al Masri Streitigkeiten mit seiner zweiten Ehefrau Aischa an. Er habe in Skopje »Dampf ablassen« wollen – wofür die mazedonische Hauptstadt aufgrund ihres durch Armut und Arbeitslosigkeit geprägten Flairs bekanntlich erste Adresse ist, nicht zuletzt wegen ihrer günstigen Lage für Menschen aus Neu-Ulm. Wer ist nach einem Streit mit der Ehefrau noch nie 1200 km gefahren, um ein Bier zu trinken und ein bisschen Spaß zu haben? Der US-Geheimdienst nahm al Masri diese Version nicht ab, verdächtigte ihn der aktiven Unterstützung bin Ladens und schaffte ihn nach Afghanistan. Dort wurde er vier Monate festgehalten und seinen Angaben nach bei Verhören misshandelt. Seine Frau daheim in Deutschland erstattete keine Vermisstenanzeige. Vermutlich war sie mit der ausgedehnten Reisetätigkeit ihres Mannes bereits bestens vertraut.

Seit seiner Rückkehr sorgt al Masri für Schlagzeilen, weil er ein Opfer der Amerikaner geworden ist. Ende April 2007 schrieb sein Anwalt einen Brief an die Bundeskanzlerin. Darin beschwor er sie, seinem Mandanten die »bestmögliche Psychotherapie« zur Verfügung zu stellen. Denn al Masri sei »verzweifelt und seiner nicht mehr Herr«. Stimmt. Erst schlug er einen Fahrlehrer krankenhausreif. Dann zertrümmerte er die Eingangstür eines Supermarkts in Neu-Ulm mit einem Beil und legte Feuer. Vorangegangen war ein Streit um einen defekten MP-3-Player.

Man kann im Zusammenhang mit dem Fall al Masri viele Fragen stellen. Zum Beispiel, wie die Amerikaner den gelernten Schreiner aus Neu-Ulm mit dem gleichnamigen Befehlshaber von Al-Qaida verwechseln konnten. Ob Misshandlung ein zulässiges Mittel der Befragung ist, und wo die Grenzen liegen. Ob der deutsche Geheimdienst tatsächlich an den Verhören teilgenommen hat. Und ob es richtig war, dass Otto Schily die Informationen, die ihm der amerikanische Botschafter Coates nach der Freilassung des Deutsch-Libanesen übermittelte, lange für sich behielt. Aber auch ein paar andere Fragen drängen sich auf: Wie kommt ein Sozialhilfeempfänger wie al Masri plötzlich zu ein paar Tausend Euro in bar? Wie finanzierte er seine zahlreichen Reisen? Warum waren die Nachrichtendienste so erstaunlich detailliert über das Treiben al Masris informiert? Was hatte er mit dem »Multikulturhaus Neu-Ulm« zu schaffen? Wer kommt für den Schaden bei dem Supermarkt auf? Vor allem aber muss man fragen, wie in aller Welt al Masri in Deutschland Asyl bekommen konnte. Und auch, warum dies angesichts derart vieler Ungereimtheiten nicht rechtzeitig widerrufen worden ist.

Ganz ähnliche Fragen stellten sich vor gut zwei Jahren auch die Richter im Senat für Staatsschutzsachen in Düsseldorf. Am Ende des sogenannten Al-Tawhid-Prozesses um geplante Anschläge auf jüdische Einrichtungen verurteilten sie die vier Angeklagten zu langjährigen Haftstrafen, verwiesen aber auch auf die »unglaublichen Missstände« bei der

Umsetzung der Asyl- und Bleiberechtsvorschriften. »Das Verfahren hätte bei konsequenter Anwendung des Ausländer- und Einbürgerungsrechts nicht stattfinden müssen«, meinte der Vorsitzende Richter, Ottmar Breidling. Zeugen wie Angeklagte hätten unter falschem Namen Aufenthaltsrecht, Duldung, Sozialhilfe und selbst die Einbürgerung erschlichen. »Bei frühzeitiger Abschiebung wäre Deutschland nicht nur von einer ernsten Anschlagsgefahr verschont geblieben, sondern hätte sich – abgesehen von der Sozialhilfe – auch zwei überaus teure Strafverfahren ersparen können.« Noch einmal: Khaled al Masri war Kommandant bei Al-Tawhid.

Warum versagen zuständige Beamte und Sachverständige in so grotesker Weise bei der Anwendung des Ausländerrechts? Warum werden Straftäter oder Personen, die sich Leistungen oder Aufenthaltsberechtigungen erschleichen, nicht konsequent abgeschoben? Warum nimmt man Personen, die ihre Papiere vernichten, Auskunft über ihr Heimatland verweigern und damit die Abschiebung unmöglich machen, nicht so lange in Haft, bis Herkunft und Identität geklärt sind? Warum findet sich für jeden Straftäter immer irgendeiner, der sich für ihn stark macht? Und warum sind viele Deutsche so berufs- und standeswidrig naiv?

Wer auf das Menschenbild unserer Landsleute blickt, die in den letzten Jahrzehnten dieses Land in Politik, Gesellschaft, Medien und Verwaltung in wesentlichen Zügen geprägt haben, kann gelegentlich verzweifeln. Woher kommt diese altruistische Frömmelei an der Grenze zur Selbstverleugnung, der mangelnde Sinn für Konfliktpotenziale und für die Interessen des eigenen Landes; ja die ureigensten Interessen? Jedes andere Land der westlichen Welt, ob England, die Schweiz, Österreich, Italien, die USA oder Kanada, weiß um die Attraktivität seines Lebensstandards und seiner Freiheiten für Bewohner weniger glücklicher Regionen – und dass viele dieser Bewohner, für die Hungersnöte, Epidemien und Kriege tägliche Realität sind, alles tun würden, um in den Genuss eines solchen Lebens zu kommen. Sie würden, mag das auch viele gutmeinende Menschen erstaunen, sogar lügen, Papiere fälschen und Verwandtschaften oder Verfolgungen behaupten, die es nicht gibt. Aber statt eines Mindestmaßes an Skepsis herrscht bei denen, die in den Zeiten von Achtundsechzig groß, aber nicht erwachsen wurden, noch immer beliebiger Verständniswahn. Auch der ist ein Erbe von Achtundsechzig, und auch der ist, wie so vieles dieser Generation, nur der Wahn der Väter mit verändertem Vorzeichen: Wollte man damals die Welt wahllos totschlagen, will man sie jetzt wahllos umarmen.

Man schämt sich des Deutschseins, kann es aber auch nicht verleugnen. So wertet man es zumindest ab, indem man anderes hochjubelt: südländische Lebensart, afrikanische Ungezwungenheit, karibisches Laisser-faire. Wirtschaftsminister Glos hat das vor Jahren richtig erkannt, als er vom »Hass auf Deutschland« sprach, der Grüne und Linke vereine. Tatsächlich lässt sich vieles mit diesem Motiv erklären: Die Verachtung der Linken für das »System« der alten Bundesrepublik; die schäbige Aufwertung kommunistischer Regime; die bewusste Duldung wahlloser Zuwanderung, um, wie eine Politikerin der Alternativen Liste meinte, »den deutschen Bevölkerungsanteil zurückzudrängen«; die jahrelang betriebene Verharmlosung aller Probleme des multikulturellen Zuzugs; oder auch die Ablehnung der Wiedervereinigung. Noch in Günter Grass' Ausfällen gegen die Deutsche Einheit ist dieser Selbsthass zu spüren. Und vielleicht hat die seltsam kapitalistische, grundbesitzfixierte Sehnsucht vieler

Linker nach einem Häuschen in der Toskana oder in Umbrien ebenfalls hier ihren Grund. Nur im Ausland konnte man Frieden machen mit diesem Land; nur wo man ohnehin als Deutscher erkannt und freundlich begrüßt wurde, war es nicht nötig, innerlich auf Distanz zu gehen.

Weil die »BRD« die Nachfolgerin des »Dritten Reichs« war, glaubte man die Mär von der sozialistisch-humanen Alternative im Osten. Das Ergebnis war eine geradezu elementare Standpunktlosigkeit in Fragen der Humanität. Als ob es keinen Schießbefehl und keine Mauertoten gab, keine Ausweisungen, keine Stasi, keine Selbstschussanlagen, Todesstreifen und Wachhunde, kein beklemmendes Gefühl der Überwachung, sobald man die DDR betrat, keine Unterdrückung, keine Hilde Benjamin und keinen Erich Mielke, nicht Tausende von staatlich kaputt gemachten Biografien, von Sportlern, Künstlern, Schriftstellern und von Otto-Normalverbrauchern, die einfach nur mal ihre Meinung gesagt hatten. Die DDR war keine »Sonnenallee«. Das konnte man nicht übersehen, aber man sah es nicht. Weil man es nicht sehen wollte. Stattdessen kümmerte man sich lieber um die Verfolgten in Nicaragua, Paraguay oder Chile, und erklärte das Festhalten am Verfassungsgebot der Wiedervereinigung als rückständig, revanchistisch und als Kriegstreiberei. »Die deutsche Frage steht nicht auf der Tagesordnung«, meinten noch im Sommer 1989 führende Sozialdemokraten, und Egon Bahr höhnte über das »Geschwätz von der Wiedervereinigung«. Als der Ostblock, als die DDR ins Wanken geriet, war die Linke wie vor den Kopf gestoßen.

Dass selbst Journalisten die Realität aus den Augen verloren und wie sehr sie sich und ihre Leser mit ihren Wunschvorstellungen hinters Licht führten, zeigt das Buch *Reise ins andere Deutschland*, das im September 1989 (!) erschien.

Versammelt sind darin Reportagen über Reisen des Chefredakteurs der *Zeit,* Theo Sommer, und einigen seiner Redakteure durch die DDR. Über den dortigen Alltag schreibt Theo Sommer in dem Buch: »Oft genug, wenn man Menschen vor Geschäften Schlange stehen sieht, verrät dies nicht grundsätzlichen Mangel, sondern Sehnsucht nach Qualität.« Über Honecker: »Die Bürger des anderen deutschen Staates bringen ihm fast so etwas wie stille Verehrung entgegen; in Gesprächen schlägt sie immer wieder durch.« Und weiter: »Er heißt ›der Chef‹, ›der Erste‹ oder einfach Erich. ›Erich währt am längsten‹ heißt ein kabarettistisches Lied im jüngsten Programm der Berliner ›Distel‹. Der Titel verrät etwas von der heimlichen Zuneigung derer, die seinem Regiment unterstehen.« Keine vier Wochen nach dem Erscheinen dieses zeitgemäß kritischen Sachbuches wurde die »heimliche Zuneigung« offenkundig, als Hunderttausende in Leipzig, Dresden und Berlin auf die Straßen gingen und Honecker aus dem Amt jagten.

Die freiwillige Desinformation und Selbsttäuschung, die viele Journalisten, aber auch Politiker des linken Milieus betrieben, kulminierte in der Debatte um die Nachrüstung Anfang der 80er-Jahre. Gegen die massive Aufrüstung des Warschauer Pakts mit der Mittelstreckenrakete SS-20 setzte die NATO die Stationierung von Pershing und Cruise Missiles. Ein Sturm der Entrüstung brach los – allerdings nicht gegen die rein aggressive, vor allem gegen Westdeutschland gerichtete SS-20, sondern gegen die Verteidigungsbemühungen des Westens. Friedensbewegte, Pazifisten, Gewerkschafter, Kirchenleute, Schauspieler, Liedersänger – alle fünften Kolonnen der gutmeinenden Realitätsverdränger fanden zusammen, teilweise bezahlt und gesteuert von der Stasi. Im Bonner Hofgarten demonstrierten Hunderttausende gegen den »Fascho-Staat BRD« und den »NATO-D«! Und auch viele Medien machten mit: Die DDR wurde zum »Friedensstaat«, der Westen zum Kriegstreiber.

Der Deutsche besitzt »im Luftreich des Traums die Herrschaft unbestritten«, heißt es in Heinrich Heines »Wintermärchen«. Der Dichter beschrieb damit unsere Neigung, den gesunden Menschenverstand außen vor zu lassen. Wer zum Beispiel glaubte, das sei nach den Erfahrungen mit der Hitler-Barbarei anders geworden, wer glaubte, unser Blick für Unrechtsregime sei dadurch geschärft worden, der muss sich einmal unseren Umgang mit der SED-Diktatur vergegenwärtigen. Seit den 60er-Jahren begann man im Westen, den real existierenden Sozialismus zu verklären. Am Ende stand eine immer weiter um sich greifende Selbsttäuschung, was die Realität der DDR anging. Was man zu dieser Zeit in den Archiven findet, ist mitunter hart am Landesverrat, noch häufiger jedoch von einer ekelhaften Ranschmeiße an eine widerliche Diktatur.

Im Bunde mit der DDR war man Friedensfreund und besser als all die andern. Und so kostete es Bundeskanzler Helmut Schmidt sein Amt, als er trotz aller Kritik am Doppelbeschluss, also der Nachrüstung auf dem Feld der Mittelstreckenraketen und Marschflugkörper, festhielt: Die eigene Partei versagte ihm die Gefolgschaft. Heute wissen wir, dass erst dieses und späteres Festhalten am NATO-Doppelbeschluss der Sowjetunion zeigte, dass sie Europa militärisch nicht in die Knie zwingen würde. Das hat selbst Michail Gorbatschow eingeräumt. Als Ronald Reagan dann den – wieder von allen westdeutschen Linken stark kritisierten – Rüstungswettlauf forcierte und Papst Johannes Paul II. die Freiheit und Selbstbestimmung des Einzelnen wie der Völker offensiv in seine Heimat Polen trug, war das Ende des

Ostblocks gekommen und das Fenster zur deutschen Einheit einen Spalt weit geöffnet – Glasnost, Perestroika, die Distanzierung Gorbatschows von der DDR-Führung.

Auf westlicher Seite war die Voraussetzung für die deutsche Einheit die Unterstützung aus Washington, sprich der amerikanischen Regierung unter George Bush senior. Er half Helmut Kohl auf dem schwierigen Weg nach Kräften. Bush war es, der die westlichen Verbündeten, vor allem die britische Premierministerin Margaret Thatcher und den französischen Staatspräsidenten François Mitterrand, mit Nachdruck davon überzeugte, dass es keine Alternative zur deutschen Einheit gebe. Warum Bush so handelte, hat Helmut Kohl immer wieder hervorgehoben: Weil er zu Beginn der 80er-Jahre den Nato-Doppelbeschluss an der Seite der Amerikaner durchgesetzt hatte.

Erschütternd dabei ist, dass viele unserer Gutmenschen auch heute noch nicht die Aufrichtigkeit aufbringen, diese Zusammenhänge einzugestehen. Ganz deutsch bleibt man im »Luftreich des Traums« und spinnt an historischen Legenden. Nun gut, Irrtümer einzugestehen verlangt Größe, und diese Größe fehlt leider den meisten, die seinerzeit mit glänzenden Augen und sehnsuchtsvollem Blick in die DDR hinübersahen. Stattdessen echauffieren sich die Kleingeister auch heute noch gebetsmühlenartig über die Ankündigung Helmut Kohls, aus der daniederliegenden DDR würden bald »blühende Landschaften« erwachsen. Diese Schlechtredner hätten sich wohl mit den Birken und Sträuchern, die durch die fensterlosen, unsanierten DDR-Gemäuer wuchsen, zufriedengegeben. Vergessen wollen diese Gutmenschen, dass sie selbst es gewesen sind, die die bankrotte DDR noch kurz vor ihrem Untergang als die neuntgrößte Industrienation der Welt gefeiert haben!

Kein Wunder, denn persönliche Folgen haben all die früheren Irrtümer und fundamental falschen Urteile nicht gehabt. Die gleichen Personen, die damals die Wirtschaftskraft der DDR propagierten oder deren humanen Zuschnitt, machen weiter wie zuvor. Über Jahre hatten sie die Rechte der Ostdeutschen auf Freiheit und Selbstbestimmung für ein bisschen Entspannung, für einen kleinen kritischen Dialog verkauft und verraten. Alle ihre Prognosen waren gescheitert, alle Einschätzungen hatten sich als falsch erwiesen. Kein »Sozialismus mit menschlichem Antlitz« war in der DDR zu entdecken, sondern nur die Fratze eines bankrotten Staatswesens unter dekadent-korrupter Führung. Das sollte das Gegenmodell zur Bundesrepublik sein, noch dazu das »humane«? Statt sich selbst zu befragen, passierte: nichts. Kein Bruch, keine Abbitte gegenüber denen, die man früher mit Schmutz beworfen hatte. Gewerkschafter, Politiker, Editors-at-large, ARD-Senderchefs – alle blieben, als sei nichts geschehen. Wenn man zu Recht den bruchlosen Wechsel der Globkes und anderer Meinungsbildner des »Dritten Reichs« in die Bundesrepublik bedauert, sollte man auch diese glatten Übergänge ins wiedervereinigte Deutschland in sein Bedauern einbeziehen.

Die Blindheit bei der Beurteilung der wahren Verhältnisse in den sozialistischen Ländern findet ihre Entsprechung in einer unerträglichen moralischen Überheblichkeit gegenüber den Vereinigten Staaten von Amerika. Wenn es um die USA geht, erlebt man noch immer die alten Reflexe. Die Präsidenten der Vereinigten Staaten als gefährliche, kriegslüsterne Trottel zu brandmarken, hat Tradition in Deutschland. So wurde Ronald Reagan gern unter Anspielung auf dessen frühere Laufbahn als »schießwütiger Zelluloid-Cowboy« bezeichnet. Als Reagan vier Jahre später bei seinem Besuch in Berlin den Staats- und Parteichef der UdSSR aufforderte, die Mauer niederzureißen, wurde er für seine Weltfremdheit belächelt; nicht weit entfernt tobte der Mob gegen »US-Imperialismus« und »U-SS-A«. Die sozialdemokratische Justizministerin Hertha Däubler-Gmelin verstieg sich dazu, Bush junior indirekt mit Hitler zu vergleichen (was sie, als dies nicht auf ungeteilte Zustimmung stieß, bestritt).

Manche und auch manchmal heftige Kritik an der amerikanischen Regierung ist berechtigt. Man kann an diesem Land leiden wie an Deutschland. An den skandalösen Ereignissen in Abu Ghraib, am rechtsfreien Raum von Guantánamo, an den Neokonservativen im Weißen Haus, an Rücksichtslosigkeiten gegenüber den Belangen selbst befreundeter Länder. Auch die Unwahrheiten bei der Vorbereitung des Irakkriegs müssen keinem gefallen, und gewiss sind die überaus engen Kontakte zwischen Industrie, Militär und Politik, vor denen schon Präsident Roosevelt zu seiner Amtszeit warnte, nicht unproblematisch. Aber sieht es irgendwo anders aus? Im Russland Putins? In China? In den europäischen NATO-Ländern? Gibt es dort keine Verbindungen zwischen Politik und Industrie, keine Skandale im Militär, keine geopolitischen Einflusszonen? Wo die Fremdenlegion überall zum Schutz ureigener französischer Interessen eingesetzt wird, wissen wir nicht einmal. Sehr wohl aber, dass Russland weder vor Erpressung zurückschreckt noch vor dem Einsatz militärischer Mittel, wenn es um seinen Machtbereich geht. Und Chinas ausgesprochen kommunistische Auffassung von geistigem Eigentum gefährdet mit seinen Billigplagiaten massiv die deutsche Wirtschaft, von der Besetzung Tibets und der Zerstörung von dessen Kultur ganz zu schweigen. Doch darüber regt sich kaum jemand aus den Reihen der Linksfraktion auf.

Amerika ist nicht sakrosankt. Aber die heuchlerische Einseitigkeit der Kritik macht sprachlos, genau wie der oftmals fehlende Blick für die innen- und außenpolitischen Handlungsmöglichkeiten der Amerikaner – und auch für das, was sie nicht leisten können. Zudem verblüfft einmal mehr die Bedenkenlosigkeit, mit der von hier aus über die amerikanische Politik geurteilt wird. Wer, wenn nicht die USA, soll Europa vor den Raketen der Mullahs oder dem immer ungenierteren Hegemonialanspruch Russlands schützen? Deutschland selbst kann es nicht, dank der jahrzehntelangen Kaputtsparerei beim Militär. Großbritannien fühlt sich nicht unbedingt Europa zugehörig, und Frankreich verfolgt traditionell eigene Interessen, besonders im Nahen Osten und in Afrika. Jeder Hund weiß, dass er die Hand, die ihn versorgt und füttert, besser nicht beißt; nur der deutsche Dackel meint, er müsse besonders kräftig zuschnappen. Sollten die USA das Interesse an diesem doch eher undankbaren und wirren Land der Joschkas, Schröders, Nahles und Lafontaines verlieren, das keinen Sinn für das eigene realpolitische Interesse hat, wird schon wegen der deutschen Abhängigkeit von russischen Öl- und Gaslieferungen die Berliner Politik in Moskau gemacht. Das war für einen Teil Deutschlands schon einmal der Fall – aber war es ein Gewinn?

Die Vereinigten Staaten sind das Land der westlichen Gemeinschaft, das den größten Beitrag für die Erhaltung der freiheitlichen Kultur leistet. Sie sind, zusammen mit den Briten, eines der wenigen Länder, die dafür noch Soldaten in Kampfeinsätze schicken und deren Tod in Kauf nehmen. Es war die nackte Leiche eines GI, nicht die eines

Bundeswehrsoldaten, die ein wütender Rebellen-Mob 1993 durch die Straßen von Mogadischu schleifte – unter dem Applaus der Gaffer. Das war der Dank für die Entsendung von 30 000 US-Soldaten, die den Bürgerkrieg in Somalia beenden sollten. Wir Deutschen und die meisten unserer europäischen Nachbarn sind zu einem solchen Engagement gar nicht willens und wohl auch nicht in der Lage. Wir diskutieren stattdessen lieber die Frage, ob die Entsendung einiger Aufklärungs-Tornados nach Afghanistan unter »Kampfeinsatz« zu verbuchen ist oder nicht. Unsere Vorstellung von der Bundeswehr ist eher die einer Heilsarmee oder eines Technischen Hilfswerks, das Wasser aufbereitet und Zelte für Obdachlose aufstellt. Wir Gutmenschen mögen uns nicht eingestehen, dass es manchmal – so bitter dies auch sein mag – zum Einsatz von Waffengewalt keine Alternative gibt.

Bei all dem übersehen viele gern, dass die Soldaten der oft gescholtenen USA, die im Irak, in Afghanistan oder sonst wo auf der Welt im Kampf für die Freiheit sterben, letztendlich auch für uns ihren Kopf hinhalten mussten. Der internationale Terrorismus geht auch uns etwas an. Auch wir sind nicht sicher vor ihm. Und wir können nur von Glück sagen, dass wir bislang von größeren Anschlägen verschont geblieben sind. Das fehlgeschlagene Attentat mit den Kofferbomben auf zwei Regionalzüge in Köln müsste uns eigentlich zu denken geben. Mehr noch die von Sicherheitskräften (mit Hilfe der CIA) vereitelten Terroranschläge, die Islamisten aus Ulm geplant hatten. Fässerweise hatten sie sich schon Sprengstoffmaterial beschafft: Die Bomben hätten Tausende töten können – und sollen. Aber manchmal scheint es, als hätten die Bomben explodieren müssen, damit die Bedrohung als solche ernst genommen würde.

Mit Blick auf die USA reden viele deutsche Intellektuelle immer noch, als habe es kein 1989 gegeben. Als sei nicht der Kommunismus, sondern die westliche Welt entzaubert worden. Dabei hat nicht ein einziges kommunistisches Land irgendeine Vision entwickelt, die sich lohnen würde zu leben. Überall herrschten Terror, Unterdrückung, Bespitzelung, in vielen Ländern zudem die pure Not. Die Opferzahlen waren gigantisch: Allein die Aushungerung der Ukraine unter Stalin kostete zwischen fünf und acht Millionen Menschen das Leben, die »Entkulakisierung«, also die Vernichtung der Kleinbauern, weitere zwei bis vier Millionen; hinzu kommen die Massenopfer der Deportationen, sei es der Wolga-Deutschen, Tataren oder Balten. Maos lange Märsche forderten 50 Millionen Leben, die Killing Fields der Roten Khmer rund zwei Millionen; Hunderttausende starben in Vietnam, Nordkorea, im GULag sowie den Umerziehungslagern und Gefängnissen von Securitate, Stasi, KGB oder MBP. Biografien wurden vorsätzlich zerstört, Familien beschädigt, Lieben kaputt getreten. Alles ist dokumentiert: In »Schwarzbüchern«, in den Arbeiten der Gauck- und Birthler-Behörde, in zahllosen Dokumentationen. Dennoch erscheint dies alles wie nicht geschrieben. Wer die Diskussionen verfolgt, glaubt mitunter, der wahre Feind und große Menschenverderber sitze in Washington. Es ist bezeichnend, dass sich die deutschen Links- und Rechtsradikalen immer nur in einem Punkt einig sind: In ihrer Ablehnung der USA und von Israel. Mit den radikalen Islamisten bekommt diese illustre Runde nun weiteren Zulauf.

Die verbreitete Antipathie gegenüber den USA, die rein sachliche Differenzen weit übersteigt, verwundert umso mehr, als Deutschland wie kein anderes Land von amerikanischer Politik profitiert hat. Die Befreiung vom Nationalsozialismus, der Wiederaufbau durch den Marshallplan, der Schutz im Kalten Krieg – Luftbrücke inklusive –, die Überwindung des Kommunismus und die Wiedervereinigung – ohne die Amerikaner wäre dies ein anderes, und zwar ein furchtbar anderes Land: Entweder ein Großreich Germania oder ein russischer Satellit auf dem Wirtschaftsniveau von Kirgisien, also mit rund 400 US-Dollar Durchschnittseinkommen im Monat. Nur die linken Intellektuellen würde es in keinem Fall mehr geben.

Mich würde es auch nicht geben. Ob das ein Malus wäre oder Bonus, darf jeder selbst entscheiden. In jedem Fall wäre ich nicht hier. Wie jedes Jahr Tausende andere würde ich versuchen, irgendwie in die USA zu gelangen. Auch dieses Faktum hat nie ein Gutmensch erklären können: Warum das Ziel fast aller Emigranten immer die USA sind, wo doch das Leben dort so ungerecht ist und so beherrscht von Ausbeutung? Vor den Botschaften Russlands, Chinas oder Nordkoreas sieht man niemals Schlangen von Menschen, die Einreisevisa begehren; auch zu den Vertretungen von Kuba, Simbabwe oder dem halbsozialistischen Venezuela verirrt sich kein Mensch. Vor den Konsulaten Deutschlands hängen zwar zuweilen ein paar arme Gestalten herum. Aber der Unterschied ist: Wer in die USA möchte, erwartet dort sicher keine Sozialhilfe, sondern sucht die Freiheit.

Für den Zusammenhang, das symbiotische Verhältnis zwischen Freiheit und kapitalistischer Grundordnung, haben die meisten Linken nie einen Blick gehabt. Dabei zeigt die Abwesenheit von Meinungs-, Religions-, Berufs- oder Pressefreiheit in allen sozialistischen Staaten, dass die Freiheit des individuellen Wirtschaftens offenkundig Voraussetzung aller anderen Freiheiten ist. Nur wer wirtschaftlich nicht vom Staat abhängt, kann ihn auch kritisieren. Umgekehrt können Länder, die kein Wahlrecht kennen oder kaum Pressefreiheit, durchaus attraktiv und lebenswert sein, sofern sie nur kapitalistisch organisiert sind: Hongkong und Singapur sind dafür Beispiele. Nur der Kapitalismus schafft Freiheiten; ohne ihn geht es nie.

Die Gegnerschaft zum Kapitalismus dürfte auch der Grund sein, warum die Linke mit Israel keinen Frieden machen kann. Hier trifft man sich nun direkt mit den Nazis. Die Biografie von Horst Mahler, der vom RAF-Anhänger zum Neonazi wurde, zeigt die großen politischen Möglichkeiten dieser Haltung. Dabei tarnt sich die Kritik an Israel gern als universales Gerechtigkeitsempfinden, als Solidarität mit den Palästinensern. Es hängt eine oft widerliche Verlogenheit über diesen Diskussionen – weil es in Wirklichkeit nicht um palästinensische Belange geht, sondern allein um antiisraelische Ressentiments. Das ist an vielen Dingen festzumachen, beispielsweise an der Bezeichnung palästinensischer Terrorakte als »Guerilla-Krieg«. Dabei richten sich die Angriffe nie gegen bewaffnete Institutionen oder »Repräsentanten« des Staates, sondern ausschließlich gegen zivile Ziele: Gegen Kinder, Jugendliche, alte Leute, heimtückisch ermordet in Bussen oder Cafes. Das aber ist nicht Kriegsführung, sondern Terrorismus. Der israelische Schutzwall hingegen wird gern in die Nähe der Berliner Mauer gerückt – als wäre Israel ein ähnlich repressives Unrechtsregime wie die DDR. Die DDR wollte ihre Einwohner kasernieren – Israel will seine Bürger vor Selbstmordattentaten, Feuerüberfällen und Sprengfallen schützen, die als Kinderspielzeug getarnt sind. Wer das für vergleichbar hält, sieht wohl auch die RAF als radikale Variante des Arbeiter-Samariter-Bundes. Verschwiegen wird meist, dass seit Errichtung des

Zauns die Anschläge von Palästinensern in Israel massiv zurückgegangen sind.

Selbst wer die Geschichte ausblendet, also die historisch bedingte Verantwortung der Deutschen für Israel, kann kaum einen Grund finden, Partei für die Palästinenser zu ergreifen – aber viele zugunsten des jüdischen Staates. Israel ist in der gesamten arabischen Welt die einzige funktionierende Demokratie. Nur dort gibt es Presse- und Meinungsfreiheit, nur dort gibt es Wahlen, die diesen Namen verdienen. Nur in Israel herrscht ein zivilisiertes Recht, in arabischen Ländern dagegen oft mittelalterliche Sitten. Während Yassir Arafat und seine Nachfolger der Al Fatah ein durch und durch korruptes und autoritäres Regime errichteten, gibt es in Israel Wahl- und Abwahlrechte. Und auch Frauen werden in Israel nicht nur als hochentwickelte, aber weitgehend rechtlose Säugetiere betrachtet, sondern als Menschen. Doch nicht einmal das kann die Linke, die sonst vehement für die Rechte der Frauen eintritt, zu einer klaren Parteinahme pro Israel bringen.

Einmal mehr zeigt sich hier der Wille vieler Deutscher zum Realitätsverzicht. Wer gutmenschlich-doof ist, steht immer auf der richtigen Seite. Dabei hat gerade Blauäugigkeit häufig die furchtbarsten Konsequenzen. Oscar-Preisträger Arthur Cohn fasste das Grundproblem des Nahen Ostens einmal bündig zusammen: »Wenn die Palästinenser die Waffen niederlegen, gibt es Frieden. Wenn Israel die Waffen niederlegt, gibt es kein Israel mehr.« Nur viele Deutsche wissen es mal wieder besser.

Ob Asylrecht, Israel, die USA oder Ostblock – die grotesken Fehleinschätzungen sind konzeptionell der einzige rote Faden des linken Gutherzigkeits-Milieus. Man ist immer aufseiten der Minderheit, und zwar ganz gleich, ob diese

Minderheit im Recht ist. In der Minderheit zu sein ist für Gutmenschen ein Wert an sich. In der Minderheit zu sein ist sauber. Wer dagegen die Meinung der Mehrheit vertritt, schwimmt »mit dem Strom« und macht sich gemein mit der Obrigkeit. Man ist immer Fürsprecher der Opfer. Aber wer ist denn eigentlich das Opfer?

Der Afrikaner, der sich vor der Chancenlosigkeit seines Kontinents zu uns durchschlägt, hier aber Drogen verkauft? Oder der nach Deutschland geflüchtete Palästinenser, der sein Kind in einem Sprengstoffgürtel-Kostüm auf eine Demo schickt? Sie alle sind irgendwie auch Opfer, wie all diejenigen, denen es merklich schlechter geht als uns.

Wer ein echter Gutmensch ist, dokumentiert das aber nicht nur gegenüber straffällig gewordenen Ausländern, sondern – ganz egalitär – auch gegenüber straffällig gewordenen Inländern. Sexualverbrecher, Mörder und Ex-Terroristen können so auf größtmögliches Verständnis hoffen. Der Fall des Wilfried S. ist geradezu exemplarisch für den Willen, bedingungslos an das Gute im Menschen zu glauben. Über 30 Jahre saß S. wegen schwerster Sexualverbrechen in der Psychiatrie. Seine Ärzte waren sich einig: »Dieser Mann ist nicht therapierbar.« Und doch kam er frei. Warum? Ich weiß es nicht. Vermutlich glaubte der *Stern*, hier eine große Geschichte zu haben – und dass in einem repressiven System wie der Bundesrepublik viele Sexualstraftäter zu Unrecht einsitzen. Also schickte das Magazin den Gutachter Glatzel los, der mit S. sprach – ein einziges Mal, für 20 Minuten. Das reichte für einen Aufmacher, obwohl nach den Regeln der psychiatrischen Heilkunst jede halbwegs profunde Beurteilung mindestens fünf Interviews von jeweils drei Stunden erfordert. Doch dem *Stern* genügte die Einschätzung Glatzels, »von Herrn S. seien erhebliche rechtswidrige Taten nicht zu erwarten«. Dass S. alle Therapieangebote zurückgewiesen hatte, dass die Rückfälligkeit von Sexualstraftätern ohne Therapie noch höher ist als ohnehin schon, dass in Anbetracht der Gefährlichkeit von S. ein zweites Gutachten zwingend notwendig war – alles egal. Der *Stern* trommelte für das »Opfer« S., und S. kam frei. Das war im Mai 2002. Drei Monate später entführte Wilfried S. auf dem Marktplatz in Uetersen eine 20-jährige Frau. Er zwang die Auszubildende mit vorgehaltener Waffe, in den Wald zu fahren. Dort vergewaltigte er sie über Stunden.

Wie beklemmend einfach es sich der Gutmeinende in der Berurteilung tatsächlichen oder vermeindlichen Unrechts macht, zeigt der »Fall Daschner« in Frankfurt am Main. Der stellvertretende Polizeipräsident Wolfgang Daschner hatte einem kaltblütigen Kidnapper Gewalt androhen lassen, um das Leben eines kleinen Jungen zu retten. Ein Fehler. Juristisch gesehen. Unser Rechtsstaat lebt davon, dass niemandem im Polizeiverhör Gewalt angetan oder auch nur angedroht werden darf. Wenn es doch geschieht, urteilen Gerichte und Disziplinarkammern darüber. So war es auch bei Wolfgang Daschner. Der Gutmensch aber maßte sich an, sich moralisch – nicht juristisch – über die schwere Entscheidung eines Menschen zu empören, der das Leben eines Kindes retten wollte. Eines Menschen, der sich der Tragik, dass dieses Kind da schon ermordet worden war, gar nicht bewusst sein konnte. Das Gericht, das über Daschners Verhalten zu entscheiden hatte, erkannte die Masse an Strafmilderungsgründen an und beließ es bei einer Verwarnung. Eine richtige Entscheidung. Nicht so für die *Berliner Zeitung*. Sie schrieb: »Das ist wenig. Das ist sogar sehr wenig, bedenkt man die ungeheure Macht, die der Staat über die Menschen hat, die sich in seiner Gewalt befinden. Wer mit dieser Macht so falsch umgeht wie Daschner, hätte nicht ohne Strafe davonkommen dürfen.« So falsch umgeht? Ich glaube, auch die Gutmenschen in unserem Land würden sich einen Wolfgang Daschner wünschen, wenn das eigene Kind Opfer einer Entführung würde. Ich wünsche mir, dass es in Deutschland viele Menschen gibt, die ihrem Gewissen folgen und das Risiko einer Verurteilung und des Pensionsverlusts eingehen, um menschliches Leben zu retten.

Der seltsame Hang zur falschen Seite zeigt sich auch in der Sympathie für die Terroristen der Rote-Armee-Fraktion. Hier wird am eindrucksvollsten verfehlte Nachsicht geübt. Als hätten jene, die führende Repräsentanten des »Systems« ermordeten, gerade deshalb Anspruch auf eine privilegierte Behandlung gegenüber anderen Mördern. Christian Klar stellt ein Gnadengesuch – und eine ganze Nation diskutiert das Für und Wider. Der RAF-Aussteiger Peter-Jürgen Boock verbreitet ein paar unüberprüfbare Details zur Ermordung Siegfried Bubacks – schon wird getan, als sei damit die Mittäterschaft Klars an diesem Mord widerlegt und die Freilassung überfällig. Dass Klar an weiteren acht Morden und elf Mordversuchen beteiligt war, dass das Gericht auf sechsmal lebenslänglich plus 15 Jahre Haft erkannte, ist wie weggewischt. *Focus*-Herausgeber Helmut Markwort nennt die Dinge beim Namen: »Die Propaganda der Mörder-Organisation funktioniert nahezu professionell. Punktgenau zur Kampagne für die Begnadigung von Christian Klar ertönt als Begleitmusik eine Kakophonie aus Gerüchten, Diffamierungen, Halbwahrheiten und Verdachtsgemurmel. Der Sinn der Störgeräusche ist leicht zu erkennen. Die Brutalität der Verbrechen soll übertönt werden von Relativierungsdebatten, wie sie die Sympathisanten der RAF schon zu Tatzeiten erfolgreich angezettelt haben. ›Klar hat nicht geschossen‹, heißt es da vom Hörensagen, ›der Staat hat überreagiert‹ und ›die Ermittlungsbehörden haben Fehler gemacht‹.«

Von den Opfern hingegen spricht fast niemand mehr. Andreas von Mirbach (†44), Heinz Hillegaart (†64), Siegfried Buback (†57), Jürgen Ponto (†53), Hanns Martin Schleyer (†62), Ernst Zimmermann (†55), Karl Heinz Beckurts (†56), Gerold von Braunmühl (†51), Alfred Herrhausen (†59), Detlev Karsten Rohwedder (†58) geraten allmählich in Vergessenheit. Oder wissen wir noch, dass das erste der 34 Mordopfer ein 33-jähriger Polizist namens Norbert Schmid war? Er wurde am Hamburger S-Bahnhof Poppenbüttel erschossen. Der RAF-Terrorist Gerhard Müller wurde dafür nie verurteilt, trat er doch als Kronzeuge beim Baader-Meinhof-Prozess auf. Oder erinnern wir uns noch an Jürgen Schumann, den 37-jährigen Flugkapitän der »Landshut«, der in Aden kaltblütig ermordet und in Mogadischu auf das Flugfeld geworfen wurde? Wer denkt noch an die amerikanischen Soldaten, die von der RAF ermordet worden sind: Paul A. Bloomquist (†39), Clyde Bonner (†29), Ronald Woodward (†26), Charles Peck (†23), Edward Pimental (†20), Frank H. Scarton (†20) und Becky Bristol (†25)? Und wer hat die ermordeten Polizei- und Zollbeamten noch im Gedächtnis: Herbert Schoner (†32), Hans Eckardt (†50), Fritz Sippel (†22), Reinhold Brändle (†41), Helmut Ulmer (†24), Roland Pieler (†20), Arie Kranenburg (†46), Hans-Wilhelm Hansen (†26), Dionysius de Jong (†19), Johannes Goemans (†24) und Michael Newrzella (†25)? Oder die getöteten Fahrer: Wolfgang Göbel (†30), Georg Wurster (†33), Heinz Marcisz (†41) und Eckhard Groppler (†42)? Und was ist mit der Hausfrau Edith Kletzhändler (†56), die in einer Zürcher Einkaufspassage von einer RAF-Kugel tödlich in den Hals getroffen wurde, weil sie Christian

Klar bei der Flucht im Weg stand? Was ist mit den Hinterbliebenen, den Ehepartnern und Kindern all dieser Opfer?

Die Täter sind nicht in Vergessenheit geraten. Der Mythos RAF ist allgegenwärtig. Eine ganze Industrie bastelte am Hokuspokus vom ›deutschen Herbst‹: Leander Scholz verarbeitete das mörderische Leben von Gudrun Ensslin und Andreas Baader zu einer anrührenden Liebesgeschichte mit Sex und Crime. Christopher Roth erzählt im Kinofilm »Baader« die pathetische Geschichte vom Autodieb, der als Revolutionär endet. Für Margarethe von Trotta war die angeblich »bleierne Zeit« der 70er-Jahre Grund für den Terrorismus, und Christoph Hein setzte mit dem Roman *In seiner frühen Kindheit ein Garten* dem Terroristen Wolfgang Grams ein literarisches Denkmal. Darin wird Grams, nachweislich an fünf Morden beteiligt, zum Opfer des Staates. Zuvor hatte der Journalist Hans Leyendecker das Gerücht verbreitet, Grams sei beim polizeilichen Zugriff auf dem Bahnhof von Bad Kleinen von einem GSG-9-Beamten regelrecht hingerichtet worden. Die Folge der Falschmeldung: etliche Rücktritte. Nur Leyendecker blieb, räumte aber im *Deutschlandfunk* ein: »Eigentlich hätte ich auch gefeuert werden müssen.« Auch? Doch wohl eher »ausschließlich«, denn in Wahrheit hatte Grams in Bad Kleinen den Polizisten Newrzella erschossen und dann sich selbst, um der Verhaftung zu entgehen. Als das endlich geklärt war, war Bundesinnenminister Rudolf Seiters bereits zurückgetreten und der Generalbundesanwalt Alexander von Stahl seines Amtes enthoben.

Vergangene Zeiten. Doch der Glaube an das prinzipiell Gute der RAF ist geblieben. Und so ergeht man sich in Verständnis. Auf die Niedertracht der Morde hinzuweisen gilt als unfein, ja unkorrekt. Lieber erörtert man literarische

Neuerscheinungen, zum Beispiel die Memoiren der Ex-Terroristin Inge Viett. Über den Augenblick, in dem sie den Pariser Polizisten Francis Violot zum querschnittsgelähmten Krüppel schoss, schreibt die Angehörige der »Bewegung 2. Juni«: »Ungläubig, dümmlich ist sein Blick … Dann fällt der Schuss.« Schon dafür sollte man die Freilassung widerrufen. Stattdessen liest man in einer deutschen Tageszeitung, Inge Viett sei »eine eindrucksvolle Frau, deren Jugendschönheit, auf vielen Steckbrieffotos erscheinend, sich in den Ausdruck einer resoluten Vernünftigkeit, fern allem Hochfahrend-Romanesken, verwandelt hat«. Ausdruck der »resoluten Vernünftigkeit« ist nach dieser Lesart vermutlich auch der Kommentar von Inge Viett zu den Krawallen beim G8-Gipfel 2007 in Heiligendamm: »Endlich habe sie«, soll sie laut *Focus* auf einer Veranstaltung in Luzern bemerkt haben, »mal wieder Polizisten rennen sehen.«

Dass die Ex-Terroristin Susanne Albrecht heute als Lehrerin in Bremen arbeitet, ist in linker Denkart sicherlich Resozialisierung par excellence. Eine erstaunliche Berufswahl für jemanden, der das »Schweinesystem« so verachtet hat. Zuvor hatte sie sechs Jahre im Gefängnis gesessen, wegen der Beteiligung an der besonders heimtückischen Ermordung Jürgen Pontos: Der Chef der Dresdner Bank hatte im Juli 1977 unangemeldeten Besuch von Susanne Albrecht bekommen, der Tochter eines alten Freundes. Sie brachte einen Blumenstrauß mit und gab vor, ihrem »Onkel« Jürgen nur mal wieder Hallo sagen zu wollen. Zwei Freunde, Christian Klar und Brigitte Mohnhaupt, begleiteten sie. Ponto bat die drei nichtsahnend herein. Mohnhaupt und Klar eröffneten das Feuer auf den wehrlosen Mann. Er starb, von fünf Kugeln getroffen.

Nach einem Sprengstoffanschlag auf den NATO-Oberbefehlshaber Alexander Haig setzte sich Albrecht 1980 in die DDR ab und bespitzelte dort laut Stasi-Unterlagen ihre Arbeitskollegen. Mit einer derartigen Biografie dürfte man in einem Staat, der nur ein wenig auf sich hält, nicht mal Kalfaktor werden – in Deutschland unterrichtet man Kinder. Sollte Christian Klar tatsächlich irgendwann freikommen, braucht auch er sich keine Sorgen um seine berufliche Zukunft zu machen. Der Intendant des Berliner Ensembles, Claus Peymann, hat ihm ein Praktikum als Bühnentechniker angeboten, sobald er »Freigang« erhält. Auch Klar wird dann, angesichts der Subventionen für die Berliner Bühnen, letztlich von Geldern gerade des Systems leben, das er zeitlebens bekämpfte.

Aber vielleicht kommt es ja noch dicker, wenn demnächst ein Gericht darüber zu urteilen hat, ob die Ex-RAF-Terroristin Brigitte Mohnhaupt noch »Mörderin« genannt werden darf. Die Rädelsführerin der Schleyer-Entführung war wegen ihrer Beteiligung an neun Morden zu fünfmal lebenslanger Haft verurteilt worden. Nun klagt sie gegen die Bezeichnung »Mörderin« und begründet das mit dem Schutz ihres Persönlichkeitsrechts. Helmut Schmidt sagte dazu in einem *Bild*-Interview: »Es ist etwas mehr als 2000 Jahre her, dass einige Leute gemeinsam Cäsar ermordet haben. Einer von ihnen war Brutus, der gilt heute noch als Mörder. Ich würde mich sehr wundern, wenn wir plötzlich eine Bürgerinitiative kriegten, den Brutus nicht mehr Mörder zu nennen, sondern nur noch Krankenpfleger.« Hätte Brigitte Mohnhaupt vor Gericht Erfolg, müssten wir sie wohl Ex-Mörderin, Mörderin a. D. oder Mörderin i. R. nennen. Nur die RAF-Opfer haben nicht das Glück, zu Ex-Opfern zu werden. Und ihre Hinterbliebenen werden niemals zu Ex-Hinterbliebenen. Dafür hat unter anderem auch Frau

Mohnhaupt mit ihren Mordtaten gesorgt. Erfolg mit einer Klage hatte bereits Susanne Albrecht: Die Türöffnerin zur Entführung und Ermordung des Bankiers Jürgen Ponto ließ durch einen Beschluss des Oberlandesgerichts Hamburg den Abdruck eines Fotos, das sie beim Strafverfahren zeigt – also eines Dokuments der Zeitgeschichte – verbieten. Die Ex-Terroristin Eva Haule lässt ihren Anwalt sogar gegen Medien vorgehen, die ihr damaliges Fahndungsfoto veröffentlicht haben. In letzter Konsequenz darf man froh sein, dass die alten Nazi-Mörder mittlerweile tot sind. Sonst kämen vielleicht sogar sie in den Genuss einer analogen Rechtsprechung.

Beispiele über Beispiele – die Lust am gutmenschlichen Selbst-Betrug ist ungebrochen. Bei vielen mag das Festhalten an alten Vorurteilen auch biografisch bedingt sein, fürchtet man doch die Korrektur von Lebenslügen; aber bei etlichen ist es leider blanke Naivität, Unkenntnis und selbstverschuldete Blindheit. Das macht uns für andere Nationen, die ihren Interessen folgen, so unberechenbar; innen- wie gesellschaftspolitisch jedoch führt es zu absurden Fehlentscheidungen. Im Eifer unseres humanitären Gefechts schieben wir eine Erkenntnis beiseite: Uneigennütziges Handeln ist kein Wert an sich, »gut gemeint« allein eben nicht »gut«. Es kommt darauf an, wem der Altruismus dienen soll und wem er tatsächlich nützt. Oder schadet. Das sagt uns der gesunde Menschenverstand, wenn wir ihn nur lassen. Eine Antwort ist nicht deshalb falsch, weil sie auf der Hand liegt. Wenn wir überhöhte moralische Standards das politische und gesellschaftliche Handeln bestimmen lassen, machen wir uns etwas vor. Das sollte sich niemand leisten; auch die nicht, die keine Verantwortung tragen und die Folgen ihres Unterlassens nicht zu bedenken brauchen. Wenn wir das einmal so zweihundertprozentig berücksichtigen wie vieles andere in Deutschland, machen wir garantiert nichts verkehrt.

Nach der griechischen Mythologie sandte Zeus den Menschen einst die Büchse der Pandora, aus der Krankheiten, Hungersnöte, Streit und Zwietracht auf die Erde entwichen; nur die Hoffnung blieb gefangen. Das deutsche Pendant hierzu heißt Achtundsechzig. Doch war diese Büchse nur mit Hoffnungen gefüllt, mit Hoffnungen auf Gleichheit, Solidarität und die Liebe aller Brudervölker. Auch diese Büchse wurde geöffnet, und zurück blieb diesmal nur die Skepsis. Aber die Folgen sind ähnlich verheerend.

Schwarz-Rot-Geil

Auf der Suche nach dem Vaterland

Von uns Deutschen heißt es, wir hätten ein schwieriges Verhältnis zu unserer Nation. Irgendwie seien wir gehemmt, verklemmt und verkrampft, wenn es darum gehe, sich mit Freude zu unserem Vaterland zu bekennen. Das ist in anderen Ländern nicht so, zum Beispiel in den Vereinigten Staaten. In Washington gelandet, heißt der Flugkapitän die Passagiere mit bedeutungsschwerer Stimme in »the Nation's Capital« (in der Hauptstadt der Nation) willkommen. In der Stadt dann eine nationale Erinnerungsstätte neben der anderen, ein Meer von Sternenbannern und überall ergriffene Amerikaner, die stolz sind auf ihr Land und auf ihre Geschichte. In Paris ist es nicht viel anders. Dort atmet man förmlich die Gloire der Grande Nation, und in London begegnet man dem Stolz der Briten auf ein Empire, das es gar nicht mehr gibt, einmal abgesehen von dessen wirtschaftlichem Überbleibsel, dem Commonwealth.

In Berlin ist nichts von all dem zu spüren. Im Regierungsviertel haben wir ein paar Neubauten wie das Kanzleramt. Nicht ganz zu Unrecht meinte ein Bekannter, es könne auch in Dubai stehen, wenn noch ein paar Kamele davorlägen. Wir haben den Reichstag, dessen Brand im Februar

1933 den Nazis den Vorwand zur faktischen Abschaffung der Demokratie lieferte. Wir haben das Holocaust-Mahnmal, das an die Ermordung von sechs Millionen europäischen Juden erinnert. Und wir haben das Brandenburger Tor, jahrzehntelang mahnendes Symbol für die Spaltung der Nation, die wiederum eine Folge der Nazi-Diktatur war. Letztlich sind das alles Stätten, die für eine vermurkste Geschichte stehen, und für unternommene Anstrengungen zur Wiedergutmachung.

Immerhin haben wir noch einen Nationalfeiertag, den Tag der Deutschen Einheit am 3. Oktober. Den wollte allerdings Bundesfinanzminister Hans Eichel abschaffen, um durch den zusätzlichen Arbeitstag die Produktivität unserer Wirtschaft zu steigern. Ein Nationaldenkmal, das an die friedliche Revolution in der DDR oder an die nicht minder friedliche Vollendung der deutschen Einheit erinnert, haben wir nicht. Diejenigen, die sich darum bemühen, finden keine Unterstützung. Bezeichnenderweise ist der Zigarre schmauchende Ludwig Erhard einziges Sinnbild dessen, worauf wir schüchtern stolz sind: den wirtschaftlichen Aufschwung aus Schutt und Asche des Zweiten Weltkriegs. Dass wir Erhard als den Vater des Wirtschaftswunders befreiter und emotionaler verehren als alle anderen, sagt eine Menge über unser Post-Weltkriegs-Selbstverständnis. Nationale Helden, wie sie die anderen etwa mit Thomas Jefferson, Winston Churchill oder Charles de Gaulle haben, kennen wir nicht. Und wir haben auch keine Filme, die deutsche Vorbilder verklären. Wir haben stattdessen Hitlers düsteren Schatten. Der ist so allmächtig in unserem Bewusstsein, dass wir erst gar nicht versuchen, uns nationale Überfiguren zu suchen. Es hat den Anschein, als wollten uns jene Politiker und Intellektuellen, die sich ständig anmaßen, für uns alle zu sprechen, an einer natürlichen Vaterlandsliebe hindern. Als seien Wörter wie »Nation«, »Hymne« oder »Patriotismus« – also die natürliche Liebe zum Vaterland – auf ewig in den Giftschrank zu verbannen. Als seien wir Deutschen in nationalen Belangen die unmündigen Kinder schuldiger Väter und Großväter geblieben.

Dass wir gar nicht so unmündig sind, haben wir aber der Welt während der Fußball-Weltmeisterschaft eindrucksvoll gezeigt. Spontan, optimistisch und friedlich feierten wir uns im Sommer 2006 als große Gemeinschaft. Wir entdeckten unsere schwarz-rot-goldenen Farben wieder. Plötzlich war das ganze Land in sie gehüllt. Wir sangen »Einigkeit und Recht und Freiheit«, und wir hatten für drei Wochen mit Ballack, Schweinsteiger, Klose und Podolski sogar wieder richtige Helden – Klinsmann nicht zu vergessen. Diese WM war tatsächlich ein Fest, unbelastet, unverkrampft, fröhlich und freundschaftlich gegenüber unseren Gästen aus der ganzen Welt. Und die Hunderttausende, die »zu Gast bei Freunden« waren, staunten über Deutschland und die Deutschen, die ein weltoffenes Nationalgefühl, einen weltoffenen Patriotismus zur Schau trugen.

Der Internationale Fußballverband überreichte uns – also den deutschen Fans – sogar den Fairplay-Preis 2006. Die Begründung: Die Fans hätten aus Deutschland einen »Mikrokosmos aus Friede, Freundlichkeit und guter Laune« geschaffen. Das »Sommermärchen«, von dem Sönke Wortmann in seinem Film über die WM 2006 spricht, hatte nichts mehr zu tun mit dem Bild der ungeliebten Deutschen. Über die hatte unser verstoßener Dichter Heinrich Heine in seinem »Wintermärchen« geklagt, ihr Patriotismus führe dazu, dass ihr »Herz enger wird, dass es sich zusammenzieht wie Leder in der Kälte, dass es das Fremdländische hasst, dass es nicht mehr Weltbürger, nicht mehr Europäer, sondern nur ein enger Deutscher sein will«.

Was war mit uns Deutschen in jenem Sommer 2006 geschehen? Dass etwas passiert war, lag auf der Hand. Denn 58 Prozent der unter 30-Jährigen (darunter auch bei uns lebende Türken) hatten ihr Gesicht schwarz-rot-gold angemalt oder eine Flagge gehisst. Sogar diejenigen machten mit, die ansonsten nichts oder nur sehr wenig mit nationaler Symbolik am Hut hatten. Ein gutes Beispiel ist die grüne Vizepräsidentin des Deutschen Bundestages, Katrin Göring-Eckardt. Sie trug am Tag des Länderspiels gegen Ecuador ein Deutschland-T-Shirt, während sie die Parlamentssitzung leitete. Was für ein Unterschied zur WM 1974, als Deutschland zum zweiten Mal Weltmeister wurde. Anfang der 70er-Jahre hatte Nationalspieler Paul Breitner, der sich damals noch als Linker bezeichnete, noch die Mao-Bibel hochgehalten.

Dass das, was man während der WM in Germany erlebte, nicht dem entsprach, was man von den Deutschen bislang so mitbekommen hatte, bemerkten auch unsere Gäste. Matthias Matussek vom *Spiegel* zitierte zwei australische Fußball-Fans, die im Internet schrieben: »So viele Deutsche haben angemerkt, dass sie nie zuvor so viele Landsleute gesehen haben, die Flaggen tragen oder die deutschen Farben in ihr Gesicht gemalt haben. In Australien nennen wir das Patriotismus, hier nennen sie es Nationalismus. In Deutschland ist Nationalismus ein Schimpfwort, weil er unter der Führung eines Typen vor 60 Jahren der ganzen Nation viel Ärger eingebracht hat, und dieses Erbe bleibt tief verwurzelt in der Kultur des Landes. Vielleicht stellt dieses WM-Turnier die Wende dar, die es den Deutschen erlaubt, Nationalstolz von den Sünden der Vergangenheit zu trennen.«

Der »Typ«, der der ganzen Nation »viel Ärger eingebracht hat«, lastet in der Tat schwer auf dem Verhältnis der Deutschen zu sich selbst. Sie mussten als Folge seines unseligen Wirkens in zwei Staaten leben, von denen jeder das bessere, das moralischere Deutschland sein wollte. Im Osten, in der DDR, hatte man offiziell, allen in den Staatsdienst übernommenen Nazis zum Trotz, mit der Hitlerei nichts zu tun haben wollen. Die Auseinandersetzung mit der NS-Zeit und den im deutschen Namen begangenen Verbrechen überließ man dem Klassenfeind im Westen. Doch zunächst war es auch in Westdeutschland zu keiner Aufarbeitung des Nationalsozialismus gekommen. Im Gegenteil, man hatte in den 50er-Jahren weggeschaut, die braune Vergangenheit verdrängt. Der Kalte Krieg hatte dabei geholfen. Dann kamen die Jungen, die ihre Väter fragten, wie es zu einem Hitler und damit dem Zweiten Weltkrieg und Völkermord an den Juden hatte kommen können. Und alles wurde anders.

Die Beschäftigung mit der deutschen Schuld lastete fortan in immer größerem Maße auf dem Verhältnis der Deutschen zu ihrer Nation. Zunächst waren es die linken Studenten, dann die politische Linke, die sich als Deutsche in Selbstverachtung, ja Selbsthass suhlten. Je mehr man die deutsche Schuld verinnerlichte, desto mehr veränderte sich das Bild der DDR. Trotz Mauer und Schießbefehl wurde sie salonfähig. Schließlich hatten die Kommunisten gegen die Nazis gekämpft und der zweite deutsche Staat eine antifaschistische Tradition vorzuweisen. Damit einher ging im Westen die Neigung, sich mit der ohnehin unabänderlich scheinenden Teilung der Nation abzufinden. Schließlich wurde die Zweistaatlichkeit von einem Teil der bundesrepublikanischen Linken sogar als Ausdruck historischer Gerechtigkeit empfunden. Für diese Leute galt: Die Deutschen hatten aufgrund der Verbrechen, die in ihrem Namen begangen worden waren, ihren Anspruch, in einem Nationalstaat zu leben, für immer verwirkt. Dem bürgerlichen Lager warf man vor, die Nazi-Vergangenheit unter den Teppich kehren zu wollen. Literaturnobelpreisträger Günter Grass geißelte die Adenauerzeit »mit ihren Lügen«. Er sprach dem damaligen Bundeskanzler Kurt Georg Kiesinger die Integrität ab, weil er als junger Mann der NSDAP angehört hatte. Und Grass empörte sich später auch über Bundeskanzler Helmut Kohl, der gemeinsam mit dem amerikanischen Präsidenten Ronald Reagan einen deutschen Soldatenfriedhof in Bitburg besuchte, auf dem auch Soldaten der Waffen-SS begraben sind. Dass Grass selbst der Waffen-SS, also Hitlers Weltanschauungstruppe, angehört hatte, wie er im Jahr 2006 in einem Interview mit der *Frankfurter Allgemeinen Zeitung* einräumte und damit ein riesiges Medienspektakel auslöste, zeigt, wie viel Unaufrichtigkeit damals im Spiel war. Und es zeigt noch etwas, das Ralf Georg Reuth im *Bild*-Jahrbuch 2006 schrieb, dass nämlich moralischer Rigorismus im Umgang mit der Vergangenheit nichts taugt. Denn er polarisiert und lässt Geschichte zum Instrument der politischen Auseinandersetzung im Tagesgeschäft verkommen.

Grass musste viel einstecken, besonders von seinen Weggefährten. Sie fühlten sich zutiefst enttäuscht von ihm, der wohl kaum den Literaturnobelpreis erhalten hätte, wäre damals bekannt gewesen, dass er der Waffen-SS angehörte. Andere fühlten sich entlarvt. Dies galt besonders für diejenigen, die immer wieder versucht hatten, die »moralische Instanz« Grass vor ihren Karren zu spannen. Einer aus diesem Milieu war der Grass-Lektor und spätere Verleger Klaus Wagenbach. In der *Zeit* schrieb er über seinen früheren Freund: »Grass hat nichts verschwiegen.« Er habe 1963 mehrere Interviews mit Grass geführt, bei denen dieser über sein Leben und über die Kriegszeit erzählt habe. In seinen damals angefertigten Notizen habe er jetzt gelesen: »G(rass) kam zur Sturmgeschützabteilung eines Panzerregiments. Zuerst Dresden, dann Tschechoslowakei und Lüneburger Heide. Januar, Feb. 1945 Marschbefehl zur Kompanie, zuerst Schlesien, dann Berlin (Gruppe Steiner, SS), erster Einsatz März/April.« Eine Entlastung ist das nicht. Denn 1963, als Grass dies schilderte, war es in Deutschland noch kein Makel, zur Waffen-SS eingezogen worden zu sein. (Hunderttausende taten dort ihren Kriegsdienst, und dies allein bedeutete nicht automatisch, persönliche Schuld auf sich geladen zu haben.) Doch schon wenige Jahre später hätte man als systemkritischer Linker mit einer solchen Vergangenheit nichts mehr zu bestellen gehabt. Deshalb schwieg Grass, der besser auch über Adenauer, Kiesinger und Kohl geschwiegen hätte.

Unsere Nazi-Vergangenheit hatte in der Bundesrepublik seit den 70er-Jahren jeden Patriotismus geradezu erstickt. Schon wer das Wort in den Mund nahm, lief Gefahr, in die rechte Schmuddelecke gestellt zu werden. Die meisten hielten es mit Bob Dylan, der sagte, Patriotismus sei eine »Angelegenheit für Strauchdiebe«. Anders die wirtschaftlich bankrotte DDR: Sie fütterte die Liebe zum Land – und war es auch noch so korrupt geführt – mit der Erinnerung an eine stolze Vergangenheit. Sie entdeckte Luther, Friedrich den Großen und sogar Bismarck für sich und damit so etwas wie einen DDR-Patriotismus – Patriotismus als Vielzweckwaffe. Wir im Westen durften keine Patrioten sein. Um das Manko auszugleichen, um irgendetwas Verbindendes außer der D-Mark zu haben, erfand der wohlmeinende bürgerliche Professor Dolf Sternberger den Begriff Verfassungspatriotismus. Der bedeutet, dass wir unserem Grundgesetz die freiheitliche Entfaltung unserer Persönlichkeit verdanken, um so im eigenen Land heimisch sein zu können. Dieser etwas sterile Verfassungspatriotismus sollte nun zum Pseudo-Patriotismus einer politisch korrekten Macherschicht der Bundesrepublik werden. Ich habe das nie so recht verstanden. Denn der Mensch ist nicht nur ein rationales, sondern auch ein emotionales Wesen. Besonders dann, wenn es um die Bindung zum eigenen Land geht. Der Schriftsteller Kurt Tucholsky, dessen Bücher die Nazis verbrannten, brachte dieses Empfinden wie kein anderer auf den Punkt. Er schrieb 1929: »Es gibt ein Gefühl jenseits aller Politik, und aus diesem Gefühl heraus lieben wir unser Land. Wir lieben es, weil die Luft so durch die Gassen fließt und nicht anders, der uns gewohnten Lichtwirkung wegen – aus tausend Gründen, die man nicht aufzählen kann, die uns nicht einmal bewusst sind.«

In unserer politisch korrekten Macherschicht gehörte es in den 80er-Jahren auch zum guten Ton, die deutsche Einheit als dümmliches Ansinnen Ewiggestriger abzutun. Das Wiedervereinigungsgebot in der Präambel unseres Grundgesetzes war zu einer sinnentleerten Floskel geworden. Selbst aus dem Parteiprogramm der CDU sollte es entfernt werden, wäre es nach dem Willen von CDU-Generalsekretär Heiner Geißler gegangen, der für seinen Vorschlag reichlich Beifall aus der SPD erhielt. Den Zeitgeist gaben in der Politik die Ehmkes, die Bahrs, die Schmudes, die Eichels, die Lafontaines und die Mompers vor; in den Medien die Sommers, Leichts und Böhmes; bei den Soziologen und Historikern die Habermas, Wehlers und Kockas. Sie alle – natürlich auch die Mehrheit unserer Literaten – erkoren die deutsche Zweistaatlichkeit zum Goldenen Kalb, um das sie herumtanzten. Das war ihr linker Gegenkult zu bürgerlichem Patriotismus.

Und als die Mauer gefallen war, stand natürlich ganz Westdeutschland hinter den Demonstranten von Leipzig, Dresden und Berlin – doch nur bis zu einem gewissen Zeitpunkt. Der französische Publizist François Bondy benannte ihn: »Sie wurden gefeiert, als sie riefen: ›Wir sind das Volk‹, aber wurden zum Gegenstand der Verachtung, als sie dann ›Wir sind ein Volk‹ und aus Bechers Hymne die drei Worte skandierten: ›Deutschland, einig Vaterland‹.« Dieses »einig Vaterland« fürchteten führende Sozialdemokraten noch immer wie der Teufel das Weihwasser. Der hessische SPD-Vorsitzende Hans Eichel meinte im November 1989: »Die deutsche Frage steht derzeit als akute Frage der Wiedervereinigung entgegen aller Demagogie auch von Seiten rechter CDU/CSU-Kreise … nicht auf der weltpolitischen Tagesordnung.« Walter Momper protzte noch im Februar 1990, dass er jemand sei, »der immer gegen das Wiedervereinigungs-Gequatsche gewesen ist«. Nur der große alte Mann der SPD, Willy Brandt, hatte die Zeichen der Zeit erkannt. »Jetzt wächst zusammen, was zusammengehört«, lautete seine ebenso berühmte wie richtige Einschätzung.

»Senilität, denke ich. Ein klarer Fall von Alzheimer oder einer sonstigen altersbedingten Störung des Denk- und Urteilsvermögens«, kommentierte Erfolgsautor Patrick Süskind diese Äußerung des Altkanzlers, SPD-Ehrenvorsitzenden und Friedensnobelpreisträgers Willy Brandt. Süskind gehörte zu jenen Kulturheroen, deren Stimmen zur Wiedervereinigung noch peinlicher, noch unpatriotischer als die der Politiker waren. So hielt der Rhetoriker Walter Jens noch im Sommer 1990 ein »Plädoyer gegen die Preisgabe der DDR-Kultur«. Und Günter Grass meinte: »Es ist so: Ich fürchte mich nicht nur vor dem aus zwei Staaten zu einem Staat vereinfachten Deutschland, ich lehne den Einheitsstaat ab und wäre erleichtert, wenn er – sei es durch deutsche Einsicht, sei es durch Einspruch der Nachbarn – nicht zustande käme.« Und Erich Böhme, danach *Spiegel*-Chef, schrieb: »Ich will gar nicht wiedervereinigt werden.«

Gott sei Dank hatten wir in dieser Zeit einen Kanzler, der den im Grundgesetz verbrieften Auftrag, »in freier Selbstbestimmung die Einheit und Freiheit Deutschlands zu vollenden«, noch ernst nahm. Anfangs war er verhöhnt und belächelt worden. Später hassten ihn die Linken, weil er ihnen ihr deutschlandpolitisches Total-Versagen so plastisch vor Augen geführt hatte. Helmut Kohl erkannte, dass sich eine einzigartige historische Chance auftat, nach mehr als vier Jahrzehnten die beiden deutschen Staaten wieder zusammenzuführen. Als andere immer noch die Zweistaatlichkeit als unverrückbare Gegebenheit beschworen, so als fürchteten sie sich vor einer gesamtdeutschen Zukunft, überraschte er mit seinem Zehn-Punkte-Plan die Welt. Er berief sich darin auf das Selbstbestimmungsrecht aller Deutschen, das niemand, aber auch niemand, in Frage stellen könne.

Kohl hielt jedweden Nationalismus im Zaum, machte sich aber zum Anwalt der Nation, die nach vier Jahrzehnten der staatlichen Teilung in einem regelrechten patriotischen Taumel nach der Einheit rief. Man denke nur an seine Rede vor der Dresdner Frauenkirche. Und es gelang dem deutschen Kanzler auch, nicht zuletzt durch seine persönliche Art, das Vertrauen von Michail Gorbatschow zu gewinnen. Nachdem Deutschland durch Kohls tatkräftige Politik, durch Gorbatschows Vernunft und Bushs Unterstützung wiedervereinigt worden war, öffnete man die Stasi-Archive. Dort konnte der Kanzler dann die angebliche Äußerung eines namhaften westdeutschen CDU-Politikers lesen, dass er als Deutschlandpolitiker ein »echtes Problem« sei. »Kohl sei zwar schnell euphorisch, aber effektiv am Rande der Unfähigkeit.«

Einige Jahre nach der Einheit folgte dann noch ein weiteres unwürdiges Schauspiel in Sachen Bekenntnis zur Nation. Ich meine die Entscheidung, ob das Parlament des wiedervereinigten Deutschlands in Bonn oder in Berlin seinen endgültigen Standort finden sollte. Über all die Jahrzehnte der Teilung hatten sich unsere demokratischen Politiker in vordergründigen Erklärungen zu Berlin als Hauptstadt der Nation bekannt. Und was war, als dieses Versprechen eingelöst werden sollte? Die Mehrheit der Abgeordneten der ehemals westdeutschen Parteien im Deutschen Bundestag stimmte für die rheinische Provinzstadt als künftigen Regierungssitz. Ohne die Stimmen ausgerechnet der Postkommunisten, der ehemaligen notorischen Spalter, gäbe es heute keinen Bundestag im Berliner Reichstagsgebäude. Welch ein Armutszeugnis für unsere Volksvertreter, einmal abgesehen von Helmut Kohl, Willy Brandt, Wolfgang Schäuble, Hans-Jochen Vogel und einigen anderen namhaften Politikern, die sich leidenschaftlich für Berlin eingesetzt hatten. Ihrem Einsatz ist es zu verdanken, dass es mit den Stimmen der Postkommunisten überhaupt für Berlin reichte.

Dies alles war das Ergebnis einer weitverbreiteten Grundhaltung, die jedwedes Bekenntnis zur deutschen Nation und zu Berlin als deren Hauptstadt als peinlich empfunden hatte. Es war das Ergebnis einer Grundhaltung, die sogar die Frage verbot, was des Deutschen Identität ausmache. »Typisch deutsch« waren übellaunige, übergewichtige Bürokraten oder engstirnige, unnachsichtige Ordnungshüter. Auch Gründlichkeit, Pünktlichkeit, ein ausgeprägter Ordnungssinn und eine notorische Obrigkeitsgläubigkeit gehörten dazu. Es gibt dazu einen treffenden Witz: Sinkt ein Schiff.

Schreit der Kapitän: »Alle Mann von Bord!« Kommt der Steward und sagt: »Die Leute springen nicht! Was sollen wir tun?« Der Kapitän daraufhin: »Sag den Engländern, es sei ein Understatement, den Franzosen, es sei chic, den Italienern, es sei verboten, und den Deutschen – denen sagst du, es sei ein Befehl!« Kurzum: Deutsch hieß in der Regel all das, womit der aufgeklärte bundesrepublikanische Zeitgeist-Bürger nichts zu tun haben wollte. Deshalb wollte der nicht deutsch, sondern multikulturell sein. Und als aus dem bürgerlichen Lager zur Orientierung eine deutsche Leitkultur eingefordert wurde, war die Empörung entsprechend groß. Tatsächlich hätten sich diejenigen, die sich empörten, gelassen zurücklehnen können. Die Forderung nach einer Leitkultur machte doch überdeutlich, dass es mit unserer kulturellen Identität nicht mehr weit her sein kann. Denn wer eine Kultur hat und sich dessen bewusst ist, braucht keine Leitkultur.

Bei solchen Defiziten gegenüber dem Eigenen muss sich dann auch niemand ernsthaft wundern, dass sich das Zusammenwachsen zwischen Ost und West doch schwieriger gestaltete, als man in den Tagen der nationalen Euphorie ursprünglich gedacht hatte. So trugen etwa die Ostdeutschen ein Bild von einer Bundesrepublik mit sich herum, das mit der Wirklichkeit nur begrenzt zu tun hatte. Anders ausgedrückt: Sie hatten sich nicht vorstellen können, wie wenig patriotisch die Gesinnung im Westen war. Das lag daran, dass man im Osten zwar die Zeche des Zweiten Weltkriegs bezahlt, aber nicht die Last der Geschichte getragen hatte. Im Westen dagegen sahen viele bald in den Ostdeutschen nicht zuallererst Deutsche, die 40 Jahre unter sozialistischer Zwangsherrschaft gestanden hatten und jetzt Teil des einig Vaterlandes geworden waren, sondern Leute, die immer mehr Geld einforderten.

Doch das Verhältnis aller Deutschen in West und Ost zu ihrer Nation hat sich seit den 90er-Jahren allmählich verändert, womit auch die Mauer in den Köpfen niedriger geworden ist. Sahen im Wiedervereinigungsjahr noch 43 Prozent den aufgekommenen Patriotismus mit Unbehagen, so waren dies 2006 nur noch 22 Prozent. Das ermittelte das Institut für Demoskopie Allensbach in einer großen Patriotismus-Studie. 58 Prozent der Deutschen von Flensburg bis Konstanz, von Aachen bis Frankfurt an der Oder widersprachen demnach entschieden der Aussage, dass die deutsche Geschichte die Pflege von Nationalgefühl und nationalen Symbolen weitgehend verbiete.

Und sogar unsere Politiker begannen nun, den Patriotismus wiederzuentdecken. Schließlich bietet der in Zeiten knapper Kassen und schwindender staatlicher Leistungen stets eine schöne Kompensation und garantiert Wählerstimmen. Schon im Vorfeld der Bundestagswahlen des Jahres 2003 hatten einige von ihnen dem Bewusstseinswandel in der Bevölkerung Rechnung getragen. Der Verfassungspatriotismus sollte fortan für viele unserer Volksvertreter nicht mehr ausreichen, um Identität und Zusammenhalt zu stiften. Der Patriotismus »im Raum der Emotionen, des Leiblichen, des Symbolischen«, wie sich der bärtige Literaturwissenschaftler auf dem Stuhl des Bundestagspräsidenten, Wolfgang Thierse, ausdrückte, erlebte so etwas wie eine kleine Renaissance. Roland Koch (»Wir brauchen mehr nationale Identität«), Friedrich Merz (»Ich bin stolz auf Michael Schumacher«), Edmund Stoiber (»Wir brauchen einen aufgeklärten Patriotismus«) und Wolfgang Clement (»patriotische Unternehmer sind gefragt«) hatten das Thema wieder ins Spiel gebracht. Und auch Bundeskanzler Gerhard Schröder – eher Verfassungspatriot geblieben – erklärte, dass er auf die Leistungen der Menschen und auf die demokratische Kultur stolz sei. »Und in diesem Sinne bin ich ein deutscher Patriot, der stolz auf sein Land ist«, fügte der Kanzler hinzu. Im rot-grünen Lager wollten das nicht alle so sehen. Schröders ehemaliger Kulturstaatsminister Michael Naumann und der grüne Umweltminister Jürgen Trittin bedauerten, dass dieser historisch belastete Begriff wieder Eingang in die Politikersprache gefunden hätte.

Das darf aus der Sicht dieser Leute nicht sein, weil sie zwanghaft glauben, wir Deutschen seien besonders anfällig für Rechtsradikalismus und Ausländerfeindlichkeit. Natürlich haben wir Rechtsradikale und Ewiggestrige in unserem Land. Natürlich müssen wir gegenüber diesen Leuten wachsam sein. Natürlich müssen wir uns mit ihnen auseinandersetzen, gegen sie vorgehen und die Ursachen jeder Form des Radikalismus beseitigen. Aber Hysterie bringt uns da nicht weiter. In Deutschland steht weder eine Machtübernahme irgendwelcher Rechtsradikaler bevor, noch liegt bei jedem getöteten Menschen mit Migrationshintergrund eine ausländerfeindliche beziehungsweise rassistisch motivierte Tat zugrunde.

Der Fall Sebnitz: In dem sächsischen Ort, so hieß es im November 2000, sei der sechsjährige Joseph A. von Neonazis in einem Schwimmbad ertränkt worden – in aller Öffentlichkeit. Vor den Augen von fast 300 Badegästen! Eine unglaubliche Geschichte. Dennoch wurde sie von den Medien verbreitet. Auch von *Bild.* »Neonazis ertränken Kind«, lautete die Schlagzeile. Darunter stand: »Am hellichten Tag im Schwimmbad. Keiner half. Und eine ganze Stadt hat es totgeschwiegen.« Die Erschütterung in Deutschland war groß. Der damalige Ministerpräsident Biedenkopf ließ sich mit dem Hubschrauber nach Sebnitz fliegen und Bundeskanzler

Gerhard Schröder empfing die Eltern des toten Joseph im Kanzleramt.

Ein ganzer Ort wurde durch die Berichterstattung der Medien unter braunen Generalverdacht gestellt – »Ein Kind, ertränkt wie eine Katze« *(Süddeutsche Zeitung)*, »Gequält! Ertränkt! Ermordet?« *(Die Welt)*. Im Ausland schaute man kopfschüttelnd auf diese Deutschen. Was später herauskam, erreichte das Ausland sicherlich nicht mehr: Die Geschichte mit den Neonazis war frei erfunden. Der kleine Joseph war krank und tragischerweise ertrunken. *Bild* entschuldigte sich bei den Einwohnern von Sebnitz und verabredete mit dem Bürgermeister eine Reihe von Maßnahmen, um den angerichteten Schaden wiedergutzumachen. Einen Monat nach den Berichten über den vermeintlichen Neonazi-Mord war ich gerade Chefredakteur geworden und fuhr im Jahr darauf zu einer Diskussionsrunde nach Sebnitz, bei der Bürger und Journalisten ins Gespräch kommen sollten. Sicherlich keine angenehme Aufgabe. Dort angekommen, saß ich dann allerdings als einziger Chefredakteur auf dem Podium. Kein anderer Zeitungschef war gekommen. Die bittere Erfahrung von Sebnitz hinderte die geschätzten Kollegen – aber leider auch *Bild* – nicht daran, auch im Fall des Deutschäthiopiers Ermyas M. wieder einmal in Medienhysterie zu verfallen. Da stand sogleich fest: Die Täter waren Nazis. Wie könnte es auch anders gewesen sein, war Ermyas M. doch im Zuge einer nächtlichen Schlägerei schwer verletzt worden. Die Bundeskanzlerin Angela Merkel verurteilte die »menschenverachtende Tat«. Völlig richtig, aber ohne den Migrations-Hintergrund hätte sie sich sicher nicht geäußert. Dann zog Generalbundesanwalt Kay Nehm die Ermittlungen an sich. Zwei mutmaßliche rechtsradikale Täter wurden in Ketten und Kapuzen mit Hubschraubern nach Karlsruhe geflogen. Obwohl bald vieles darauf hindeutete, dass es sich um eine Schlägerei unter Betrunkenen (auch das vermeintliche Opfer der rechten Gewalt war stark alkoholisiert) gehandelt hatte, wurde dennoch Anklage erhoben – wohl um das Gesicht zu wahren. Am Ende mussten die beiden Männer freigesprochen werden. Und der Schaden für unser Land? Er war groß, denn zum Beispiel Ex-Regierungssprecher Uwe-Karsten Heye nahm die Ereignisse in Potsdam zum Anlass, farbige Besucher der Fußballweltmeisterschaft vor Ausflügen in bestimmte Gebiete Brandenburgs zu warnen. No-Go-Areas wurden die genannt.

Sebnitz und Potsdam sind nur zwei Beispiele für den ritualisierten Ablauf, den jeder – auch nur vermeintlich – rechtsradikale Vorfall in Gang setzt: Journalisten, Fotografen und Übertragungswagen überrollen den jeweils inkriminierten ostdeutschen Ort, dessen Namen die meisten von uns niemals zuvor gehört haben, und stellen die Bewohner unter Generalverdacht. Die Heribert Prantls dieser Republik schreiben, dass die Hintergründe zwar noch nicht abschließend geklärt seien, es aber immerhin braune Motive geben könnte – was ja schon empörend genug sei. Höchste politische Ebenen fühlen sich bemüßigt, Stellung zu nehmen. Es folgen Gegendemos, parteipolitische Schuldzuweisungen und Betroffenheitsrhetorik (wie von Claudia Roth). Aus höchst ehrenwerten Motiven nehmen wir genau die falsche Haltung ein: Immer wieder schreien wir »Feurio« – und wenn es dann wirklich brennt, schaut keiner mehr hin. Die meisten Westdeutschen halten den Osten der Republik ohnehin für unrettbar ausländerfeindlich. Die Ostdeutschen merken das und reagieren so sicherlich nicht offener gegenüber Ortsfremden.

Frank Pergrande schreibt in der *Frankfurter Allgemeinen*

Zeitung zu dem jüngsten Vorfall im sächsischen Mügeln: »Heute ist vielleicht nicht mehr so sehr die wirtschaftliche Lage das Hauptproblem des Ostens, sondern der seelische Defekt, das Minderwertigkeitsgefühl in allen seinen Verirrungen, den Rechtsextremismus eingeschlossen. Dagegen, wie üblich, mehr Geld und mehr Programme zu setzen taugt nichts. Es zeigt vielmehr, wie hilf- und ratlos die Gesellschaft inzwischen den ostdeutschen Merkwürdigkeiten gegenübersteht. Und wie desinteressiert sie ist, wenn nicht gerade wieder Zwischenfälle mit Ausländern die Betroffenheitsreflexe in Gang setzen. Vielleicht wäre es hilfreich, wenn Mügeln Gelegenheit bekäme, seine Probleme in Ruhe und mit Augenmaß selbst zu lösen und denen, die Inder schlagen, die Ohren langzuziehen, wie man früher sagte. Und wenn Frau Roth einfach mal schweigt.« Denn natürlich sind Rassismus, Ausländerhass und Gewalt verdammenswert. Aber wir bekämpfen sie doch nicht, indem wir unser Land schlechtmachen.

An dem gigantischen Erfolg der Fußball-Weltmeisterschaft im Sommer 2006 änderte dies nichts. Es schien bei der WM sogar so – um im Bild der beiden australischen Fans zu bleiben –, als sei unser Nationalstolz von den Sünden der Vergangenheit getrennt worden – auch wenn wir nicht Weltmeister geworden sind, auch wenn die »Erlöserfigur« Klinsmann (Hans-Ulrich Jörges) weg ist, die »Helden« wieder in ihren Vereinen spielen und schon wieder die Mahner und Miesmacher vor einem Nationalismus beim Sport warnen. (Den inzwischen verstorbenen Frankfurter Soziologen Karl Otto Hondrich veranlasste das zu der nicht ganz ernst gemeinten Forderung, die Nationalmannschaften doch in »Patriotismusmannschaften« umzubenennen.) Mit der WM hat sich nämlich das Volk, der Souverän, des Themas Patriotismus angenommen. Und das will endlich stolz sein dürfen auf sein Vaterland, so wie auch die anderen stolz auf ihr Vaterland sind. Insofern war die WM Ventil für einen zu lange unterdrückten Patriotismus. Vielleicht wird sie ja sogar einmal eine deutsche Wegmarke zur Normalität sein, so wie das »Wunder von Bern« eine solche Wegmarke war. Der WM-Titel hatte damals dem moralischen Niemand nach der Katastrophe ein erstes Stück Selbstachtung zurückgegeben.

Warum sollten wir Deutschen 60 Jahre nach Kriegsende und fast zwei Jahrzehnte nach der deutschen Einheit nicht auch ohne WM Patrioten sein dürfen? Es gibt doch allen Grund, stolz auf unser Land zu sein. Unsere Eltern und Großeltern haben nach 1945 unter null angefangen und etwas aus unserem Land gemacht. Das war eine gewaltige Leistung, wie auch die Vorsitzende des Zentralrats der Juden in Deutschland bestätigt. Charlotte Knobloch, die als Sechsjährige brennende Synagogen in München erlebte, sah selbst, »wie die Menschen dieses Land mit ihren Händen aufgebaut haben. Darauf kann jeder stolz sein. Aus einem solchen Inferno, aus einer solchen Katastrophe, wieder etwas aufzubauen – übrigens mit Hilfe aus Amerika, was manche vergessen –, das haben die Deutschen geschafft.« Das sagt uns jemand, der wie durch ein Wunder die Hitler-Zeit überlebte. Und wir zögern da noch?!

Dabei haben wir noch einen anderen – noch gewichtigeren – Grund, stolz auf unser Land zu sein: Wir haben seit sechs Jahrzehnten eine funktionsfähige Demokratie und mit ihr Frieden und Wohlstand. Die von uns gewählten Regierungen setzten sich wie keine anderen in Europa für Verständigung und das Zusammenwachsen des Kontinents ein. Unsere Politik wirkte stets ausgleichend, und wir halfen, wo immer wir konnten auf der Welt. Wir sind eine friedliebende, soziale Nation geworden, die Bedrängten und politisch Verfolgten hilft. Natürlich gibt es bei uns Ewiggestrige, aber anders als bei vielen unserer Nachbarn sitzen in unserem nationalen Parlament keine Rechtsradikalen. Auch das sollte nicht unter den Teppich gekehrt werden, genauso wenig wie die große Besonnenheit, mit der sich die Deutschen in der DDR gegen den SED-Staat erhoben haben. Wo sonst in Europa haben friedliche Revolutionen stattgefunden?

Stolz auf unser Land zu sein und damit auch ein wenig auf uns selbst, ist also mehr als berechtigt und bedeutet noch lange nicht, dass wir uns über andere erheben. Und wie ist es mit den Sünden der Vergangenheit? Die brauchen diesem Stolz nicht im Wege zu stehen. Aus den Verbrechen des Nationalsozialismus, zu denen wir uns bekennen, ergibt sich für uns Deutsche eine besondere Verantwortung, wie gegenüber dem Staat Israel. Wir tragen aber als Nachgeborene keine Schuld. Denn es gibt keine Sippenhaft, und wer uns für schuldig hält, weil wir Deutsche sind, bedient sich der Denkmuster der Nazis. Schuldgefühle sind also unangebracht, ja sie schaden uns. Charlotte Knobloch meint sogar, dass die Schuldgefühle zu einer Abwehrreaktion führten, nach dem Motto: Lasst uns doch endlich in Ruhe, wir wollen davon nichts mehr wissen. Daher fordert sie, alles dafür zu tun, »den jungen Leuten nicht das Gefühl zu geben, sie seien schuldig an der Vergangenheit. Denn dann können sie ja auch keine Patrioten sein. Das sollten sie aber sein – und zwar hundertprozentig.«

Patrioten müssen wir sein, um als Gesellschaft und Staat Bestand zu haben. Mit dem Patriotismus verhält es sich nämlich so wie mit dem Selbstwertgefühl eines jeden Einzelnen. Gibt es in einem Land zu viel Patriotismus, erscheint es genauso überheblich und aggressiv wie ein Mensch, der zu viel Selbstwertgefühl hat. Hat ein Mensch aber zu wenig davon, wird er schwach sein und kaum Statur zeigen können, wenn moralischer Mut verlangt ist. So ist es auch mit einer Nation, die zu wenig Vaterlandsliebe aufbringt. Einer solchen Nation ist ihre Geschichte gleichgültig. Sie wird weder Scham für Untaten empfinden noch Stolz auf glanzvolle Ereignisse. Und sie wird kaum die Kraft haben, für Prinzipien, wie etwa für Recht und Freiheit, oder für eigene Interessen draußen in der Welt einzutreten. Vielleicht haben wir Deutsche ja zu Recht das Gefühl, als vertrete die Bundesregierung unsere Interessen bei internationalen Verhandlungen zu wenig, wie Meinungsumfragen regelmäßig ergeben. Vielleicht ist ja die Vermutung begründet, wir machten es vor allem den anderen recht, wie etwa in Afghanistan, im Kongo und sonst wo auf der Welt, wo immer wir auch unsere Soldaten hinschicken.

Also her mit einem gesunden Patriotismus! Dafür brauchen wir ein Bild von uns selbst als Nation, in dem die positive Tradition gegenüber der negativen überwiegt. Keine Nation dieser Welt kann auf Dauer mit einer negativen Selbstidentifikation existieren. »Auschwitz« taugt als Staatsräson nicht, wie der Sozialphilosoph Jürgen Habermas schrieb. Nehmen wir ihn beim Wort und verkürzen nicht unsere Vergangenheit auf die zwölf furchtbaren Jahre des »Dritten Reichs«. Denn unsere Vergangenheit hat ungleich mehr zu bieten als Hitler und den Holocaust. Bundespräsident Horst Köhler mahnte zu Recht, es gebe schließlich auch eine Geschichte vor 1933 und nach 1945. Nur wenn wir in der Lage sind, unserer deutschen Identität auch Positives abzugewinnen, werden wir zuversichtlich in die Zukunft gehen können. Wenn nicht, bringen wir uns um unsere

Zukunft. Köhlers Vorgänger im Schloss Bellevue, Bundespräsident Johannes Rau, beklagte in seinem letzten Rundfunk-Interview die mangelnde Zuversicht der Deutschen. Das war sein Vermächtnis, sein letzter Zuruf an seine Landsleute und an die kommenden Generationen: Er forderte mehr Zuversicht. Eine Zuversicht, »die sich neben allen Fakten nur aus einem positiven Bild über sich selbst speisen« könne. Vielleicht wird ja dann doch noch eines Tages aus unserem »schwierigen Vaterland« ein leichteres und natürlicheres, so wie es die anderen auch haben.

Die da oben, wir hier unten
Wie wir uns vom Staat entmündigen lassen

»Das sind die da oben«, antworteten die meisten auf die Frage unseres Reporters, wer denn der Staat sei. Unsere Blitzaktion in einer Hamburger Fußgängerzone war keine repräsentative Umfrage. Aber das Ergebnis gab doch auf beeindruckende Weise wieder, dass vielen unser Staat irgendwie fremd geworden ist. Steuer- und Abgaben-Abzocke, Überregulierung, Bürokraten-Wirrwarr, Zwei-Klassen-Medizin und der Moloch Europa – es gibt viele Gründe, weshalb der Bürger immer öfter den Kopf schüttelt über einen Staat, der eigentlich ja »sein Staat« ist.

Aber ist der Staat wirklich »die da oben«? Oder sind es, mit Blick auf tägliche Meinungsumfragen, Politbarometer wie auch die zahlreichen Stimmungsbilder von *Spiegel* bis *Bild*, nicht eher »wir hier unten«, welche den Ton an- oder zumindest vorgeben? Wer die genannten staatlichen Zumutungen und Ärgernisse nüchtern betrachtet, wird kaum an der Feststellung vorbeikommen: Nicht alles ist von oben per Order di Mufti vorgegeben, vieles ist auch von der Mehrheit der Deutschen erwünscht und gewollt. Vielleicht nicht immer genau so und mit all den bürokratischen Folgen, aber im Kern entspricht vieles dem Wunsch der Bürger nach staatlicher Gefahrenabwehr, staatlicher Fürsorge, staatlich gesicherter Gesundheit, staatlich geregelter Gerechtigkeit.

Das kann man täglich erleben: Niemand will den Staat, der sich tief und vorbeugend in Erziehungsfragen einmischt; aber wenn ein Kind vernachlässigt wird, haben »die Jugendämter versagt«. Wenn Lebensmittelhändler und Restaurantbesitzer die zahllosen Hygiene- und Lebensmittelbestimmungen monieren, schwelgen wir in Verständnis; aber wehe, irgendwelche kriminellen Metzger verarbeiten Gammelfleisch. Dann ist großes Geschrei und große Empörung über die »Lücken« in der Lebensmittelkontrolle. Und wenn plötzlich und wie aus heiterem Himmel die Erkenntnis überrascht, dass es im Westen Deutschlands ein paar Hunderttausend Kita-Plätze zu wenig gibt, sind wir uns alle einig in wohlfeiler Solidarität mit Kleinfamilien und alleinerziehenden Müttern; nur wenn dafür die Steuern erhöht werden müssen, sieht es ganz anders aus.

Jedes Land bekommt die Politik serviert, die seine Wähler und Interessensgruppen verlangen – weil die Politiker, wie es ihre Aufgabe ist, genau diese Bedürfnisse erfüllen. Dass sie dabei, vor allem wenn auch multinationale europäische Interessen mitspielen, unterschiedliche Ziele und Bedürfnisse, nicht zuletzt auch das der eigenen Gesichtswahrung, unter einen Hut bringen müssen, macht die Sache im Ergebnis oftmals kompliziert. Aber ist das ein Versagen der Politiker?

Ein schrecklich schönes Beispiel für die Folgen von Aktionismus und Klientel-Politik ist das transnationale Halali gegen den Tabak: Die Gesundheitsminister Europas haben das Rauchen als Gefahr für die Gesundheit von Rauchern wie Nichtrauchern erkannt. Allerdings fürchten die Landwirtschaftsminister den Unmut der tabakanbauenden Landwirte, die von der europäischen Gemeinschaft jährlich hoch subventioniert werden. Der Wirtschaftsminister fürchtet Einbußen bei der tabakverarbeitenden Industrie, der Werbebranche, den Medien, den Kinobesitzern, der Erträge im Grenzverkehr und den Gastwirten. Und der Finanzminister fürchtet um seinen Haushalt: Rauchen gefährdet die Gesundheit, Nichtrauchen den Staatshaushalt. Am Ende verbietet man zunächst die Werbung (für ein öffentlich subventioniertes, legal vertriebenes Produkt!), mit zahlreichen Ausnahmen: im Kino ist Zigarettenwerbung noch zulässig, im Fernsehen seit Langem nicht, in Zeitschriften nicht mehr; und für Formel 1 und Motorrad-WM gelten wieder Sonderregeln, abgestuft nach Ländern. Vor allem muss Gesundheitsvorsorge der Staatskasse zugute kommen, weshalb man den Verkaufspreis erhöht. Gleichzeitig aber lässt man Billig-Zigaretten ebenso zu wie den zollfreien Einkauf zumindest einer Stange Zigaretten in Nachbarländern wie Tschechien oder Polen. Läge den Parlamentariern wirklich und allein die Gesundheit der Einwohner am Herzen, müssten sie all dies unterbinden. Schließlich untersagt man, unter dem Gesichtspunkt des Nichtraucherschutzes durchaus nachvollziehbar, das Rauchen in allen öffentlichen Gebäuden und darüber hinaus, um auch dem Bevormundungswillen gerecht zu werden, das Rauchen in Kneipen und Restaurants – also in privaten Räumen, deren Besitzer grundsätzlich selbst entscheiden können, wen sie bewirten und wen nicht. Im Ergebnis hat man nun europaweit sehr unterschiedliche Regelungen mit vielen Ausnahmetatbeständen, die zwar kaum zur Verringerung des Tabakkonsums beitragen, aber die Finanzminister lächeln lassen; die dem Bürger das Geld für Subventionen aus der Tasche ziehen und zusätzlich das Geld für die teureren Zigaretten; die ihm auch dann das Rauchen in Kneipen verbietet, wenn alle dort Anwesenden rauchen wollen; und die daher beim Bürger den durchaus zutreffenden Eindruck erwecken, er werde gegängelt, bevormundet, belogen. Aber es ist nur die Folge einer Klientel- und Proporz-Wirtschaft, die es allen Interessengruppen und politischen Fraktionen recht machen will.

Wer genauer hinschaut, entdeckt auch hier den Willen zum Selbst-Betrug. Es ist der grunddeutsche Wunsch nach Perfektion auch im täglichen Leben. Man will jedem gerecht werden, und man glaubt allen Ernstes, man könne das auch – mit tausend Ausnahmen, Einzelfallregelungen, Ausnahmen von den Ausnahmen. Es ist der große Wahn von der Herstellung gleicher, bis auf Gramm, Cent und Millimeter gerechter Verhältnisse. Komplette Gerechtigkeit heißt komplette Bevormundung. Das aber ist genau das, was die Politik liefert. Weil die Bürger es fordern.

Es herrscht Gesetzgebungsfetischismus. Wie die Erfahrung lehrt, geht jedoch die Komplexität von Gesetzen meist auf Kosten der Klarheit und damit der Akzeptanz. Werden noch ständig Gesetzesnovellen drangehängt, schlägt dem Gesetzgeber schließlich nur noch Verwirrung und Misstrauen entgegen. So laufen alleine gegen Hartz IV hunderttausend Verfahren.

In den Jahren 2000 bis 2005 gab es 735 neue Gesetze. Das Bundesgesetzblatt wuchs von 2096 Seiten im Jahr 2000 auf 4744 Seiten im Jahr 2002 an – mehr als doppelt so viele Gesetze und Verordnungen in nur 24 Monaten! Der Paragraf 3 des Einkommensteuergesetzes regelt, welche Einkünfte steuerfrei sind – auf zwölf eng beschriebenen Seiten. Er ist seit 1998 mit zehn Gesetzesnovellen an 20 Stellen geändert worden. Seit 2005 sind dazu vom Bundesfinanzministerium 48 Auslegungsschreiben an die Finanzämter herausgegeben worden. In den vergangenen zehn Jahren sind zu diesem

Paragrafen 189 Entscheidungen des Bundesfinanzhofs und 360 Urteile von anderen Finanzgerichten ergangen. Es ist klar, dass in einem solchen Wirrwarr kein Mensch mehr durchblickt. Das ist schon lange keine bloße Lästigkeit mehr, sondern ein verfassungsrechtliches Problem. Denn die Möglichkeit zur optimalen steuerlichen Gestaltung haben nur noch Leute, die sich beste Beratung leisten können. Wer das nicht kann, muss darauf hoffen, dass die Finanzämter richtig arbeiten. Bei rund 70 Prozent der Steuerbescheide, so die Schätzungen renommierter Steuerfachleute, tun sie das nicht. Eklatanter kann man den Gleichheitsgrundsatz kaum verletzen, als es der Staat mit seiner undurchsichtigen, selbst den Finanzbeamten unverständlichen Steuergesetzgebung täglich tut. Zu welchem Aberwitz der Glaube an die große Gerechtigkeit führt, wird deutlich beim Blick in eine Fibel, die das Bundesfinanzministerium anlässlich der Mehrwertsteuererhöhung herausgegeben hat. Danach sind auf frische Pilze sieben Prozent, auf Pilze im Glas 19 Prozent Mehrwertsteuer abzuführen, auf Krabben sieben Prozent, auf Hummer 19 sowie auf Knieprothesen sieben, auf Zahnprothesen aber 19 Prozent. Nicht zu vergessen die Maultiere, auf die der Staat sieben Prozent Mehrwertsteuer erhebt, im Gegensatz zu den Eseln, die bei 19 Prozent liegen.

Mehrwertsteuer, Baurecht, Abschreibungsvorschriften – der Wahnwitz der Überregulierung wächst täglich, und mit ihm die Bürokratie. »*Bild* kämpft für Sie« heißt daher die Kampagne, mit der wir Lesern helfen, die an bürokratischen Hürden zu scheitern drohen. Ein solches Opfer von Behörden-Irrsinn war der Koch Michael Laumen aus Mecklenburg-Vorpommern. Der Autodidakt hatte aus seinem Restaurant einen Geheimtipp gemacht und sich elfmal hintereinander den begehrten Michelin-Stern erkocht. In Anerkennung seiner Leistung erhielt er sogar die Sondergenehmigung, Lehrlinge ausbilden zu dürfen. Doch dann verlangte das Stadtamt Rostock, er solle einen Gastro-Anfängerkurs belegen. Wo er dann »gelernt« hätte, dass man den Wischlappen nicht auf die frischen Steaks legen und sich öfter mal die Hände waschen sollte. All das nur, weil ihm der »Unterrichtungsnachweis zum Betrieb einer Gaststätte« fehlte. Als der Koch sich weigerte (»Ich hab doch keine Dönerbude«), bekam er einen Bußgeldbescheid über 1000 Euro. Sogar die Schließung seines Lokals drohte. Nach dem *Bild*-Bericht lenkte die Behörde ein, dem Sterne-Koch blieb die Schulung erspart.

Günther Jauch hat zur Bürokratie ein ganz eigenes Verhältnis. Der Fernsehmoderator, der für seine Verdienste um den Denkmalschutz sogar die Schinkel-Medaille erhielt, warf der Potsdamer Bauverwaltung 2006 öffentlich Schikane vor. Manches Haus, so sagte er (stets betonend, dass er kein Einzelfall sei), habe er nur deshalb nicht zur denkmalgerechten Sanierung erworben, weil er dem zuständigen Sachbearbeiter kein zweites Mal begegnen wollte. Und im *Tagesspiegel* setzte er noch einen drauf: »Ich hatte mir bisweilen schon den Spaß gemacht, dass ich im Denkmalamt genau das Gegenteil von dem beantragt habe, was ich eigentlich wollte. Mir war klar, dass der Bescheid negativ ausfallen würde und ich mein Anliegen so erreiche. Das ging öfter auf.« Generell, so fuhr Jauch fort, gingen »manche Amtsträger immer noch davon aus, dass sie oben sind und der Bürger als ewiger Antragssteller ganz unten geduldig seine Verbescheidung abzuwarten hat«. Potsdams SPD-Oberbürgermeister Jann Jakobs reagierte prompt, brachte eine Untersuchung in Gang und sich selbst damit in die Schusslinie. Das Ergebnis der Prüfung bestätigte die Vorwürfe in vollem

Umfang: Willkür und Ungleichbehandlung waren bis dato an der Tagesordnung.

Solche Fälle von überbordender Bürokratie kosten in der Masse nicht nur den Steuerzahler Geld und Nerven. Sie kosten auch Arbeitsplätze. So wollte der Kölner Handwerksmeister Klaus Schäfer gern einen elften Mitarbeiter einstellen. Doch der deutsche bürokratische Vorschriftenwahn verlangt ab eben diesem elften Mann einen Pausenraum für die Belegschaft. Bei zehn Angestellten braucht ihn Klaus Schäfer nicht. Die Folge: Der Handwerksmeister nahm sein Stellenangebot zurück.

Ein anderes Beispiel: das Allgemeine Gleichbehandlungsgesetz (AGG) – genannt Anti-Diskriminierungs-Gesetz – aus dem Jahr 2006. Es sieht vor, dass Arbeitnehmer einen Entschädigungsanspruch haben, wenn sie aufgrund ihres Geschlechts, einer Behinderung, ihrer ethnischen Herkunft, Religion, Weltanschauung, ihres Alters oder ihrer sexuellen Orientierung diskriminiert werden. Erfolgt die Diskriminierung vor der Anstellung – also etwa beim Bewerbungsverfahren –, hat der Betroffene Anspruch auf eine Entschädigung von drei Monatsgehältern. Die Folgen des Gesetzes sind bizarr. So müssen Stellen heute für beide Geschlechter ausgeschrieben werden, auch wenn der Job eigentlich nur für Männer oder nur für Frauen in Frage kommt. Das alleine wäre nicht so schlimm. Doch das Gesetz hat dazu geführt, dass eine Vielzahl von sogenannten AGG-Hoppern sich gezielt auf falsch ausgeschriebene Stellen bewirbt, für die sie nicht in Frage kommen. Nachdem ihre Bewerbung abgelehnt worden ist, drohen sie dem Arbeitgeber mit einer Klage und verlangen eine Entschädigung, um die Sache »geräuschlos« aus der Welt zu schaffen.

Auf 46 Milliarden Euro sollen sich die Kosten der Wirtschaft belaufen, die durch die staatlich verursachte Bürokratie pro Jahr entstehen. Das geht aus einer Studie des Instituts für Mittelstandsforschung hervor. Mitunter hat es den Anschein, als deformierten Beamte das Land zu einem behäbigen Verwaltungs- und Versorgungsapparat. Und der wird zunehmend zum Selbstzweck, zu einer eigenständigen, bürgerfeindlichen Macht.

Das mag daran liegen, dass keine Klientel von der Politik so geschont wird wie Beamte und aus Sicht einer klientelfixierten Politik ist das auch verständlich. Egal, ob bei der Gesundheits- oder der Rentenreform – immer werden die für die Arbeitnehmer ungünstigen Folgen nur mit Zeitverzögerung oder eingeschränkt auf die Staatsdiener übertragen. Kein Politiker traut sich an die dringend nötige durchgreifende Pensionsreform heran, die die Ansprüche deutlich senkt. Auch nach zahllosen Rentenreformen können Beamte immer noch mit einer weit über den Renten liegenden Versorgung von bis zu 71,75 Prozent des letzten Bruttogehalts rechnen. Dabei laufen dort die Pensionskosten noch viel stärker aus dem Ruder als die Rentenausgaben.

Die Zurückhaltung der Politiker in Sachen Beamte hat zwei Gründe: Etwa 40 Prozent der Bundestagsabgeordneten kommen aus dem öffentlichen Dienst. Selbst im jetzigen Bundeskabinett stammen 8 der 15 Minister aus dem Beamtenapparat, waren zum Beispiel Lehrer (Heidemarie Wieczorek-Zeul, Ulla Schmidt), Ministerialbeamte (Thomas de Maizière, Peer Steinbrück, Frank-Walter Steinmeier) oder sind in sonstigen Verwaltungen groß geworden (Wolfgang Schäuble, Horst Seehofer, Brigitte Zypries). Zum Zweiten sind Politiker auf einen funktionierenden Beamtenapparat angewiesen. Weil die Gesetze immer komplizierter werden und kaum noch jemand alle Vorschriften in sämtlichen Verästelungen überblickt, brauchen Minister und Abgeordnete die Einflüsterungen ihrer beamteten Zuarbeiter. Sie sind es auch, die neue Gesetze ausarbeiten. Klar, dass es die Gesetzesmacher vor diesem Hintergrund nicht besonders eilig haben, Einschnitte in deren Privilegien zu verfügen.

Die Klientelpolitik, die letztlich vor allem die Bedürfnisse von Wähler- und Interessengruppen widerspiegelt, hat hier ihre dramatischsten Folgen. Hier lassen wir uns nicht entmündigen, hier sind wir schon längst entmündigt. Der Staat ist, das zeigen viele Beispiele, eine Beute der Parteien und Beamten, die ihn in ihrem Sinne und zu ihrem Vorteil umgestalten, ausplündern und nicht selten als persönlichen Besitzstand betrachten. Vor allem die Parteien haben ihren Einfluss weit über ihr unmittelbares Tätigkeitsfeld der politischen Meinungsbildung ausgedehnt. Es gibt kaum einen staatlich geprägten Bereich, den die Parteien nicht an sich gerissen hätten. Egal ob in den Behörden selbst, in den staatlichen Lotto- und Wohnungsbaugesellschaften, den öffentlich-rechtlichen Rundfunkanstalten oder in sonstigen staatlichen Gremien und Einrichtungen – überall regiert das Parteibuch. Da werden Positionen strikt nach politischer Farbenlehre besetzt und Beamte der gerade nicht regierenden Partei auf unwichtigere Posten oder gleich in den einstweiligen Ruhestand versetzt. Das zieht sich vom Staatssekretär in der Bundesregierung bis hin zum Beamten in der kleinsten Kommunalverwaltung durch. Da machen Parteifunktionäre plötzlich wundersam Karriere und geraten in Positionen, die sie über die normale Beamtenlaufbahn nie erreicht hätten. So avancierte Matthias Machnig, ehemals SPD-Bundesgeschäftsführer und erfolgreicher Wahlkampfmanager von Gerhard Schröder 1998, zum beamteten

Staatssekretär im Umweltministerium von Sigmar Gabriel. Was den Magister der Soziologie, Geschichte, Anglistik und Erziehungswissenschaften dazu befähigt, sich auf den komplizierten Feldern von Umwelt, Naturschutz und Reaktorsicherheit so auszukennen, wie man es von einem Staatssekretär erwarten kann, wird wohl ein Geheimnis bleiben. Aber vielleicht gab es ja für Sigmar Gabriel andere Gründe, den einstigen »Kampa«-Chef an sich zu binden: Zum Beispiel das Streben nach Höherem, nach der Kanzlerkandidatur. Warum sonst, fragte nicht nur die *Frankfurter Allgemeine Zeitung*, habe er dem SPD-Wahlkampfmanager wohl diesen Posten verschafft.

Wenn es ums Geld geht, wird der wahre Einfluss der Parteien erst richtig sichtbar. Denn trotz aller Sparbeschlüsse in fast sämtlichen Lebensbereichen haben es bisher nur die Parteien geschafft, ihre Staatszuschüsse nicht nur zu erhalten, sondern sogar zu steigern. Seit Mai 2007 bereiten die Parteien die nächste Erhöhung ihrer Staatszuschüsse vor – von 133 auf 142 Millionen Euro im Jahr. Nimmt man die Zuschüsse für die parteinahen Stiftungen und die Leistungen an die Bundestagsfraktionen hinzu, dann gehen rund 500 Millionen Euro Steuergelder pro Jahr für die Unterhaltung der Parteiapparate drauf. Der bekannte Parteienkritiker Hans Herbert von Arnim nennt die Praktiken der »politischen Klasse« ein »korruptives Netzwerk, dem durch die in eigener Sache gemachten Gesetze noch Vorschub geleistet wird«.

Beispielhaft für die politische und persönliche Besitzstandswahrung ist der Abgang der schleswig-holsteinischen SPD-Ministerpräsidentin Heide Simonis, die (wahrscheinlich) von ihrer eigenen Fraktion im Kieler Landtag selbst in vier Wahlgängen nicht die ausreichende Stimmenzahl erhielt. Vielleicht hatte ihr Fernsehauftritt bei »Beckmann«

dazu beigetragen. Denn auf die Frage des Fernsehmannes, warum sie keine große Koalition mit CDU-Wahlsieger Peter Harry Carstensen wolle (und stattdessen auf Biegen und Brechen mit den Grünen und dem Südschleswigschen Wählerverbund paktiere), antwortete Simonis völlig entgeistert: »Ja, und wo bin ich dann? So viel Opfer dürfen Sie von mir nicht verlangen, dass ich für Peter Harry jetzt zurücktrete!« Dem ist nichts mehr hinzuzufügen.

Wie gut täte doch unserem Gemeinwesen eine zeitliche Begrenzung der politischen Ämter, um das sprichwörtliche »Am-Sessel-Kleben« einzudämmen. Denn ein solches Verhalten ist letztendlich nicht nur Ausdruck von Ignoranz gegenüber dem Souverän, dem Volk. Es verdeutlicht auch, wie sehr der Staatsbetrieb in eingefahrenen Ritualen erstarrt ist. Wenn dann auch noch Parlamentspräsident Walter Momper seinen Parteifreund Klaus Wowereit versehentlich zum Berliner Regierenden Bürgermeister ausruft, ohne dass der im ersten Wahlgang die erforderlichen Stimmen erreicht hätte, ist es mit dem Vertrauen der Deutschen in die Leistungsfähigkeit ihres demokratischen Rechtsstaats nicht mehr weit her. »Taugt unsere Demokratie für die Herausforderungen der Zukunft?«, hatte im November 2006 die ARD in einer repräsentativen Erhebung gefragt. Und fast die Hälfte der Deutschen verneinte dies.

Wenn sich immer mehr Bürger von unserem Staat abwenden, hat das auch mit dem monströsen »Über-Staat« zu tun. Ich meine damit die Europäische Union, jenes einmal von Adenauer und Schuman euphorisch auf den Weg gebrachte Zukunftsprojekt eines starken und geeinten Kontinents. Etwa 84 Prozent der uns in Deutschland berührenden politischen Entscheidungen werden inzwischen von der EU getroffen. So wurden von 23 167 Gesetzen und Verordnungen zwischen 1998 und 2004 nur 4250 vom Deutschen Bundestag initiiert, alle anderen in Straßburg beziehungsweise Brüssel. Der ehemalige deutsche Bundespräsident Roman Herzog brachte es auf den Punkt, als er in der *Welt am Sonntag* schrieb: »Es stellt sich daher die Frage, ob man die Bundesrepublik Deutschland überhaupt noch uneingeschränkt als eine parlamentarische Demokratie bezeichnen kann.« Viele der EU-Entscheidungen, an denen die deutsche Regierung im EU-Ministerrat direkt beteiligt ist, muten uns unendlich weit entfernt an. Und vorstellen können wir es uns auch nicht so recht, dass wir irgendeinen Einfluss auf diese Beschlüsse haben, auch wenn wir alle paar Jahre das Europaparlament wählen. Denn das Europaparlament hat zwar inzwischen wesentlich mehr Einfluss als früher, aber eben nicht genug, um ein nationales Parlament zu ersetzen.

Im Herbst 2003 glaubten nur noch 46 Prozent der Deutschen, dass die EU-Mitgliedschaft eine gute Sache sei. Entscheidend für die rasant schwindende Akzeptanz der Europäischen Union ist die Bürokratie. Die EU-Kommission hat allein im vergangenen Jahr 1703 Tonnen DIN-A4-Papier verbraucht. Brüssel ist für uns zum Synonym einer sich selbst versorgenden Politiker-Kaste geworden. Bürokratie und Zentralisierung scheinen mittlerweile Selbstzweck zu sein, betrieben von mehreren zehntausend hochbezahlten Apparatschiks. Und obwohl auch in Brüssel die Kassen leer sind, langen die Europa-Abgeordneten kräftig zu. Von 2009 an erhalten die rund 800 Parlamentarier ein monatliches Grundgehalt von mehr als 7000 Euro, das jährlich erhöht und mit nur 22 Prozent besteuert wird. Nach 20 Jahren Parlamentszugehörigkeit berechtigt das Gehalt dann zur 70-Prozent-Pension, mit nur 63 Jahren. Ein Angestellter in Deutschland müsste circa 11 000 Euro verdienen, um auf das gleiche Nettogehalt plus Pensionsanspruch zu kommen, rechnete die *Süddeutsche Zeitung* aus. Unberücksichtigt blieben dabei freilich die Tagegelder in Höhe von derzeit 279 Euro, die während der 41 Sitzungswochen fällig werden. Ganz zu schweigen von den gestatteten Nebenverdiensten, scheint doch die parlamentarische Arbeit nicht tagfüllend zu sein. Lange Zeit besserte außerdem die großzügige Reisekostenregelung das Einkommen auf. Denn Europa-Abgeordnete ließen sich pauschal teure Flüge erstatten, auch wenn sie den Billigflieger genommen hatten.

Wo so kassiert wird, nimmt man es grundsätzlich nicht mehr so genau. Filz und Günstlingswirtschaft blühen in der EU-Bürokratie. Der Fall Martin Bangemann, der als EU-Kommissar für den Kommunikationsbereich zuständig war, gibt darüber Aufschluss. Aus seiner Position heraus wechselte er in den Vorstand des Spanischen Telefonkonzerns Telefónica. Dieser Sprung eines Kommissionsmitglieds in ein Unternehmen, dessen Geschäftsfeld zuvor in sein Aufgabengebiet fiel, produzierte lediglich die »Lex Bangemann«: ein einjähriges Beschäftigungsverbot für EU-Spitzenfunktionäre nach deren Ausscheiden. Auf niedrigerer Ebene gibt es solche Wechsel weiter recht häufig – da bekommt es die Öffentlichkeit nur selten mit. Ein klassischer Fall von: Nicht verboten ist noch lange nicht korrekt. Ganz zu schweigen von Edith Cresson, die 1999 den Sturz der EU-Kommission unter Jacques Santer verursachte, nachdem sie jahrelang einen befreundeten Zahnarzt mit üppigen Beraterverträgen ausgestattet hatte – und daran überhaupt nichts Schlimmes finden konnte.

Der deutsche EU-Kommissar Günter Verheugen wiederum befasst sich in Brüssel mit dem Abbau von Bürokratie (man mag es kaum glauben). Er räumte freimütig ein:

»Manchmal geht die Kontrolle über den Apparat verloren.« Und: »Wir verbringen einen Großteil unserer Zeit damit, Probleme zu lösen, die es nicht gäbe, wenn es uns nicht gäbe.« Wenig verwunderlich, bei mehr als 19 000 Gesetzen und Verordnungen, die in gerade einmal sechs Jahren produziert wurden. Mittlerweile existiert ein Berg von 130 000 Rechtsakten.

Verheugen ist also dafür verantwortlich, etliche dieser Normen abzuschaffen. Den größten Erfolg hatte er bisher aber mit der Abschaffung von etwas ganz anderem: dem Verhaltenskodex. Er beförderte eine enge Mitarbeiterin auf einen sehr viel besser vergüteten Posten. Daran wäre weiter nichts auszusetzen, hätten *Bild* nicht Fotos vorgelegen, die das Paar später händchenhaltend beim Ostseeurlaub zeigen. Der EU-Kommissar hat also nicht nur eine fachlich qualifizierte Mitarbeiterin, sondern seine ihm zumindest danach sehr, sehr, sehr nahestehende Mitarbeiterin befördert. Welches von beidem den Ausschlag gegeben hat, wissen wir nicht. Diese Unklarheit hätte Günter Verheugen der Öffentlichkeit ersparen können. Genau wie den gemeinsamen Ausflug zum FKK-Strand, den der *Focus* fotografisch belegen kann. Es gibt einfach Posten, die Opfer im Privatleben verlangen, aber eben auch vergüten. Ein EU-Kommissar sollte zum Beispiel das Opfer bringen, am Strand mehr als nur eine Sonnenkappe zu tragen.

Wir können nur hoffen, dass Günter Verheugen sich den Tausenden von EU-Unsinnsregelungen mit mehr Elan widmet als seiner korrekten Bekleidung. So gilt EU-weit die Regelung, dass Schweinen in Ställen »Beschäftigungsmaterial« – also Spielzeug – zur Verfügung stehen muss. Und Sportpferde haben eine Staatsangehörigkeit, die des Besitzers nämlich. Das regelt die Viehverkehrsverordnung. Traktorensitze und Kondome müssen hingegen eine bestimmte Größe haben: Letztere müssen nach EU-Norm DIN EN 600 genau 17 Zentimeter lang und 5,2 Zentimeter breit sein. Bei den Gurken ist die Krümmung mit maximal zehn Millimeter auf zehn Zentimeter Länge vorgeschrieben. Und wussten Sie, dass Karotten – laut EU – kein Gemüse, sondern Obst sind? Weil nämlich in einigen Mitgliedsstaaten Karottenstücke in der Marmelade sind. Natürlich wachsen viele dieser Regeln nicht auf dem Mist der Brüsseler Beamten. Sie stammen oft von Lobbyisten, die ihre Produkte leichter verkaufen wollen. Gerade Gurken lassen sich einfach besser verpacken, wie auch symmetrisch gewachsene Tomaten. Dass uns die besonders schmackhaften Tomaten entgehen, weil sie leider nicht normgerecht sind, interessiert die mächtigen Interessenvertreter nicht. Dass sie sich gegen die Interessen der Verbraucher oft durchsetzen, ist der eigentliche Skandal und ein weiterer Beweis für die Bürgerferne der EU.

Was EU-Regelungswut bedeuten kann, erfuhr zum Beispiel Hilmar Lehmann, der Betreiber des Museums »Insects World« in Steinhude, Niedersachsen. Dort sind präparierte, aber auch lebende Schmetterlinge, Vogelspinnen, Skorpione, Kakerlaken und mehr zu bestaunen. Lehmann wurde mitgeteilt, dass seine Ausstellung aufgrund der EU-Richtlinie 1999/22EG kein Museum mehr sei, sondern ein Zoo. Die Begründung: Er stelle »mehr als fünf Tiere wild lebender Arten zur Schau« aus. Artikel 3 der EU-Richtlinie 1999/22EG verlangt von Zoodirektor Lehmann nunmehr, ein Register anzulegen, in dem Zu- und Abgänge einzutragen sind. Im Klartext: Lehmann muss die Kakerlaken zählen.

Der Reglementierungsdrang des EU-Apparats scheint keine Grenzen zu kennen. In mancher Hinsicht sind die europäischen Staaten einheitlicher reguliert als die Bundesstaaten der USA. Patrick Adenauer, Präsident der Arbeitsgemeinschaft Selbstständiger Unternehmer e.V., meint dazu: »Unter diesen Umständen wurde das Subsidiaritätsprinzip mehr und mehr zur Farce. Dieses Prinzip verlangt, dass man der Vielfalt, der Eigenart und den Demokratien und Mitgliedsnationen Rechnung trägt und Europa von unten nach oben baut. Es ist ja gerade das Europäische an Europa, sein Reichtum und der Grund seines historischen Erfolgs, dass es in seiner bisherigen Geschichte den Zentralismus vermeiden konnte und Wettbewerb – auch zwischen staatlichen Regelsystemen – über Vereinheitlichung gestellt hat. Wer diese Fundamente ignoriert, baut ein Dach ohne Haus.«

Hinzu kommt, dass die Fundamente wegen Überdehnung ächzen. Europa hat zu viele Mitglieder auf höchst unterschiedlichem Wirtschaftsniveau. Dies läuft oft auf gegensätzliche Interessen hinaus, die unter einen Hut gebracht werden müssen. Von den natioalen Egoismen – wie zuletzt von Polen eindrucksvoll demonstriert – ganz zu schweigen. »Europas Gestalt zerfließt zu einem Brei«, schrieb der Journalist und Publizist Herbert Kremp einmal. Unsere Politiker reden gleichwohl zu Recht davon, dass es zu Europa, also zur EU, keine Alternative gäbe. Aber die Menschen in diesem Europa, nicht nur wir Deutschen, wissen nicht so recht, was sie damit anfangen sollen. Wie sollen wir auch Sinn und Zweck der Europäischen Union erfassen, wenn sich nicht einmal die Vertreter der Mitgliedsstaaten darüber einig sind? So wurde aus dem abgelehnten Verfassungsvertrag ein bürokratisches Monster, das 475 Seiten umfasst.

Aber man muss nicht nach Brüssel und Straßburg blicken, um Beispiele für den Irrsinn eines Systems zu finden, das alle Interessen seiner Mitbürger und der politischen Kaste möglichst gleichmäßig befriedigen will. Das deutlichste Beispiel findet sich in unserem Land selbst, in Form der sogenannten Gesundheitsversicherung. Sie ist nicht nur der Höhepunkt der Interessenabwägung zwischen Ärzten, Krankenkassen, Verbänden, Pharmaindustrie, Pflegeunternehmen, Patienten und profilierungsbedürftigen Sozialpolitikern, sondern auch ein Tanz um goldene Kälber wie »Therapiefreiheit«, »ärztlicher Selbstverwaltung«, »berufethisch geforderte Totalversorgung« und »freie Arztwahl«. Dass hier vor lauter Bücklingen, vor Proporz und Spezialinteressen der Blick für die große Linie verloren geht, kann man den Politikern kaum vorwerfen. Denn wir selbst agieren kaum anders.

Das ist jeden Tag zu sehen. Jeder möchte den Arzt seines Vertrauens. Aber wenn dieser Arzt sagt, dass er das offen sozialistische System der staatlich geregelten Honorarsätze und Verdienstobergrenzen nicht akzeptiert und deshalb künftig nur noch Privatpatienten behandelt, ist die Empörung groß – auch übrigens bei *Bild.* Dann ist sofort die Rede von »Zwei-Klassen-Medizin«. Dass die auf der Kostenseite schon längst existiert, weil Privatversicherte für ihre Familie viel mehr zahlen als gesetzlich Versicherte, wird dabei gern übersehen. Es ist ein Selbst-Betrug, der jahrelang von der Politik befördert wurde und noch immer befördert wird: Dass jeder gesetzlich Versicherte für seine vergleichsweise geringen Beiträge Anspruch auf Top-Versorgung habe. Oder drastischer: Dass er nur Kia zahlen müsse, aber Porsche fahren dürfe.

Wer das Thema berührt, ist in Deutschland politisch erledigt. Philipp Mißfelder, damals Vorsitzender der Jungen Union, hat es 2003 versucht mit der provokanten Frage, ob die Solidargemeinschaft tatsächlich jedem 85-Jährigen die neue Hüfte finanzieren müsse. Dabei könnte man durchaus die Ansicht vertreten, dass ältere Personen mit ausreichendem Vermögen große Krankenhausrechnungen selbst zahlen sollten. Denn Zweck der Solidargemeinschaft ist es schließlich kaum, im Interesse der Erben das Vermögen der Erblasser möglichst ungeschmälert zu erhalten. Aber die notwendige Diskussion darüber wurde sofort mit Empörung im Keim erstickt – leider auch von *Bild.* Dabei ist die Frage nach der Generationengerechtigkeit so drängend wie nie zuvor. Jeder 60-Jährige nimmt heute im Schnitt 265 000 Euro mehr aus den sozialen Sicherungssystemen, also Renten, Pensionen, Kranken-, Pflege- und Arbeitslosenversicherung, als er eingezahlt hat. Ausgeglichen wird dieser Raubbau durch Milliardenspritzen des Staates für die Sozialversicherungskassen – unter Aufnahme neuer Kredite, also zu Lasten kommender Generationen. Aber dieses Thema anzufassen, ist für eine ausschließlich an den Interessen einer existierenden Klientel ausgerichtete Politik glatter Selbstmord. Da die kommenden Generationen noch nicht leben, nicht wahlberechtigt sind oder gegenüber den Rentnern nur eine Minderheit darstellen, wird dieses Thema konsequent negiert. Die Gesundheitsvorsorge ist das große gesellschaftspolitische Freibier: Alle zechen ungehemmt, weil ein anderer die Zeche zahlen muss. Und weder Politiker noch Patienten oder sonst irgendeine Interessengruppe wollen wirklich wissen, woher das Geld kommt und ob das alles so auch gerecht ist.

Der 1999 verstorbene Publizist und frühere Chefredakteur von *Capital,* Johannes Gross, hat einmal resigniert festgestellt: »Wer ›sozial‹ sagt, lügt!« So weit sei es inzwischen gekommen, dass man hinter jedem Eintreten für die angeblichen Belange der Gemeinschaft Partikularinteressen vermute – und fast immer habe man damit recht. Für Gewerkschafter sei Solidarität nur noch das Interesse der in Arbeit stehenden Mitglieder; für die Arbeitslosen hätten die gleichen Leute keinen Blick. So sei es überall, bei Parteien, Verbänden, Lobby-Gruppen – alle drapierten ihre Spezial- und Klientelinteressen permanent als soziale Forderung, als Verlangen allgemeiner Gerechtigkeit.

Hier liegt vermutlich der innerste Grund für die Bereitschaft der Deutschen, sich immer weiter entmündigen zu lassen, aber auch für den Bevormundungswillen vieler Parteien. Es ist der große Aberglaube an die Verteilungsgerechtigkeit des Staates und daran, dass materielle Gleichheit glücklich mache. Schön wär's. Bisher stehen Länder, die diesem Irrglauben gefolgt sind, nicht in dem Ruf überschäumender Lebensfreude – sei es im Ostblock, im grauen Volksheimsozialismus der Schweden oder im gewerkschaftsdominierten England der 70er-Jahre. Und auch die Bewohner Westdeutschlands galten, aller Verteilungspolitik zum Trotz, über Jahre nicht ohne Grund als missmutig, nörgelig, neidisch. Denn die Umverteilung weckt nur immer neue Begehrlichkeiten, befriedigt aber keine. Den Grund benannte schon 1899 der amerikanische Soziologe Thorstein Veblen nicht ohne spöttischen Unterton: Dass es für die meisten Menschen nicht wichtig sei, genug zu haben, sondern vor allem, mehr zu haben als der Nachbar! Auch wenn man alle Güter der Erde gleichmäßig verteile, werde man die Menschen daher nicht glücklich machen. Anhänger linker Egalitätstheorien werden nun aufschreien, und gewiss verträgt sich dieses Menschenbild nicht mit marxistischen Gleichheitsidealen. Aber vielleicht ist es Zeit, über diese Frage einmal nachzudenken.

Jeder denkt an sich, nur ich, ich denke an mich

Warum der Gemeinsinn bei uns auf der Strecke bleibt

»Florida-Rolf« – das ist das Synonym für Sozial-Abzocke. Also für die deutsche Mentalität, von Staat und Solidargemeinschaft mitzunehmen, was immer geht. Bis zur Schmerzgrenze und auch darüber hinaus. Legal und illegal. Bei der Steuererklärung, bei Hartz IV, bei Krankenkassen und Versicherungen, überall wird getrickst, geschönt, gelogen. Und das Unrechtsbewusstsein ist nahe null.

Florida-Rolf brauchte noch nicht mal zu tricksen. Er nahm lediglich, was unser Sozialsystem ihm bot: Wohnung in Florida samt Putzfrau, Krankenversicherung, Verpflegung – Miami nice. Bezahlt vom deutschen Steuerzahler mit monatlich weit über 1000 Euro. Gaga-Stütze unter Palmen, mit richterlicher Zustimmung. Denn ein niedersächsisches Sozialgericht hatte entschieden: Das Sozialamt muss dem 64-Jährigen die Strandwohnung in Miami bezahlen. Weil ihm ein Gutachten attestiere, er sei selbstmordgefährdet. Deshalb sei ihm ein Leben in Deutschland nicht zuzumuten.

Bild besuchte Florida-Rolf. In Miami trafen wir auf einen gut gelaunten, braun gebrannten Mittsechziger in Bermudashorts. Stolz erzählte er, dass ihm seit zehn Jahren das

Landessozialamt Niedersachsen den Lebensunterhalt bezahle, Miete, Steuern und so weiter, zusammen etwa 1400 Euro monatlich. Jetzt habe jedoch das Oberverwaltungsgericht verfügt, er müsse sich innerhalb von sechs Monaten eine preiswertere Wohnung suchen. Das hielt der Ex-Banker, der nach teurer Scheidung und Bauchspeicheldrüsenerkrankung zum Sozialfall geworden war, für unzumutbar. Er sagte: »Dann brauche ich ein Auto, das muss mir das deutsche Sozialamt bezahlen. Hier in Amerika gehört ein Auto zu den lebenswichtigsten Dingen.« Nur dann könne er wegziehen. Aber viel lieber würde er in der Collins Avenue bleiben. »Die Wohngegend hier wird immer beliebter, die Mieten steigen überall. Eine günstigere Wohnung werde ich in dieser Ecke von Miami nicht finden. Und wegziehen kann ich eigentlich auch gar nicht, sonst verliere ich den Kontakt zu meinen Freunden.« Von einem Bewusstsein, dass er auf Kosten der deutschen Steuerzahler lebte, von denen viele selbst den Euro umdrehen müssen, keine Spur.

Ein anderer, dem der Gemeinsinn abhanden gekommen ist, ist Rolf-Dieter K. Der Sozialhilfeempfänger aus der Nähe von Düsseldorf klagte 30 Jahre lang gegen alles und jeden. Mal ging es um eine Klobürste, die ihm das Sozialamt nicht genehmigen wollte. Mal ging es um einen Kühlschrank oder um eine Kreuzfahrt auf dem Nil. Wenn das Sozialamt sich querlegte, strapazierte »Prozess-Dieter« kurzerhand die Gerichte. »Ich liebe das Klagen. Manche gucken TV, ich ziehe vor Gericht. Das hält mich geistig fit«, amüsierte sich der schon mehrmals psychiatrisch begutachtete Mann. Den Steuerzahler kosteten die 230 Gerichtsverfahren bisher rund 220 000 Euro. Billiger kam die Steuerzahler »Viagra-Kalle«. Er ließ sich vom Sozialamt »nur« das Potenzmittel finanzieren, um besser über die Runden zu kommen.

»Florida-Rolf«, »Prozess-Dieter« und »Viagra-Kalle« sind schillernde Beispiele. Das Phänomen Sozialmissbrauch ist meist banaler: ein paar gefälschte Bescheide und Schwarzarbeit. Es ist natürlich auch kein Anreiz – selbst für die, die gern arbeiten würden –, wenn man von der Arbeitsagentur genauso viel oder sogar mehr bekommt, als man mit Arbeit verdienen kann. Und bei Hartz IV ist ja einiges rauszuholen, wenn man es nur geschickt anstellt. Nach Schätzungen liegt die Missbrauchsquote dort irgendwo zwischen 10 und 20 Prozent. Dass damit alle wirklich Bedürftigen in Misskredit gebracht werden, interessiert den einzelnen Profiteur nicht im Geringsten.

Professionell zur Sache gingen 71 Asylsuchende aus Jordanien. Sie prellten das Offenbacher Sozialamt und somit uns, die Steuerzahler, in ganz großem Stil. 3,4 Millionen Euro Sozialhilfe hatten sie sich insgesamt erschlichen. Da wurden Gelder für Kinder kassiert, die es gar nicht gab. Da sponserte das Sozialamt einen illegalen Autohandel und Wohnungen, die von den »Bedürftigen« weitervermietet wurden. Alles in allem kein Wunder, denn nicht nur uns, auch Menschen in vielen Gegenden der Welt muss unser Sozialwesen geradezu paradiesisch erscheinen, denn dort gibt es weder Wohngeld noch Heizkostenzuschüsse.

Abzocke ist nicht nur bei Sozialverlierern zu finden. Sie wird in allen Schichten unserer Gesellschaft betrieben. Sie ist mittlerweile eine Art Volkssport. Studenten kassieren unrechtmäßig BAföG. Im Jahr 2005 liefen mehr als 13 000 Verfahren gegen sie. Zahnarztgattinnen streichen Arbeitslosengeld ein, obwohl sie nie in der Praxis ihres Mannes tätig gewesen sind. Und vier Milliarden Euro jährlich beträgt der Schaden durch Versicherungsmissbrauch, schätzt der Gesamtverband der Deutschen Versicherungswirtschaft. Die

Technische Universität Dresden untersuchte dieses »Kavaliersdelikt« genauer. Ergebnis: 32,4 Prozent der Befragten konnten sich vorstellen, nach einem Einbruch, der wegen schlechter Sicherungsmaßnahmen kein Versicherungsfall geworden wäre, bei den Angaben zu mogeln – so sehr, dass die Versicherung doch hätte zahlen müssen. Neun Prozent hatten genau das sogar schon einmal getan. Viele fühlten sich dabei im Recht.

Und dann ist da noch eine andere Form von Abzocke, die der Wirtschaftsbosse. Denn oft kassieren Unternehmen staatliche Subventionen, um anschließend die Produktion ins Ausland zu verlegen. Aus der Sicht der Firmen mag dies clever sein. Für das Gemeinwohl ist es das nicht.

Wie selbstverständlich sehen wir im Staat eine nie versiegende Versorgungseinrichtung. Dabei ist unsere Bundesrepublik ihrer Verfassung nach ein »sozialer Rechtsstaat«, aber kein »Sozialstaat«. »Sozialer Rechtsstaat« bedeutet, dass Freiheit und Eigenverantwortung der Bürger, mit allen Chancen und Risiken, Vorrang vor ihrer sozialen Absicherung haben. Unsere Verfassung ergänzt diese freiheitliche Grundlage lediglich durch den sozialstaatlichen Auftrag an die Politik, die Entfaltungschancen der Bürger zu sichern und ihnen diejenigen Risiken abzunehmen, die sie selber nicht tragen können. Der freiheitliche Rechtsstaat kann nicht mehr verteilen, als er hat. Tut er es dennoch, werden wir irgendwann einen anderen Staat bekommen, einen sozialistischen nämlich, mit niedrigem Lebensstandard für alle.

Übertreiber sagen schon lange, die Bundesrepublik sei der einzig wahre sozialistische Staat der Welt! Ganz falsch ist das nicht. 30 Prozent des Bruttoinlandsprodukts, also unserer Wirtschaftsleistung, werden für Sozialleistungen ausgegeben – ein internationaler Spitzenwert. Rund 40 Prozent der wahlberechtigten Bürger sind von staatlichen Leistungen abhängig. Gemeint sind damit Pensionäre, Studenten mit BAföG, Pflegebedürftige, Wohngeldempfänger, Sozialhilfe- und Hartz-IV-Empfänger, Arbeitslose und viele andere mehr. Auch Rentner. Sie haben zwar ihr Leben lang eingezahlt und damalige Rentner unterhalten. Ärgerlicherweise reicht die Zahl der Beitragszahler aber heute nicht mehr für die aktuellen Rentner aus, weshalb der Staat aus Steuermitteln zuschießen muss. Und auch alle anderen, mit Ausnahme der Selbstständigen, sind mit einem staatlichen Sorglos-Paket ausgestattet: Wir sind krankenversichert. Wir sind pflegeversichert, rentenversichert und arbeitslosenversichert. Kurzum: Die meisten Lebensrisiken werden vom Staat abgesichert.

Der Zusammenhang zwischen staatlicher Verantwortung und der Verantwortung eines jeden Bürgers liegt auf der Hand: Je weniger die Behörden uns abnehmen, desto mehr übernehmen wir – müssen wir übernehmen. Gemeinsinn gedeiht also dort, wo man sich braucht und wo weniger Staat ist. Schauen wir einmal zurück auf die Nachkriegszeit. Damals lag unser Land in Trümmern. Staatliche Reglementierung gab es ungleich weniger. Unsere Großeltern und Eltern wussten: Von alleine läuft gar nichts. Man war auf Gedeih und Verderb aufeinander angewiesen. Erst dieser Gemeinsinn ermöglichte es ihnen, in einer unbeschreiblichen Gemeinschaftsleistung das Land wieder aufzubauen und Millionen Flüchtlinge aufzunehmen.

Unsere Großeltern und Eltern hatten dabei das Gefühl, dass der Staat, die Gemeinschaft, sie selbst seien, dass sie es weitgehend in der Hand hätten, die Zukunft zu gestalten. Heute sind uns Staat und Gemeinwesen fremd geworden, wir sind zu Einzelkämpfern mutiert. Auch das hat Folgen für den Gemeinsinn. Ein Beispiel: Auf einem belebten Platz pöbeln zwei betrunkene Männer einen Passanten an. Was tun wir? Wahrscheinlich nichts. Nicht weil wir feige wären, schadenfroh oder gleichgültig. Wir tun nichts, weil der Platz voller Menschen ist. Deshalb fragen wir uns: »Wieso gerade ich?« Wir verlassen uns darauf, dass sich schon ein anderer Helfer finden wird. Das ist jedenfalls das Ergebnis von Studien zur Zivilcourage: Je größer die Zahl der Beobachter ist, umso kleiner ist die Chance, dass jemand eingreift. Und wenn es jemand tut, dann relativ spät. Der Grund: Wir könnten zwar helfen, haben aber wegen der Anonymität und der großen Anzahl an potenziellen Helfern keinerlei Probleme damit, die Verantwortung auf andere abzuwälzen. Das geschieht meistens noch nicht einmal bewusst. Genauso ist es mit dem Staat. Er ist anonym geworden. Deshalb fühlen wir uns für ihn, also für unser Gemeinwesen, nicht mehr verantwortlich. Das ist eine Folge – nicht nur, aber auch – der Achtundsechziger. Sie reagierten auf die verbrecherische Nazi-Parole »Du bist nichts, dein Volk ist alles« mit der Umkehrung: »Du bist alles, die Gemeinschaft ist nichts.«

Die Anonymität beruht auf der Individualisierung unserer Gesellschaft. Einmal abgesehen von den ländlichen Regionen sind die Zeiten vorbei, in denen jeder noch irgendwo dazugehörte: als Katholik oder Protestant zur Kirchengemeinde, als Arbeiter zur Arbeiterwohlfahrt, als Handwerker zum Gesellenverein. Die Ursachen der Individualisierung unserer Gesellschaft liegen in dem gestiegenen Lebensstandard, in dem Bewusstseinswandel der späten 60er-Jahre, im gestiegenen Bildungsniveau, in der Mobilität, der Verstädterung, aber auch in dem immer größer werdenden Fernsehangebot.

Verglichen mit der Generation unserer Väter sind wir, die

heute 40-Jährigen und folgende, vollkommene Individualisten. Wir sind Selbstverwirklicher geworden. Jeder ist seine eigene Autorität, sein eigener Gesetzgeber. Als solche wollen wir unseren eigenen Lebensstil entwickeln und sind vorrangig mit der persönlichen Karriere befasst. Für die Generation nach uns, also für die heute 20-Jährigen, gilt das noch mehr. »Haben wir eine Generation von Egoisten erzogen?«, fragte Peter Gauweiler zu Recht.

Schauen wir einmal auf unsere Kinder, die im Internet-Zeitalter aufwachsen. Alles scheint sich nur noch um das eigene »Ich« zu drehen. Denn die Welt der grenzenlosen Möglichkeiten, die Chatforen und Spielkonsolen, die Millionen Webseiten verführen dazu, Stunde um Stunde vor dem Bildschirm zu sitzen und sich aus dem persönlichen Umfeld zurückzuziehen. Wer seine Zeit damit verbringt, in den virtuellen Welten zu surfen, erlebt nichts mehr selbst. Er erstickt vielmehr eigene Aktivitäten. Er ist auch von niemandem abhängig. Er wird in gewisser Hinsicht asozial. Seit den Amokläufen von Erfurt und Emsdetten diskutieren wir zwar über den Zusammenhang von fiktiver Gewalt und realer Gewalt. So gut wie gar nicht beschäftigen wir uns aber mit den verheerenden Defiziten im Sozialverhalten dieser jungen Menschen. Wir sind uns dabei noch gar nicht bewusst, was diese Defizite für den künftigen Zusammenhalt unserer Gesellschaft bedeuten.

Die Globalisierung trägt ein Weiteres dazu bei, dass der Gemeinsinn auf der Strecke bleibt. Sie verbreitet eine diffuse Angst und vermittelt uns ein Gefühl des ohnmächtigen Ausgeliefertseins. Dabei hatte das Wort Globalisierung einmal verheißungsvoll geklungen. Man erinnere sich nur an den »Erdgipfel« in Rio de Janeiro, die erste globale Konferenz nach dem Fall der Berliner Mauer. Sie war getragen von denselben Visionen der »Einen Welt«, die nach dem Ende des Zweiten Weltkriegs bei der Gründung der Vereinten Nationen aufgekommen waren. Und es hatte den Anschein, als würden wir als Exportweltmeister von der Globalisierung am meisten profitieren.

Wir Deutschen profitierten davon, noch mehr allerdings die sogenannten Schwellenländer. Der härter werdende Wettbewerb und die Verlustängste, wo man doch so viel zu verlieren hatte, ließen unseren Optimismus schnell vergehen. Sorgen vor dem sozialen Abstieg haben vor allem unsere Mittelschicht erfasst, zu der rund 60 Prozent der Deutschen zählen. Das Institut für Demoskopie Allensbach ermittelte, 72 Prozent der Bürger beunruhige am meisten, dass selbst bei profitablen Unternehmen die Arbeitsplätze nicht mehr sicher seien. Rationalisierung, Restrukturierung und Outsourcing sind die Reizworte. Der Weltarbeitsmarkt, vor allem dominiert durch China und Indien, die asiatischen »Angreiferstaaten« (*Spiegel*-Journalist Gabor Steingart), wird als übermächtige Bedrohung empfunden. Angesichts einer solchen Wirklichkeit glaubt jeder sehen zu müssen, wo er selbst bleibt. Gemeinsinn rangiert da immer weiter hinten – nicht nur bei den Bürgern.

Auch mit Blick auf die Wirtschaft wird oft gefragt, wo der Gemeinsinn geblieben sei. Aus Sicht der Arbeitnehmer scheinen dort Profit und Gewinnmaximierung alles zu sein. Das ist nicht ganz falsch. Denn für die internationalen Konzerne ist nicht mehr die nationale Wirtschaft der Bezugspunkt, sondern die globale. Und die hat ihre eigenen Gesetze. So müssen multinationale Konzerne gewisse Größenordnungen erreichen, um nicht selbst zur Beute von noch größeren Multis zu werden. Wie sollen aber Konzerne, die auf dem ganzen Globus zu Hause sind, Gemeinsinn praktizieren? Gegenüber wem? Die »ganze Welt« ist viel zu abstrakt, als dass ein multinationaler Konzern konkrete Verantwortung übernehmen könnte. Die Konzern-Chefs sind in einer ähnlichen Situation wie der unfreiwillige Zuschauer auf dem Marktplatz, der sich allzu leicht wegducken kann, wenn Betrunkene einen Passanten hin und her schubsen.

Der Beschäftigte und die Produktionsstätte werden heute schnell zum reinen Kostenfaktor. Deshalb bleiben der Standort Deutschland und die deutschen Arbeitnehmer allzu oft auf der Strecke, auch wenn die Konzern-Zentralen noch hier angesiedelt sind. In Osteuropa wird billiger produziert, in Fernost noch billiger. Jedes vierte deutsche Industrie- und jedes neunte Dienstleistungsunternehmen plant, seine Produktion ins kostengünstigere Ausland zu verlegen. Nach einer Umfrage des Deutschen Industrie- und Handelskammertages werden bis Ende 2007 rund 150 000 Arbeitsplätze ins Ausland verlagert. Die Unternehmensberatung Boston Consulting schätzt, dass durch Produktionsverlagerungen in Billiglohnländer in den nächsten zehn Jahren rund zwei Millionen deutsche Arbeitsplätze verloren gehen. Im schlimmsten Falle heißt das: Von rund acht Millionen Jobs in der Industrie würde fast jeder vierte wegfallen. Bitter für diejenigen, die davon betroffen sind. Für die Konzernleitungen oft eine notwendige Maßnahme, um im globalen Wettbewerb zu überleben. Oft aber auch nicht.

Mit dieser neuen Wirklichkeit können wir uns in Deutschland nur schwer abfinden. Und natürlich kommt Wut auf, wenn gleichzeitig mit dem Personalabbau gestiegene Profite und Erhöhungen der Vorstandsgehälter vermeldet werden. Viele deutsche Unternehmen lassen sich zum Beispiel an der New Yorker Börse listen. Das hat den angenehmen Nebeneffekt, dass die Gehälter amerikanischer Firmen als Maßstäbe herhalten sollen: »Verglichen mit den USA verdienen deutsche Manager unterdurchschnittlich«, heißt es dann oft. Aber die Frage, ob die US-Verhältnisse überhaupt richtig sind, stellt kaum jemand. Und es wird auch gern verschwiegen, dass US-Manager im Vergleich zu deutschen Vorständen ein enormes Haftungsrisiko tragen. Im Gegensatz zum ehemaligen Daimler-Chef Jürgen Schrempp, der zwar einen gigantischen Börsenwert vernichtete, aber insgesamt schätzungsweise 80 Millionen Euro verdiente. »Ich raffe beim Daimler«, lautete die *Bild*-Schlagzeile.

Bundespräsident Horst Köhler sieht ein politisch-moralisches Problem darin, »dass sich in normalen Unternehmen die Einkommensentwicklung der Spitzenmanager von der Einkommensentwicklung der Belegschaft und der breiten Bevölkerung gelöst hat«. Er forderte mehr »Maß und Mitte« sowie ein »Bewusstsein für das Ganze«. Köhler wies dabei auf die Vorbildfunktion der Eliten in unserem Land hin. Ähnlich wie John F. Kennedys »Frage nicht, was dein Land für dich tun kann, sondern frage, was du für dein Land tun kannst«. Er meinte damit vor allem die Angehörigen der Oberschicht. Wenn sie sich um die Gesellschaft verdient machen, hat das auch Auswirkungen auf die breite Masse. Denn es sind die Vorbilder, die den Zusammenhalt zwischen den gesellschaftlichen Schichten immer wieder neu stärken.

In den Vereinigten Staaten geschieht dies durch ein weitverbreitetes Mäzenatentum. Dort und nicht in Deutschland leben die Reichen den Grundsatz vor, dass Eigentum verpflichtet – obwohl wir das Land mit der zweithöchsten Zahl an Milliardären nach den USA sind. Privatleute finanzieren dort Universitäten, aber auch unzählige Museen und sonstige kulturelle und soziale Einrichtungen. Deutsche nichtstaatliche Einrichtungen beziehen nur drei Prozent ihrer Einnahmen von Spendern. Das liegt nicht nur daran, dass es unseren Eliten oft an Verantwortungsgefühl für das Ganze fehlt. Es liegt auch daran, dass ihnen Neid und Misstrauen entgegenschlagen. Denn wer spendet, dem wird regelmäßig unterstellt, er tue das nur, um die Spende von der Steuer abzusetzen. Die Vorbehalte gegen deutsches Mäzenatentum bekam der Hamburger Immobilienunternehmer Helmut Greve zu spüren. Er stiftete ein Universitätsgebäude. Zum Dank dafür wurde er bei der Einweihung von Studenten mit faulen Eiern beworfen. Und nachdem derselbe Greve 30 Millionen Euro für den Bau der Elbphilharmonie lockergemacht hatte, schrieb ein aufgebrachter Hamburger: »Ich sehe dieses Prestigeobjekt eher als Denkmalsetzung für so noble Gönner wie den ehrenwerten Herrn Greve.« Solche Häme verdeutlicht zweierlei: Erstens, Spender zu sein ist in Deutschland keine edle Tugend. Zweitens zeigt es uns, wie sehr wir uns an die Vorstellung gewöhnt haben, unser Staat sei für alles zuständig.

Wenn die Eliten in einer Gesellschaft ihrer Vorbildfunktion nicht gerecht werden oder nicht gerecht werden können, breitet sich der Egoismus umso schneller aus. Denn mit welcher Begründung sollte Otto Normalverbraucher, der um seinen Job bangt und dessen Geld immer knapper wird, im Interesse der Gemeinschaft auf eigene Ansprüche verzichten? Warum sollte er das tun, wenn »die da oben«, also die in Politik und Wirtschaft Verantwortlichen, diesen Gemeinsinn nicht hinreichend vorleben? Ärgert sich der normale Angestellte nicht zu Recht, wenn er auf seinen Lohnzettel schaut und die Abzüge sieht, während die, die es sich leisten können, vor dem deutschen Fiskus fliehen? Wer wollte da den Stab über denjenigen brechen, der den *Konz* aus dem Regal holt, um mithilfe des Handbuchs für Steuertricks das Finanzamt auszubremsen?

Wo unser Gemeinwesen als ungerecht empfunden wird, bleibt auch der Gemeinsinn auf der Strecke. Denn der kommt nur auf, wenn wir uns in die Pflicht nehmen. In der Zeit des Wirtschaftswunders, zwischen 1950 und 1970, war das in Deutschland so. Die Einkommen vervierfachten sich damals. Dieser »Fahrstuhleffekt« und ein gelungener Interessenausgleich zwischen Arbeitgebern und Arbeitnehmern durch Tarifautonomie und betriebliche Mitbestimmung verwischten die gesellschaftlichen Gegensätze und ermöglichten ein neidloses Miteinander. Das Gemeinwesen wurde als gerecht empfunden. Heute ist das anders. Denn die Realeinkommen stagnieren seit vielen Jahren. Und auch der Unterschied zwischen »oben« und »unten« wird immer größer. Nur in Ungarn, Polen, Südkorea und Neuseeland ist laut OECD, der Organisation der Industrieländer, die Lohnschere zwischen 1995 und 2005 noch weiter auseinandergegangen.

Mehr als 6,5 Millionen Deutsche (das sind 8 Prozent unserer Gesamtbevölkerung) sind heute sozial deklassiert. Weil unsere Politik sich das überwiegend nicht eingestehen will, musste der SPD-Vorsitzende Kurt Beck viel Kritik dafür einstecken, dass er das Unterschichten-Problem erstmals beim Namen nannte. Die »Unterschicht«, oder das »abgehängte Prekariat«, das sind keineswegs nur die Arbeitslosen, sondern auch all diejenigen ohne Festanstellung in schlecht bezahlten Jobs. Gemeint sind alle, die in größter finanzieller Unsicherheit leben. Mit niedrigstem monatlichen Haushaltseinkommen ohne Wohneigentum oder finanzielle Rücklagen, mit wenig qualifizierten oder keinen Schulabschlüssen, vielen Kindern, aber wenig familiärer Unterstützung, und mit umso mehr Schulden. Die neuen Armen, so schreibt die Friedrich-Ebert-Stiftung, »zeigen ausgesprochene Verunsicherung, fühlen sich gesellschaftlich im Abseits, auf der Verliererseite und vom Staat alleingelassen«. Selbst in den eigenen vier Wänden hätten sie »kaum das Gefühl, ihr Leben weitgehend selbst bestimmen zu können«. Sie sind isoliert und haben resigniert. Kurzum: In unserem marktwirtschaftlich durchstrukturierten Land gehören sie einfach nicht mehr dazu. Entsprechend ablehnend ist ihre Haltung gegenüber unserem Staat. In keiner Gruppe ist der Anteil der Nichtwähler höher – eine nicht zu unterschätzende Gefahr für den demokratischen Konsens.

Hans-Werner Sinn vom Münchner ifo Institut glaubt zu wissen, wie das »Prekariat« bei uns zustande gekommen ist: Durch den Sozialstaat, der ja laut Verfassung ein sozialer Rechtsstaat sein sollte. Dieser dränge die Menschen aus dem Arbeitsmarkt, indem er es prämiere, wenn sie ihn verlassen. Sinn: »Erst dadurch hat sich die Unterschicht im heutigen Umfang gebildet und verfestigt. Ein falsch konstruierter Sozialstaat, der das Wegbleiben statt das Mitmachen belohnt, hat die Kinder dieser Menschen auf dem Gewissen.« Stimmt Sinns These, dann verwandelt sich ein sozialer Rechtsstaat, der zu sozial (»falsch konstruiert«) ist, zwangsläufig in einen sozialistischen Staat.

Von der untergegangenen DDR heißt es inzwischen häufig, dass es dort um Sozialverhalten und Gemeinsinn ungleich besser bestellt gewesen sei. Das allmächtige Regime hatte dort Organisationen geschaffen, die den Menschen fast alles abnahmen. Alles war geregelt – von der Wiege bis zur Bahre. Das Kollektiv war alles, das Individuum nichts. Als Kleinkind ging man in Krippe und Kinderhort, als Jugendlicher zu den Jungen Pionieren. Dann zur Freien

Deutschen Jugend (FDJ). Als junger Erwachsener tat man seinen Dienst in der Nationalen Volksarmee (NVA). Das erwartete gesellschaftliche Engagement zeigte man später in der Sozialistischen Einheitspartei Deutschlands (SED) oder in einer der sogenannten Blockparteien. Im Betrieb gehörte man der Kampfgruppe an. Die Freizeit verbrachte man in der Deutsch-Sowjetischen Freundschaftsgesellschaft (DSF) und die Ferien im Heim des Freien Deutschen Gewerkschaftsbundes (FDGB), im Kollektiv, versteht sich. Der Gemeinschaftsgeist wurde sozusagen von oben verordnet.

Ein besonderes Zusammengehörigkeitsgefühl unter den Menschen wurde damit nicht erzeugt. Wenn heute etwas anderes behauptet wird, ist das meist verklärte DDR-Nostalgie. Zusammenhalt entstand im »real existierenden Sozialismus« durch das Aufeinander-angewiesen-Sein infolge der Plan- oder besser Mangelwirtschaft. Marx als Murks: Da wurde zwangsläufig zusammen Schlange gestanden, getauscht und gebastelt – direktes Resultat der staatlichen Reglementierung und Gleichschaltung der Gesellschaft. Und dort, wo sich Leistung nicht lohnt, weil schon von vornherein alle gleich sind, kommt eine Volkswirtschaft natürlich nicht auf die Beine.

Auch den vom Regime verordneten Gemeinsinn empfanden die Menschen in der DDR als schwer erträgliche Gängelung, als eine Form der Entmündigung. Und deshalb sind die mobilen Eliten, die Freiheitsliebenden, aus der DDR geflohen – oft unter Lebensgefahr. Es ist wohl eine nachhaltige Überdrussreaktion darauf, wenn in den neuen Ländern das ehrenamtliche Engagement heute nur halb so verbreitet ist wie in den alten. Die These, wonach staatliche Reglementierungswut den Gemeinsinn nachhaltig demontiert, ist damit einmal mehr belegt. Und dennoch kommt aus dem

Osten unseres Landes eines der herausragenden Beispiele gelebten Bürger- und Gemeinsinns in Deutschland: der Wiederaufbau der Dresdner Frauenkirche, initiiert und zu zwei Dritteln finanziert durch private Spender.

Was das Ehrenamt in den alten Bundesländern angeht, so hat der gesellschaftliche Wandel auch davor nicht haltgemacht. Dennoch hat sich in den letzten Jahren die Zahl der Aktiven auf hohem Niveau stabil gehalten. Es sind sage und schreibe 15 Millionen Menschen, die sich in ihrer Freizeit um das Gemeinwohl verdient machen. Doch Wesen und Verständnis des Ehrenamtes haben sich verändert. Früher war es selbstverständlich, sich lebenslang für die Kirchengemeinde, den Arbeiterverein oder die Freiwillige Feuerwehr einzusetzen. Ältere Ehrenamtliche begreifen ihre Aufgabe als Pflicht am Gemeinwesen. Sie leben eine Sozialität, die zugleich Solidarität ist. Die Jüngeren fragen hingegen ganz offen: »Was bringt mir das persönlich, für meinen Lebensweg, für meinen Beruf?« Diese Individualisierung beim Ehrenamt, aber auch die Vielfalt der ehrenamtlichen Tätigkeiten, hat dessen verbindende Funktion für die Gesellschaft an Bedeutung verlieren lassen. Das ändert jedoch nichts daran, dass die Ehrenamtlichen in unserem Land unverzichtbare Werte vorleben. Sie vermitteln aber auch wichtige soziale Kompetenzen – wo immer sie aktiv sind.

Besonders der ehrenamtlichen Altenbetreuung wird in Zukunft eine enorme Bedeutung zukommen. Denn Millionen Senioren werden bald auf diese freiwillige Arbeit angewiesen sein. Und Millionen sind es schon heute, wie die 71 Jahre alte Erika K., die in einem Pflegeheim in Hamburg-Wandsbek lebt. Ein Freundeskreis von 40 ehrenamtlichen Helfern kümmert sich um sie und die übrigen Heimbewohner. Er organisiert Ausflüge mit der Seniorengruppe, etwa zum Parkkonzert bei »Planten un Blomen«. Für die Alten ist das ein Höhepunkt des Sommers. Es gibt viele andere Beispiele hervorragenden gemeinnützigen Engagements. Sie reichen von der Pflege kranker Senioren über die psycho-soziale Betreuung Vereinsamter bis hin zur ganz alltäglichen Hilfe wie Schulaufgabenbetreuung oder Einkaufen.

Doch nicht nur die hohe Zahl unserer Ehrenamtlichen, sondern auch die unglaubliche Spendenbereitschaft der Deutschen kann uns Mut machen. Bei der dramatischen Flut an Oder und Elbe rückte Deutschland zusammen. Allein die Benefiz-Gala von ARD und *Bild* brachte 10,2 Millionen Euro an Spenden. Hunderte Deutsche verbrachten ihren Sommerurlaub mit Schlammschippen und Aufbauhilfe im Osten. Bei der Tsunami-Katastrophe in Südostasien übertraf unsere Spendenbereitschaft sogar alles bisher Dagewesene. Nach dem Aufruf von ZDF und *Bild* kamen innerhalb weniger Stunden 40 Millionen Euro zusammen. Die Deutschen sahen in die Gesichter der Opfer und öffneten ihre Herzen: die Hausfrau in Konstanz, die zehn Euro gab, der Schuljunge aus Erfurt, der zwei Euro von seinem Taschengeld abzweigte, und Michael Schumacher, der zehn Millionen Dollar bereitstellte. Doch es bedarf nicht erst der Katastrophen, ehe die Deutschen für wohltätige Zwecke spenden. Auch die alljährlichen Sammlungen und Spendenaktionen wie »Brot für die Welt« oder ein »Ein Herz für Kinder« bringen Millionen Euro für Bedürftige im In- und Ausland ein.

In unserem Land gibt es also ein riesiges Potenzial für gelebte Hilfe. Doch unsere aufgeblähte Bürokratie macht es dem engagierten Einzelnen oft recht schwer. Dies ist zum Beispiel der Fall, wenn Eltern am Wochenende die heruntergekommene Schule ihrer Kinder renovieren wollen und an irgendwelchen Paragrafen scheitern. Wenn Gewerkschaften gegen Freiwillige mobil machen, weil sie die Konkurrenz für eine immer stärker verstaatlichte Sozialarbeit fürchten. Um das ehrenamtliche Potenzial freizusetzen, müssen wir den immer umfassender gewordenen Reglementierungsanspruch unseres Staates zurückdrängen. Darüber hinaus sollten wir die Menschen anspornen, sich zu engagieren, etwa durch eine weitere steuerliche Entlastung des Ehrenamtes.

Natürlich brauchen wir ein soziales Netz, das der Staat aufspannt. Doch es muss für die wirklich Bedürftigen da sein und sollte immer der Hilfe zur Selbsthilfe dienen. Um es ganz deutlich zu sagen: Wo das soziale Netz zur Hängematte wird, bleibt Gemeinsinn auf der Strecke. Und unser Reglementierungs- und Versorgungsstaat hat genau diese Hängematte geknüpft. Er hat sich mit immer neuen Aufgaben überfordert. Uns, die Bürger, hat der Staat dagegen unterfordert. Denn nur dort, wo der Staat nicht leisten kann oder will, wachsen Bürgersinn, Initiative und Eigenverantwortung.

Doch wer steigt schon gerne aus einer Hängematte, in der er komfortabel liegt? Dazu brauchen wir ein anderes Bewusstsein – ein Bewusstsein, das uns sagt: Wenn wir meinen, es uns in unserem Sozialsystem bequem machen zu müssen, werden wir alle am Ende nicht einmal mehr ein soziales Netz haben, das uns im Notfall auffängt. Anders ausgedrückt: Die Zukunft unseres Landes verlangt nach einem neuen Gemeinsinn, nach einem Miteinander über Klassen-, Generations-, Kultur- und Weltanschauungsgrenzen hinweg. Wir müssen angesichts der heraufziehenden Überalterung der Gesellschaft unseren Staat und seine Sozialsysteme entlasten. Wenn uns also etwas an unserem Land liegt, sollten wir uns ehrenamtlich engagieren. Es gibt ungezählte Möglichkeiten, sich einzubringen. Unsere Verantwortung für das Gemeinwesen können wir aber auch sonst aktiv leben, indem wir nicht wegsehen wie die Masse auf dem Marktplatz. Wir können unserer Verantwortung gerecht werden, wenn wir da helfen, wo Hilfe gebraucht wird. Auch hier gilt es wieder, mit Betrug und Selbst-Betrug aufzuhören. Viel zu lange haben wir geglaubt, dass Vater Staat schon für alles aufkommen werde. Es klang ja auch einfach zu schön. Der Irrglaube aber war, dass wir selbst nichts dafür leisten müssten. Getreu der Devise »Alles für mich, nichts für die Gemeinschaft«. Dabei muss doch jeder wissen: Es gibt keine »Staatsknete«! Der Staat verteilt nur das Geld der Bürger. Willkommen in der Wirklichkeit. Die mühelosen Jahre sind vorbei.

Und so wurden bekanntlich auch »Florida-Rolf« die Sozialbezüge für sein sonniges Leben in Miami Beach gestrichen. Vorangegangen war eine Gesetzesänderung. Es soll – nach den Schlagzeilen in *Bild* – die schnellste gewesen sein, die es in den zurückliegenden Jahrzehnten gegeben hat.

Wir haben die Politiker, die wir verdienen

Von Wahlversprechen und Machtspielen

Michael Naumann ist ein kultivierter Bürger. Einst war er Staatsminister im Kanzleramt. Nach 698 Tagen kehrte er der Politik den Rücken. Mit einem staatlichen Pensionsanspruch von 1510 Euro ab dem 60. Lebensjahr (ein Durchschnittsverdiener müsste dafür 58 Jahre in die gesetzliche Rente einzahlen) wurde er Herausgeber der *Zeit.* Im Sommer 2003 erhielt ich einen Anruf des ehemaligen Politikers. In der nächsten Ausgabe der *Zeit*, so Michael Naumann, habe er auf der Titelseite einen brisanten Leitartikel geschrieben: »Urlaubssperre für den Bundestag«. Parlament und Regierung sollten auf ihre Ferien verzichten! Ob das nicht eine tolle Kampagne für *Bild* wäre? Das fand ich nicht. Ich fand, dass Parlament und Regierung Ferien verdient hätten. Und dass ein paar Tage Urlaub unseren Politikern – im Sinne einer besseren Politik – sicher gut täten. Kurzum: Eine solche Hau-drauf-Kampagne hielte ich für unangemessen. Stattdessen berichtete *Bild* am nächsten Tag über den unsolidarischen Vorschlag des Ex-Ministers.

Ausgerechnet dieser Michael Naumann beschimpft heute *Bild* als »Spitzenreiter für die Verunglimpfung des politischen Personals« und hält »die Politikerschelte, die in diesem Blatt Tag für Tag praktiziert wird, für die verheerendste Entwicklung in diesem Lande«. Wie bigott. Kein Wunder, dass Politiker in der Berufsprestige-Skala auf der untersten Stufe stehen. Stetig steigende Abgaben, Arbeitslosigkeit, stagnierende Einkommen und höhere Lebenshaltungskosten werden der Politik angelastet. Verkürzt kann man sagen, je weniger der Bürger im Portemonnaie hat, desto schlechter sind aus seiner Sicht Politik und Politiker.

Beispiel Gesundheitsreform: Große Würfe, endgültige Lösungen wurden eingefordert und versprochen. Monatelang wurden Modelle diskutiert. Modelle, die von vielen Betroffenen nicht einmal im Ansatz verstanden wurden, von vielen Politikern und Journalisten wohl auch nicht. Am Ende wurde zum ersten Mal eine Beitragserhöhung dreist als Reform verkauft. Eine Neuregelung, deren Sinn und Zweck vor allem darin bestand, den Bruch der Großen Koalition zu vermeiden und damit den Verlust der Regierungsmacht. Schon der Beginn der Reformdebatte war ein wahres Lehrstück für Wählerverdummung. Ursprünglich sollte bis Ende März 2006 eine Einigung zwischen CDU und SPD erzielt werden. Doch dann beschloss die Große Koalition, überhaupt erst Ende März mit den Beratungen zu beginnen – am Montag nach den Landtagswahlen in Rheinland-Pfalz und Baden-Württemberg. Zuvor durfte nichts an die Öffentlichkeit dringen. Begründung: Das hätte schließlich den Wahlausgang beeinflussen können. Natürlich hätte es das. Worüber stimmen wir wohl sonst ab als über politische Konzepte? Erst wählen, dann zahlen – anders ließ sich dieses Vorgehen nicht interpretieren.

Wie leichtfertig Politiker überdies mit ihren Wahlversprechen umgehen, zeigte Vizekanzler Franz Müntefering in schonungsloser Offenheit. Vor der Hauptstadtpresse ärgerte er sich Ende August 2006 lautstark über die Kritik der Medien an der Großen Koalition, sämtliche Wahlversprechen gebrochen zu haben. Müntefering: »Wir werden als Koalition von allen Seiten an dem gemessen, was in Wahlkämpfen gesagt worden ist. Das ist unfair, weil es zwischendurch ein Ereignis gegeben hat, nämlich die Bundestagswahl und die daraus entstandene Koalition. Es kommt in der Tat darauf an, dass man uns an dem misst, was wir als Koalition aus dem Wahlergebnis heraus an Möglichkeiten entwickeln konnten. Das ist so.« Im Klartext: Die Wahlversprechen gelten nur, wenn eine Partei die absolute Mehrheit bekommt und eine Alleinregierung stellt. Was uns Franz Müntefering damit aber auch gesagt hat: Da es in Deutschland in absehbarer Zeit keine absoluten Mehrheiten einer Partei mehr geben wird, sind sämtliche Wahlversprechen das Papier nicht wert, auf dem sie gedruckt werden.

Und was tun wir? Wir meckern. Und das in erster Linie, weil die Kosten für die Gesundheit weiter steigen. Der wesentliche Kritikpunkt an der Gesundheitsreform, ihre völlig unzureichende Zukunftstauglichkeit, berührt uns kaum, wenn wir ehrlich sind. Typisch: Wir wollen Vollkasko vom Staat, aber weniger zahlen als heute. Eigenvorsorge lehnen wir ab, Eigenverantwortung auch. Wir profitieren von höherer Lebenserwartung und medizinischem Fortschritt. Die Kosten zu tragen, für das Mehr an Arztbesuchen und die modernen Behandlungsmethoden, lehnen wir jedoch ab – da hat auch *Bild* sich nicht mit Ruhm bekleckert, wenn wir einseitig das Zwei-Klassen-System bei der Gesundheit beklagt haben (»Als Kassenpatient bist Du der letzte Arsch!«). Aber auch ein *Bild*-Chefredakteur unterscheidet sich im Anspruchsdenken eben nicht vom Rest der Republik. Wir möchten die Kosten lieber an unsere Kinder weitergeben.

Und an die Ärzte, die sich vor den Kassen bald für jedes Pflaster rechtfertigen müssen. Wir verschließen die Augen. Das Gesundheitssystem hindert uns nicht daran. Für kassenärztliche Leistungen gibt es schließlich nicht einmal Rechnungen. Jeder darf wissen, was ein Stück Butter im Supermarkt kostet. Nicht aber, wie das mit einer Ultraschall-Untersuchung aussieht.

Ganz ähnlich ist es bei der Reform der gesetzlichen Pflegeversicherung. Die Große Koalition bürdet den Beitragszahlern höhere Kosten auf. Zugleich belastet sie mit der neuen Pflegezeit, in der Unternehmen ihre Beschäftigten unbezahlt freistellen müssen, die Wirtschaft. Im Ergebnis entstehen aus dieser Versicherung neue, dauerhafte und stetig wachsende Ansprüche, für die erneut keine Rücklagen gebildet werden. Damit steigt die »verdeckte« Staatsverschuldung: Das sind die Kosten für Sozialleistungen der Zukunft, auf die wir durch unser System Anspruch haben. Die *Frankfurter Allgemeine Zeitung* enttarnte diese verdeckten Schulden. Sie stellte fest, dass die mit den umlagefinanzierten Renten- und Sozialversicherungsbeiträgen schon heute erworbenen Ansprüche zwei Mal so hoch seien wie die jährliche deutsche Wirtschaftsleistung. Auch diese Ansprüche müssten – ebenso wie die offen ausgewiesenen Schulden – künftig von einer schrumpfenden Arbeitnehmerschaft bedient werden. Und was machen wir? Anstatt langfristige und nachhaltige Strategien einzufordern, freuen wir uns naiv darüber, dass die Leistungen für Demenzkranke erhöht werden sollen. Und vergessen dabei zu fragen, wer denn die Pflege für die Demenzkranken der Zukunft bezahlen soll. Wir akzeptieren das dilettantische Stückwerk, mit dem die Regierung nichts anderes tut, als den Kollaps der Pflegeversicherung in die Zukunft zu verlagern.

Leistungen sind prima. Wenn es aber darum geht, wer diese Leistungen und unsere Ansprüche bezahlen soll, gilt der alte Grundsatz: »Eins plus eins gleich drei.« Ehe wir dem Rechenfehler auf die Schliche kommen, verteilen wir lieber um – und zwar am liebsten »gerecht«. Wer als Politiker Umverteilungs-Rhetorik betreibt, weiß die Mehrheit auf seiner Seite. Das illustriert eine Geschichte, die Hans-Olaf Henkel zu erzählen pflegt:

Es waren einmal zehn Männer, die jeden Mittwoch im gleichen Restaurant miteinander essen gingen. Das Essen kostete zusammen immer genau 100 Euro. Die Männer hatten sich für die Begleichung der Rechnung ein System ausgedacht, das in etwa unserem Steuersystem entspricht.
Vier Gäste (die Ärmsten) zahlten nichts.
Der Fünfte zahlte 1 Euro.
Der Sechste 3 Euro.
Der Siebte 7 Euro.
Der Achte 12 Euro.
Der Neunte 18 Euro.
Der Zehnte (der Reichste) zahlte 59 Euro.
Das ging eine ganze Zeit lang gut. Alle waren zufrieden. Bis der Wirt eines Tages anbot, den Preis für das Essen um 20 Euro zu reduzieren – »Weil Sie alle so gute Gäste sind!« Wie nett von ihm. Jetzt kostete das Essen für zehn also nur noch 80 Euro. Die Männer wollten ihr Bezahlungssystem aber unbedingt beibehalten. Für die ersten vier änderte sich nichts, sie aßen weiter kostenlos. Wie sah es aber mit den übrigen aus? Wie konnten sie die 20 Euro Ersparnis so aufteilen, dass jeder etwas davon hatte? Sie errechneten, dass 20 Euro geteilt durch sechs 3,33 Euro ergibt. Wenn sie das jedoch von den einzelnen Teilen

abziehen würden, bekämen der fünfte und der sechste Gast sogar Geld zurück. Also schlug der Wirt den Gästen vor, dass jeder prozentual ungefähr so viel weniger zahlen sollte, wie er insgesamt beisteuere. Er setzte sich hin und begann, das für seine Gäste auszurechnen. Die 20 Euro Ermäßigung wurden danach folgendermaßen verteilt:
Der fünfte Gast zahlte ab sofort nichts mehr (100 Prozent Ersparnis).
Der Sechste zahlte 2 statt 3 Euro (33 Prozent Ersparnis).
Der Siebte zahlte 5 statt 7 Euro (28 Prozent Ersparnis).
Der Achte zahlte 9 statt 12 Euro (25 Prozent Ersparnis).
Der Neunte zahlte 14 statt 18 Euro (22 Prozent Ersparnis).
Und der Zehnte (der Reichste) zahlte 50 statt 59 Euro (15 Prozent Ersparnis).
Jeder der sechs kam günstiger weg als vorher, und die ersten vier aßen immer noch kostenlos.
Als die Männer das vor dem Restaurant aber noch mal nachrechneten, war es doch nicht so ideal wie gedacht. »Ich habe nur 1 Euro von den 20 Euro bekommen!«, sagte der sechste Gast und zeigte auf den zehnten Gast. »Aber er kriegt 9 Euro!« »Stimmt«, rief der Fünfte. »Ich hab auch nur 1 Euro gespart und er spart fast zehnmal so viel wie ich.« »Wie wahr!«, rief der Siebte. »Warum kriegt er 9 Euro zurück und ich nur 2? Alles kriegen mal wieder die Reichen!« »Moment mal«, riefen da die ersten vier aus einem Mund. »Wir haben überhaupt nichts bekommen. Das System beutet die Ärmsten aus!« Und wie aus heiterem Himmel gingen die neun gemeinsam auf den Zehnten los. In der folgenden Woche tauchte der zehnte Gast nicht zum Essen auf. Die übrigen neun aßen ohne ihn. Als die Rechnung kam, stellten sie etwas Außerordentliches fest: Alle zusammen hatten

gerade mal genügend Geld, um die Hälfte bezahlen zu können.

Jedes Volk bekommt die Politiker, die es verdient. Anders formuliert: Politiker sind nicht anders als wir – viel zu oft bequem und blind für die Zukunft. Die politische Klasse ist ein Abbild unserer Gesellschaft. Und die ist geradezu schizophren: Wir wollen »Reformen«, aber keine Veränderung, denn Veränderung macht uns Angst. Wir wollen »Führung«, aber keine Anführer. Wir wollen »ehrliche« Politiker, aber die Wahrheit nicht hören. Wie sollen die Politiker damit umgehen? Wie lange halten sie den Spagat aus zwischen längst überfälligen, aber unpopulären Reformen und ihrem legitimen Interesse, wiedergewählt zu werden?

Manchmal ist dieses Interesse aber noch nicht einmal legitim. So bei Hans-Jürgen Uhl, dem ehemaligen SPD-Bundestagsabgeordneten. Nicht ein, nicht zwei oder drei, nein, insgesamt fünf eidesstattliche Versicherungen gab er ab. Fünfmal bestritt er, sich als VW-Betriebsrat jemals auf Firmenkosten mit Prostituierten vergnügt zu haben. Das Landgericht Hamburg untersagte deshalb *Bild*, *Financial Times Deutschland*, *Focus*, *Spiegel*, *Stern* und *Welt* die Berichterstattung über diesen Vorwurf. Erst im Mai 2007, vor Eröffnung des Hauptverfahrens gegen Uhl, gab er die Lüge und seine Teilnahme an Sexpartys zu. Er legte sein Mandat nieder und wurde wegen Untreue und der Falschaussagen zu 39200 Euro Geldstrafe verurteilt. Wirklich bizarr ist jedoch, wie Uhl seine Lüge begründete: »Entschuldigen lässt sich mein Verhalten nicht, wohl aber erklären: Die Vorwürfe trafen mich während des damaligen Bundestagswahlkampfs.« Klar, Wahlkampf. Da ist schließlich alles erlaubt. Uhl weiter: Er habe damals nicht die Chance verlieren wollen, »für die Belange meines Wahlkreises und unseres Landes im Bundestag tätig zu sein«. Herr Uhl hatte also beschlossen, weiter im Bundestag bleiben zu wollen. Dabei sollte ihm bloß kein Wähler in die Quere kommen.

Das war zum Glück ein Einzelfall. Und doch scheint es, als stünde der in unserer Verfassung verankerte Grundgedanke der repräsentativen Demokratie geradezu im Gegensatz zur heutigen politischen Realität. Repräsentative Demokratie bedeutet, dass der Wähler eine Regierung ins Amt wählt und diese dann für die Dauer der Legislaturperiode selbstverantwortlich handelt – also unabhängig von den wechselnden Stimmungslagen des Volkes. Deshalb hatten die Schöpfer des Grundgesetzes dem Instrument der Volksabstimmung keinen Stellenwert eingeräumt. Faktisch haben wir aber durch die ständigen Meinungsumfragen eine permanente Volksabstimmung. Deshalb werden Union und SPD immer nervöser, schielen immer heftiger nach den aktuellen Umfragewerten. Denn die Demoskopie ermöglicht es den Parteien, das Wahlvolk ständig im Blick zu haben, jede Stimmung zu erfassen. Und dies ist für sie von großer Bedeutung, denn irgendwo wird immer gewählt. Landtagswahlen werden zu »Testwahlen« für die Bundestagswahl, und die wiederum bleibt nicht ohne Auswirkungen auf die Landtagswahlen. Der Kampf um die Gunst der Wähler kennt keine Pause. Eine wirklich langfristig angelegte Reformpolitik ist da schwierig, wenn nicht sogar unmöglich. Politik verkommt zur Hure eines schnelllebigen Zeitgeistes. Will man also die repräsentative Demokratie bewahren, wird man um eine möglichst umfassende Bündelung von Bundestags- und Landtagswahlen nicht herumkommen.

Unter dem konstanten Druck verändern sich natürlich auch die Politiker. Vergleichen wir doch einmal Bundeskanzler Gerhard Schröder mit Konrad Adenauer, dem ersten Kanzler der Bundesrepublik. Sie verfügten beide über hohe Popularitätswerte in der Bevölkerung, obwohl sie sich grundlegend voneinander unterschieden. Konrad Adenauer, schon in der Weimarer Republik Kölner Oberbürgermeister, war ein Mann der Grundsätze, tief verwurzelt im katholischen Glauben. Er lebte diese Grundsätze. Sie waren der Kompass seiner Politik. Und diese wurde fast zwangsläufig bestimmt durch die Situation des kaputten Landes und der Realität des Kalten Krieges: nach innen der Wiederaufbau, nach außen die Eingliederung der Bundesrepublik in die westliche Staatengemeinschaft. Sein Handeln, seine Politik spiegelten oft die Vorstellungen der Mehrheit der Bevölkerung wider. Aber nicht nur: Führung auf Basis eigener Überzeugungen und Werte zeigte Adenauer gerade auch dann, wenn er sich einer zunächst ablehnenden Mehrheit gegenübersah. Zum Beispiel bei der Einführung der Sozialen Marktwirtschaft, gegen die es den einzigen Generalstreik in der Geschichte der Bundesrepublik gab; bei Wiederbewaffnung und NATO-Beitritt; und als er ganz klar der Westbindung Deutschlands den Vorrang vor einer schnellen Wiedervereinigung gab, weil diese nur zu den Bedingungen Stalins zu haben gewesen wäre.

Und Gerhard Schröder, politisiert als Achtundsechziger, erfolgreicher Aufsteiger aus kleinbürgerlichen Verhältnissen – wie steht es mit seinen Grundsätzen? Sicherlich, es gibt sie. Aber sie sind doch schwer erkennbar. Ein Grund dafür sind die komplett veränderten Bedingungen, die Schröder als Kanzler antraf: In der Außenpolitik war seit dem Ende des Ost-West-Konflikts das alte politische Koordinatensystem weggefallen. In der Innenpolitik gab die Globalisierung den Takt vor. Einen Takt, der zum Herzschlag sozialdemokratischer Politikvorstellungen so gar nicht passte.

Ein Beispiel: Mit der Globalisierung rückt die Welt zusammen. Und so kann man die Dinge auch nicht mehr nur »landesweit« betrachten. Mit welchem Recht kann da eine SPD für deutsche Arbeiter eine Verbesserung der Lebensumstände fordern, wo es doch den Arbeitern in Polen ungleich schlechter geht? Die Globalisierung hat die SPD in eine weitere Zwickmühle manövriert. Sie hat Unternehmen und Kapital mobil gemacht. Mit der latenten oder offenen Drohung der Standortverlagerung können die Unternehmen den Gewerkschaften nun weitaus stärker als früher die Bedingungen diktieren. Das legt doppelt die Axt an das Selbstverständnis der SPD: Einerseits muss sic der Olmmacht der Gewerkschaften tatenlos zusehen. Und andererseits muss sie zugleich erkennen, dass auch die Regelungsmacht des Staates in der globalisierten Welt schrumpft, dass der Staat viel weniger als früher in der Lage ist, nach sozialpolitischem Gutdünken bei Steuern oder Arbeitsrecht die Standards zu setzen.

Sich unter solchen veränderten Bedingungen als Sozialdemokrat im Bundeskanzleramt zu behaupten geht nicht ohne Positionswechsel, ohne Tricksereien oder Spielchen. Genau das warf die renommierte konservative *Neue Zürcher Zeitung* dem Sozialdemokraten vor, als sie ihm eine »beispiellose Deutungsakrobatik« und »Machtspiele« attestierte und weiter schrieb: »Regeln und Gepflogenheiten spielen für ihn keine Rolle mehr, inhaltliche Anliegen sind sekundär.« Was war Gerhard Schröder nicht alles? Im Brioni-Mantel und mit Zigarre posierte er für ein Hochglanz-Magazin; er war der »Genosse der Bosse«, bei dessen

Auslandsreisen die Top-Manager Schlange standen, um mitfliegen zu dürfen. Aber seine drei Bundestagswahlkämpfe führte er mit traditionell sozialdemokratischer Rhetorik, nicht selten sogar mit wüsten Attacken auf das »gewissenlose Kapital«.

Kann sich ein Spitzenpolitiker hierzulande überhaupt noch eherne Grundsätze leisten in einer Gesellschaft, in der Grundsätze und Konventionen immer weniger zählen, in der Prinzipientreue schnell gleichgesetzt wird mit Spießigkeit, Unbeweglichkeit oder gar Starrsinn? Wohl nicht. Wer an der Macht bleiben will, muss flexibel sein. Er muss dem Wahlvolk zwar nicht unbedingt das Wort reden, darf es aber auch nicht verprellen. Glatt, rhetorisch gewandt, ohne Ecken und Kanten muss er sein. Denn wer so ist, der ist nur schwer festzulegen. Und lächelnd »gut drauf« muss er sein, der erfolgreiche Politiker, wenn er bei den Wählern ankommen will. Riskiert er unpopuläre Entscheidungen, verliert er im schlimmsten Fall sein Amt. Ein Beispiel hierfür liefert erneut Gerhard Schröder: Er hat für die Agenda 2010 den hohen Preis seiner Kanzlerschaft zahlen müssen.

Für politische Aufrichtigkeit ist deshalb nicht viel Platz. Sie wird meist den übermächtigen Gesetzmäßigkeiten und den Zwängen geopfert, denen ein Politiker sich beim Kampf um die Macht unterwerfen zu müssen glaubt. Einen Grund zur Unaufrichtigkeit liefern immer wieder die leeren Kassen. Ein Beispiel dafür war die »Ökosteuer«. Umweltschutz lautete die Parole und auch die Begründung dafür. Tatsächlich aber wurden mit der Ökosteuer die immer größer werdenden Löcher in den Sozialkassen gestopft. Kein Wunder, dass der Spruch »Tanken für die Rente, Rauchen für die innere Sicherheit und Trinken für den Arbeitsmarkt …« bald darauf die Runde machte. Denn die Zusammenhänge zwischen Steuererhebung und ihrer Verwendung waren nicht mehr plausibel vermittelbar. Das hat Tradition in Deutschland. Wer weiß schon noch, dass Kaiser Wilhelm II. die Schaumweinsteuer erhob, um seine Flotte zu finanzieren? Die ist zwar längst versenkt, aber Sekt wird immer noch besteuert.

Unhaltbare Versprechungen und Kehrtwenden um 180 Grad gehören heute zum Repertoire des Politikers. Aus dem bediente sich auch Gerhard Schröder, als er bei seinem Amtsantritt als Kanzler ankündigte, die Arbeitslosigkeit halbieren zu wollen. Gesundheitsministerin Ulla Schmidt hatte noch vor der Gesundheitsreform versichert, dass die Krankenkassenbeiträge durchschnittlich nicht mehr als 12,15 Prozent betragen würden, und sogar Senkungen versprochen. Und ausgerechnet Bundesaußenminister Joschka Fischer, seines Zeichens ein Grüner – die Partei hatte über Jahrzehnte einen naiven Radikal-Pazifismus gepredigt –, schickte die Bundeswehr, genauer gesagt die Luftwaffe, in ihren ersten Kampfeinsatz in den Kosovo-Krieg. Eine richtige Entscheidung – in der Opposition jedoch hätten die Grünen diesen Schritt wie keinen zweiten gegeißelt. Ganz zu schweigen von der Glaubwürdigkeit der PDS. Sie wettert auf Plakaten gegen Hartz IV, trägt aber dort, wo sie mitregiert, diese Reform uneingeschränkt mit. Sie kritisiert die Menschenrechtsverletzungen im Gefangenenlager Guantánamo, aber auf der anderen Seite des Zauns, wo die Menschenrechte seit Castros Revolution mit Füßen getreten werden, da ist Kritik unangebracht.

Wie nirgends sonst gilt in der Politik der Satz: »Der Ehrliche ist der Dumme.« Ein Beispiel aus dem Vorfeld der Bundestagswahl 2005 verdeutlicht dies: Damals diskutierte man im Berliner Konrad-Adenauer-Haus, der CDU-Parteizentrale, ob man dem Wahlvolk den sprichwörtlichen reinen Wein – in diesem Fall eher Leitungswasser – einschenken solle oder nicht. Eine Wahl zwischen Not und Elend: Klartext reden, schwere finanzielle Einschnitte für den Bürger ankündigen, die das Land zukunftsfähig machen sollen – und damit einen Wahlverlust riskieren? Oder den Ernst der Lage verniedlichen und unhaltbare Wahlversprechen in die Welt setzen – um nach gewonnener Wahl in ein Umfragetief zu fallen? Diejenigen, die sich für Letzteres starkmachten, argumentierten damit, dass man für das Land nichts tun könne, wenn man die Wahlen nicht für sich entscheide. Deshalb sei es geradezu legitim, die Bevölkerung hinters Licht zu führen. Die CDU-Spitzenkandidatin entschied sich für die Ehrlichkeit, indem sie eine Mehrwertsteuererhöhung von zwei Prozent im Fall eines Wahlsieges ankündigte. Die SPD machte mit der »Merkelsteuer« Wahlkampf und bezichtigte sie, an das Geld der kleinen Leute zu wollen. Am Ende musste Angela Merkel eine Große Koalition mit den Sozialdemokraten eingehen. Wir kennen die Konsequenz: Zwei Prozent Mehrwertsteuererhöhung und überhaupt keine Mehrwertsteuererhöhung ergaben zusammengerechnet drei Prozent Mehrwertsteuererhöhung.

Der Wähler hatte also die Union für ihre Wahlkampfstrategie bestraft – und musste ironischerweise selbst darunter leiden. Doch die Botschaft des Wahlvolks an die Politiker bleibt: Ehrlichkeit lohnt sich nicht. Das musste auch Paul Kirchhof schmerzlich erfahren: Er warb für eine neue Steuergesetzgebung, nur mit Argumenten und dem Willen, die Bürger zu überzeugen. Das war wohl naiv: Selten ist jemand im Wahlkampfgetöse so versenkt worden wie der von Gerhard Schröder abschätzig titulierte »Professor aus Heidelberg«.

Politische Lügen und unhaltbare Wahlversprechen sind nicht nur den Politikern anzulasten, sondern auch uns selbst. Denn mehrheitlich wollen wir die Wahrheit gar nicht hören. Wir fühlen uns ungleich wohler in der schönen Welt der Selbsttäuschung. Was wir nicht wissen, darum müssen wir uns auch nicht kümmern, geschweige denn sorgen. Bereitwillig verinnerlichen wir die von den Parteien genährten Illusionen vom Versorgungsstaat. Wie die Demokratie mitunter funktioniert, wenn sie nicht funktioniert, beschrieb der Publizist Claus Jacobi: »1956 wurden (umgerechnet) vier Milliarden Euro für Arbeit und Soziales ausgegeben. Ein halbes Jahrhundert später, 2006, sind es über 119 Milliarden Euro – das Dreißigfache. Grund: Der Staat füttert und fördert zu viele Menschen und es werden immer mehr Millionen. Wer denen aber etwas wegnehmen würde, verliert die nächste Wahl. Darum ist für den ›Sanierungsfall‹ Deutschland auch kein Sanierer in Sicht.« Hinzu kommt, dass aus Schulungs-, Umschulungs- und Wiedereingliederungsmaßnahmen ein ganz neuer Wirtschaftszweig gewachsen ist – eine Branche, die nur von Arbeitslosen abhängig ist.

Wenn sich aber die Politiker den wandelnden Bedingungen wie beschrieben anpassen, tun die Parteien das erst recht. Vorbei sind die Tage, in denen sie Interessenvertreter und Spiegelbild wertegebundener Milieus waren. Oder weist sich die CDU praktisch heute noch als Partei aus, die in besonderem Maße eine christliche Klientel vertritt? Nicht von ungefähr ist sie in der jüngeren Vergangenheit von kirchlicher Seite immer wieder aufgefordert worden, das »C« aus ihrem Namen zu streichen. Oder ist die SPD noch die Partei, die sich in besonderem Maße der Sache der Arbeitnehmer annimmt?

Nein, heute wird auf fast allen Gebieten gewildert. Die Gesellschaft ist vielschichtiger geworden. Deshalb müssen die großen Volksparteien – wenn sie welche bleiben wollen – integrieren. Koste es, was es wolle! Das heißt, sie müssen unterschiedlichste Wählergruppen erreichen und für sich gewinnen. Die SPD ist also aus auf die Linken, die ganz Linken und auf die in der Mitte. Die Mitte will allerdings auch die Union erreichen und ebenfalls die traditionell Konservativen. Doch die beiden Volksparteien sind auf dem Holzweg: Sie integrieren sich allmählich zu Tode. Denn wer alles und jeden bedienen will, der verliert sein politisches Profil. So ist der Wiedererkennungswert der großen Volksparteien dramatisch geschwunden. Sie sind einander sehr ähnlich geworden, zu ähnlich.

So haben beide Parteien jeweils einen linken und einen rechten Flügel – und das CDA-Arbeitnehmerlager der Union steht den konservativen »Seeheimern« oder pragmatischen »Netzwerkern« in der SPD oftmals näher als dem eigenen CDU-Wirtschaftsflügel. Inzwischen ist es so weit, dass SPD-Chef Kurt Beck die »Leistungsträger der Gesellschaft« umwirbt und der CDU-Ministerpräsident von Nordrhein-Westfalen, Jürgen Rüttgers, sich zum Chef einer »Arbeiterpartei« erklärt.

Die politische Wissenschaft hat seit dem Ende der 20er-Jahre eine Theorie für dieses Vorgehen. Die Theorie der beiden Eisverkäufer auf einem gleichmäßig voll besetzten Badestrand: Für beide wäre es optimal, wenn sie sich jeweils in der Mitte der linken (SPD) und der rechten (CDU) Strandhälfte aufstellen würden. Aber: Einer von beiden erliegt als Erster der Versuchung, »sein« Gebiet ein bisschen auf Kosten des anderen auszudehnen, und rückt mehr zur Mitte des Strandes. Der andere, nicht dumm, tut es ihm nach. So geht es eine Zeit lang hin und her, und am Ende stehen sie Seite an Seite auf der Strandmitte. Aber den Kunden an den Rändern ist der Weg zum Eis nun zu weit: Sie kaufen gar nicht mehr oder bei einem der kleinen fliegenden Händler.

Das heißt: Für all diejenigen Bürger, die ihre politische Heimat in der Mitte sehen, gibt es keine wirklichen Wahlalternativen mehr. Und die Bürger an den Rändern der großen Parteien fühlen sich dort auch nicht mehr zu Hause. Wahlen werden zusehends zur Pseudo-Legitimation einer Politik, die allein von wirtschaftlichen Erfordernissen geleitet zu sein scheint. Dadurch fühlen sich viele zum Stimmvieh degradiert. Sie boykottieren die Wahlen, wie die kontinuierlich sinkende Wahlbeteiligung in Deutschland zeigt. Oder sie entscheiden sich für die kleineren Parteien, für die Grünen, FDP, PDS oder für sonst wen. Das Ergebnis der Bundestagswahl 2005 bestätigte diesen langfristigen Trend: das Schrumpfen der Volksparteien.

Die tun sich schwer, ein Gegenmittel zu finden. Denn die politische Kommunikation steckt ebenfalls in der Krise. Es gibt zwar immer mehr Kanäle und Medien, um politische Botschaften unters Wahlvolk zu bringen. Dasselbe Wahlvolk hat aber auch immer mehr Möglichkeiten, umzuschalten. Selbst wenn Angela Merkel zur besten Sendezeit eine TV-Ansprache hielte, würde sie den Wettbewerb gegen »CSI Miami« und »Wer wird Millionär?« unweigerlich verlieren.

Ein Sonderfall ist die bayerische CSU. Sie regiert den Freistaat seit Jahrzehnten – und das mit absoluten Mehrheiten. Ihr scheint die Integration zu gelingen. Der CSU kommen dabei zwei Gegebenheiten zugute: die bodenständige, ländliche Bevölkerung des Freistaats und der ausgeprägte weißblaue Patriotismus. Diesen Patriotismus hat sich die CSU von Anfang an als entscheidendes integratives Moment zunutze gemacht. So wurde sie zur Staatspartei. Die CSU ist Bayern. Und Bayern ist die CSU. Das war früher so. Und das wird voraussichtlich so bleiben. Wenngleich sich auch im Freistaat die Zeiten zumindest teilweise zu ändern scheinen, wie die Landrätin Gabriele Pauli mit ihrer offenen Rebellion gegen Ministerpräsident Edmund Stoiber deutlich gemacht hat. Eine Rebellion, die das Ende des letzten wirklich konservativen Spitzenpolitikers eingeläutet hat. Alle anderen Landesverbände der großen Volksparteien haben es jedoch ungleich schwerer. Sie müssen auf eine vielschichtigere Bevölkerung eingehen und dabei auch noch ohne den verbindenden bayerischen Patriotismus auskommen.

Entsprechend unterschiedlich wirken sich Politskandale auf das Wahlverhalten der Bevölkerung aus. Während im bayerischen Freistaat »Amigo«-Affären kaum am Image der CSU kratzen, haben Politskandale den Ruf anderer Parteien wesentlich stärker in Mitleidenschaft gezogen. Diese Affären und Skandale sind in gewisser Weise Begleiterscheinungen der modernen Politik und des modernen Politikers. Denn Prinzipientreue zahlt sich nicht mehr besonders aus. Stattdessen sind Wendigkeit und sogar eine gewisse Schlitzohrigkeit zur unabdingbaren Voraussetzung für den Erfolg geworden. Wenn es um den eigenen privaten Vorteil geht, ist man dann auch nicht mehr so zimperlich. So war es bei der »Traumschiff-Affäre« (Späth), der »Putzfrau-, Koch- und Gärtner-Affäre« (Biedenkopf), der »Einkaufs-Chip-Affäre« (Möllemann), der »Hunzinger-Affäre« (Scharping), der »Hochzeits-Affäre« (Glogowski), der »Flug-Affäre« (Süssmuth) und nicht zuletzt der »Bonusmeilen-Affäre« (Gysi, Özdemir u.v.a.). *Spiegel*-Herausgeber Rudolf Augstein sprach kurz vor seinem Tod von einem »Dauerschaden«, habe sich doch der Ärger über die Polit-Affären bei den Leuten »zutiefst eingefressen«. Damit hatte Augstein sicher recht. Die Parteispenden-Affäre um Helmut Kohl mutet da fast wie ein Relikt aus einer überkommenen Zeit an, hatte dieser doch nicht seinen persönlichen Vorteil im Sinn, sondern den seiner Partei.

Zumindest fragwürdig erscheint vielen auch die Verflechtung von Mandat und Nebenjob. Gleich reihenweise besetzen Abgeordnete von SPD und Linkspartei hohe Funktionen in den Gewerkschaften. Unionspolitiker und Freie Demokraten tummeln sich dafür in den Wirtschaftsverbänden und den Aufsichts- und Beiräten von Unternehmen. Allein der CDU-Bundestagsabgeordnete Friedrich Merz ist im Jahr 2007 Vorsitzender des Konzernbeirats der AXA Konzern AG, Mitglied des Verwaltungsrats der BASF Antwerpen N.V., des Beirats der Commerzbank AG, des Aufsichtsrats der Deutsche Börse AG, des Aufsichtsrats der Interseroh AG, des Aufsichtsrats der DBV Winterthur Holding AG, des Aufsichtsrats der IVG Immobilien AG, des Verwaltungsrats der Stadler Rail AG und Rechtsanwalt in der Anwaltssozietät Mayer, Brown, Rowe & Maw LLP.

Bekannt wird in aller Regel nur die Übernahme von ganz bedeutenden »Nebenjobs«. So war es auch im Jahr 2006, als der CDU-Bundestagsabgeordnete Norbert Röttgen Hauptgeschäftsführer beim Bundesverband der Deutschen Industrie (BDI) werden sollte. FDP-Vize Rainer Brüderle brachte den Interessenkonflikt, den der CDU-Politiker selbst nicht sehen wollte, auf den Punkt. Er sagte: »Röttgen kann nicht abends als Industriemann Steuererhöhungen geißeln, die er morgens als CDU-Abgeordneter mit beschlossen hat.« Immerhin: Nachdem die ehemaligen BDI-Präsidenten Hans-Olaf Henkel und Michael Rogowski in einem offenen Brief in *Bild* lautstark protestiert hatten, verzichtete Röttgen auf die lukrative Spitzenposition beim BDI. Sein Beispiel zeigt, dass nur Öffentlichkeit bei der Eindämmung von unzulässiger Verflechtung von Mandat und »Nebenjob« weiterhilft.

Vor allem aber beschleunigen Fälle wie die von Röttgen den Glaubwürdigkeitsverlust der Politiker. Schon jetzt herrscht in der Bundesrepublik eine noch nicht da gewesene Parteien- und Politikverdrossenheit. Noch nie in der Nachkriegsgeschichte haben sich so viele Menschen von Politik und Parteien nicht mehr repräsentiert gefühlt. Zu Beginn der Kanzlerschaft von Angela Merkel meinten 62 Prozent der Bevölkerung, die Leidtragenden der Regierungspolitik seien vor allem die »kleinen Leute«. Eine relative Mehrheit von 47 Prozent der Deutschen stimmte laut Allensbach der Aussage zu: »Ich befürchte, dass eine Große Koalition aus CDU/CSU und SPD, mit ihrer großen Mehrheit im Parlament, jetzt politisch macht, was sie will, ohne dass die Interessen der Bürger ausreichend berücksichtigt werden.« Im Dezember 2006 ergab eine andere Umfrage, dass 82 Prozent der Wahlberechtigten glaubten, das Volk in der Bundesrepublik habe keinen nennenswerten Einfluss auf die Politik. Diese werde jedoch von einer alles bestimmenden globalen Wirtschaft dominiert. Entsprechend groß ist das Misstrauen gegenüber unseren Politikern. Eine große internationale Umfrage des World Economic Forum ergab, dass 76 Prozent der Deutschen Politiker für unredlich halten (in Frankreich sind es nur 36 Prozent). Das ist deutlich höher als der europäische Durchschnittswert von 46 Prozent.

Ist aber das Vertrauen in die Politik und die Politiker einmal zerstört, dann hat das weitreichende Folgen. Auch für die Motivation der Volksvertreter. Denn natürlich fragen sich viele von ihnen, warum sie sich überhaupt noch bemühen sollen, wenn ihnen ohnehin kaum jemand etwas zutraut, geschweige denn ihnen vertraut. Schuld an solchen Entwicklungen sind jedoch nicht nur die neuen Wählerstrukturen und die zahlreichen Polit-Affären. Wir sind es auch selbst! Wir bekommen die Politiker, die wir verdienen. Ist es denn nicht so, dass wir uns den Belangen der Politik weitgehend verschließen? Wir wollen uns doch gar nicht mit den bitterernsten Zukunftsfragen auseinandersetzen. Wir meckern zwar fortlaufend über die Politiker und Parteien, doch am Wahltag wählen viele von uns wieder exakt diejenigen, die mit den größten Versprechungen aufwarten.

Wir sind, was die Fragen der Politik angeht, zu einem trägen Volk geworden. Selbst in die Politik gehen? Nein danke! Zu unbequem, und in der Wirtschaft verdient man ohnehin viel besser. Vorbei sind die Zeiten, in denen sich die Deutschen für Politik interessierten. Bis weit in die 80er-Jahre war die Bundesrepublik geprägt von großen Debatten: Wiederbewaffnung, Studentenrevolte, Ostverträge, Atomkraft, Volkszählung, Paragraf 218, NATO-Doppelbeschluss, Asylrecht und RAF. In den 70er-Jahren war sogar das gesamte Leben ein politisches Statement. Welche Kleidung man trug, wo man wohnte, welchen Wagen man fuhr, selbst die Haarlänge und die Zigarettenmarke waren Ausdruck der politischen Gesinnung. Auch in den Protesten gegen Brokdorf, Startbahn West oder die Nachrüstung zeigte sich noch der Wille, politisch mitreden zu wollen. Hunderttausende demonstrierten damals im Bonner Hofgarten. Leider fochten manche nicht nur mit Argumenten, es kam regelmäßig zu Krawallen. Ich erinnere mich noch gut an diese Zeit. Ich war Abiturient, und wir stritten leidenschaftlich über die Stationierung der Pershing-2-Raketen oder Cruise Missiles.

Und heute? Wir bleiben zwar physisch im Land – aber

gesellschaftspolitisch wandern wir aus. Nicht das Politische, nicht das Öffentliche beherrscht das Denken der meisten Menschen, sondern das Private. Wir machen es uns gemütlich. Wir igeln uns ein. Experten nennen das »Cocooning«, den Rückzug in den Kokon des ach so gemütlichen Heims. Dort sitzen wir auf dem Kuschelsofa, hören Kuschelmusik oder sehen Kuschelfernsehen wie Telenovelas oder die inflationären Happy-End-Geschichten. Und wenn wir einmal auf die Straße gehen, zielen unsere Demonstrationen nicht mehr auf die allgemeinen Verhältnisse, sondern vor allem auf private Besitzstandswahrung.

Bei Jugendlichen ist das Desinteresse an der Politik besonders ausgeprägt. In der Shell-Jugendstudie aus dem Jahr 2006 ist zu lesen, dass sich nur noch 39 Prozent der Jugendlichen zwischen 15 und 24 als politisch interessiert bezeichnen. 1984 lag die Zahl noch bei 55 Prozent, 1991 sogar bei 57 Prozent. Das bedeutet nichts anderes, als dass sich unsere Jugend aus der Gestaltung unserer Gesellschaft und damit aus der Gestaltung ihrer eigenen Zukunft verabschiedet. Sie überlässt die Politik den Älteren. Und die werden angesichts der demografischen Entwicklung sicherlich keine Politik verfolgen, die den Interessen der Jüngeren entspricht.

Schon heute leiden die Volksparteien an der Überalterung ihrer Mitglieder. 45,7 Prozent der CDU-Mitglieder waren im Jahr 2003 über 60 Jahre alt. Bei der SPD immerhin 42,2 Prozent. Seit 1990 hat die CDU 25 Prozent ihrer Mitglieder eingebüßt, die SPD sogar rund 40 Prozent. Deshalb stellt sich die beklemmende Frage, wie es um die Politik und um die Teilhabe der Bevölkerung daran in Zukunft bestellt sein wird.

Umso mehr, da uns erschreckende politische Zustände nicht einmal mehr aufrütteln. Angesichts von Flickschusterei, Minimallösungen und einer »drohnenhaften Herrschaftskaste« warnte der Berliner Historiker Arnulf Baring Ende 2002 in der *FAZ* vor der schleichenden Verwandlung der Bundesrepublik in eine »DDR light«. Er schloss mit der Forderung: »Bürger, auf die Barrikaden.« Ein hellsichtiger Leser fragte daraufhin: »Welche Barrikaden? Und welche Bürger?« Der Mann hat recht. Bürger im staatsbürgerlichen Sinn gibt es in Deutschland kaum noch. Nicht zufällig unterscheidet die deutsche Sprache nicht wie die französische zwischen dem Bourgeois und dem Citoyen.

Bürger im Sinne eines Citoyen zu sein heißt nämlich: öffentlich sein. Es bedeutet, Debatten zu führen, die unseren Staat prägen. Es verlangt, aktiv und verantwortlich am öffentlichen Leben teilzunehmen. Und es bedeutet, auf keinen Fall auf die Möglichkeiten zu verzichten, die uns, dem Volk, zur Einflussnahme auf die Politik gegeben sind. Wir machen es uns leicht, indem wir alles auf die Politiker schieben. Das ist Selbst-Betrug. Denn: Politiker sind nur so schlecht, wie wir es zulassen. Was wir brauchen, ist eine Politisierung Deutschlands. Natürlich ist Deutschland keine schweizerische Landsgemeinde, wo sich die Bürger eines Kantons auf dem Marktplatz versammeln, um unmittelbar über Gesetze und Ausgaben abzustimmen, und wo jeder das Wort ergreifen kann. Aber das heißt doch nicht, dass wir alles schweigend über uns ergehen lassen müssen und nur den Mund aufmachen, um auf »die da oben« zu schimpfen. Wenigstens in dieser Beziehung haben sich die ursprünglichen Achtundsechzigern nichts vorzuwerfen. Ein »Atomkraft, nein danke«-Button am Wollpullover ist eine offene, politische Positionierung. Und auch wenn ich zur »Atomkraft, ja bitte«-Fraktion gehöre, sind mir Vertreter der Gegenmeinung allemal lieber als die vielen Achselzucker mit Sylt-Aufkleber am Auto.

»Die Rente ist sicher!«
Wie wir uns mit dem Generationenvertrag hereinlegen lassen

Brieffreundschaften können etwas sehr Schönes sein. Brieffeindschaften auch. Wenn man richtige Gegner hat. Mein Gegner hieß Norbert Blüm.

Norbert Blüm war einst Sozialminister. Heute genießt er eine monatliche Pension von rund 9540 Euro. Pensionen und Renten waren auch als Minister sein großes Thema. Sein Lieblingssatz lautete: »Die Rente ist sicher.« Das hat er tausendfach verkündet. In Talkshows, auf Kundgebungen, im Radio. Und auf 15 000 Plakaten.

Heute wissen alle: Die Rente ist nicht sicher. Auf jeden Fall nicht mehr im Sinne einer ausreichenden Alterssicherung. Auch die Politik hat das eingesehen – und, wenn auch sehr spät, umgesteuert. Einführung des demografischen Faktors, Rente ab 67, faktische Rentenkürzung über Pflegebeiträge, Aufbau der privaten Alterssicherung über die Riester-Rente.

Harte Schnitte statt Luftschlösser. Aber notwendig: immer mehr Menschen, die früher in Rente gehen und länger leben; und immer weniger junge Menschen, die arbeiten und einzahlen. Auch wer kein Genie der Versicherungsmathematik ist, weiß, dass das auf Dauer nicht funktioniert.

Wer in dem Wissen etwas verspricht, sein Wort nicht halten zu können, lügt und betrügt. Als Norbert Blüm sein berühmtes Versprechen plakatierte, warnten schon viele Experten vor der drohenden Renten-Katastrophe. 15 000 Plakate, 15 000 Lügen. Und hunderttausendfacher Betrug am Wähler.

Um etwas gegen derart dreiste Lügen zwecks Macht- und Postenerhalt zu unternehmen, erstattete *Bild* im März 2006 einfach mal Strafanzeige bei der Staatsanwaltschaft. »*Bild* verklagt Rentenlügner« hieß unsere Schlagzeile. Beides, Schlagzeile und Strafanzeige, schlug hohe Wellen. Viele gratulierten uns zu der Idee. Selbst die *Frankfurter Allgemeine Zeitung* fragte verdutzt, warum eigentlich niemand vorher auf den Gedanken gekommen sei, die publizistische Kraft einer Strafanzeige gegen gesellschaftliche Fehlentwicklungen zu nutzen.

Es war eine Strafanzeige gegen Unbekannt, nicht gegen Norbert Blüm. Trotzdem, oder vielleicht weil er sich angesprochen fühlte, erhielt ich kurz darauf Post von ihm. Der Beginn einer wundervollen Feindschaft.

»Ich bitte Sie, sehr verehrter Herr Chefredakteur, um eine öffentliche Diskussion mit mir zum Thema: *Bild* und Rente.«

Ich antwortete: »Nur zu gern kreuzte ich mit Ihnen, lieber Herr Dr. Blüm, die Klingen, doch muss ich derzeit auch Dank Ihres Wirkens noch zu viel für meine Altersversorgung arbeiten, als dass ich dafür Zeit fände. Aber sobald ich mit 67, 70 oder 75 Jahren das dann gültige Renteneintrittsalter erreicht habe, komme ich auf Ihr Angebot zurück!«

Blüm erwiderte: »Vom Papst zu Bush eilend, zwischendurch auch noch dafür zu sorgen, dass Sex und Porno in *Bild* ausreichend untergebracht sind, ist selbst für einen so talentierten Chefredakteur wie Sie es sind viel Arbeit. (...) Manipulationen von Statistiken und Diffamierungen sind nicht von leichter Hand zu machen. (...) Sie sind ein Feigling!«

Ich schrieb zurück: »Sehr geehrter Herr Dr. Blüm, vielen Dank für Ihren Brief. Er zeigt in seiner wortreichen Zappeligkeit, mit seinen tausend Unterstellungen, Mutmaßungen und Pöbeleien, wie sehr Sie Grund haben, die Diskussion um Ihr trostloses politisches Lebenswerk zu fürchten.«

Blüms Antwort: »Sehr geehrter Herr Diekmann, Ihr Schreiben ist ein wertvolles Dokument argumentativer Verlegenheit, (...) eine misslungene Ablenkung von der Peinlichkeit versuchter Volksverdummung.«

Wieder ich: »Verehrter Brieffreund, leider werden Ihre Briefe mit zunehmender Länge nicht besser. Ihr acht Seiten umfassendes Traktat zeugt vielmehr von einem enormen Rechtfertigungsdruck für 16 Jahre verfehlter Rentenpolitik.«

So ging es hin und her. Sieben Briefe habe ich bekommen, sechsmal geantwortet. Und immer wieder gefragt: »Sagen Sie uns einfach, mit welchem Recht Sie 1986 die Rente als sicher bezeichneten, obwohl schon damals alle Experten vor dem Gegenteil warnten.« Eine Antwort steht bis heute aus.

Aber sie ist ohnehin längst gegeben. Durch die Entscheidungen der Politik, durch die Stellungnahmen aller führenden Wirtschaftsinstitute und auch durch flapsige Empfehlungen wie jüngst von Bundesfinanzminister Peer Steinbrück, im Interesse der Alterssicherung auch mal auf Urlaub zu verzichten. Wenn die Rente sicher wäre, wären solche Bemerkungen nicht nötig.

Zustimmung für unsere Berichterstattung kam auch von anderer Seite. Von begeisterten Lesern. Und von vielen

Experten. Einer von ihnen: Kurt-Peter Merk, Privatdozent am Geschwister-Scholl-Institut der Ludwig-Maximilians-Universität München, der über den sogenannten Generationenvertrag geforscht hatte.

Der Generationenvertrag bezeichnet die Neuregelung der Rentenversicherung, die im Jahr 1957 von der Regierung Adenauer beschlossen wurde – gegen den Willen von Wirtschaftsminister Ludwig Erhard, dem Vater des »Wirtschaftswunders«. Ziel dieser einschneidenden Sozialreform war es, die damals in der Bundesrepublik weitverbreitete Altersarmut dadurch zu beseitigen, dass die Rentenbezüge massiv erhöht und danach an die allgemeine Lohnentwicklung angepasst wurden. Zum anderen führte die Rentenreform das Umlageverfahren ein. Das bedeutet, dass die Jungen mit ihren Beiträgen die Renten der Alten finanzieren, und das in der Erwartung, dass die nachfolgende Generation dasselbe für sie tut: eben ein Generationenvertrag.

Der Münchner Wissenschaftler hatte die Kabinettsprotokolle der Regierung Adenauer ausgewertet und wusste Interessantes zu berichten. So habe Adenauer das Umlagesystem wider besseres Wissen und ohne Rücksicht auf dessen langfristige Stabilität eingeführt. Sein Ziel war also eher kurzfristiger Natur: Ihm ging es um die aktuelle Situation und natürlich auch um die Stimmen der Rentnerinnen und Rentner, also um seinen nächsten Wahlerfolg. Mit dem Argument »Kinder kriegen die Deutschen immer!« hatte sich der erste Kanzler der Bundesrepublik über kritische Positionen des damaligen Sozialpapstes Oswald von Nell-Breuning und seines Schülers Wilfried Schreiber, Erfinder des Begriffs »Generationenvertrag«, hinweggesetzt. Der nämlich sah damals schon, was für dieses System neben eingezahlten Beiträgen unabdingbar ist: zahlenmäßig ausreichender Nachwuchs. Da aber – so Kurt-Peter Merk – Blüm ein Anhänger der katholischen Soziallehre Nell-Breunings sei und dessen Auffassungen somit gekannt habe, »war er sich auch immer der Irreführung der Bevölkerung bewusst, die im Gebrauch des Begriffs Generationenvertrag für das Rentensystem liegt«. Der Münchner Wissenschaftler weiter: »Jedenfalls ist von einem Sozialminister zu erwarten, dass er die theoretischen Grundlagen des Systems kennt, für das er verantwortliche Entscheidungen treffen soll. Leugnet er auf entsprechenden Vorhalt die Kenntnis, um nicht der vorsätzlichen Täuschung der Bevölkerung überführt zu werden, kann er begründet als verantwortungslos und leichtfertig dargestellt werden.« Eine Einschätzung, die ich teile.

Das Schlimmste bei meiner Auseinandersetzung mit dem früheren Sozialminister: Er selbst will bis heute das Renten-Desaster nicht wahrhaben, obwohl er es besser wissen müsste. Damit steht Blüm leider nicht allein. Die Mehrheit der ganz im Hier und Jetzt lebenden Deutschen weiß immer noch nicht, was eigentlich los ist. Sie wissen nicht – schlimmer: sie wollen gar nicht wissen, wie es um die Zukunft ihrer Renten tatsächlich bestellt ist. Die Politik ließ sie zu lange in dem Glauben, mit der gesetzlichen Rente sei der Lebensstandard im Alter zu halten. Noch sind die Folgen des demografischen Wandels im Alltag ja auch kaum zu spüren. Erst wenn die geburtenstarken Jahrgänge zwischen 1955 und 1965, von deren Leistung wir gegenwärtig noch profitieren, in den Ruhestand gehen, wird sich die Lage mit Wucht verschlechtern.

Die simple Wahrheit ist: Wir wollen die Wahrheit nicht hören. Bis heute betrügen wir uns selber, weil es einfach viel bequemer ist. Dabei liegt doch auf der Hand: Wo keine Kinder sind, da gibt es keine Zukunft! Und natürlich auch keine gesicherten Renten! Die Folge: Noch nie waren so viele der aktiven Arbeitnehmer von zukünftiger Altersarmut bedroht.

Schon seit eh und je garantieren Kinder nicht nur den Fortbestand der Völker, sie sichern auch die Existenz der Alten. Das war in früheren Jahrhunderten so. Und das ist so geblieben – auch in der Industrie- und Dienstleistungsgesellschaft. Nur eine ausgewogene demografische Entwicklung garantiert eine Rente, die den Wohlstand im Alter sichert. Dessen sind wir uns heute kaum mehr bewusst. Die Welt des Rentensystems war noch in Ordnung, als wir, die heute 40-Jährigen, das Licht der Welt erblickten. In meinem Geburtsjahr 1964 wurden allein in der alten Bundesrepublik 1 357 304 Neugeborene gezählt. Ein nie erreichter Babyboom in der Geschichte Deutschlands. Elf Jahre später – inzwischen war die Antibabypille weit verbreitet und es hatte eine Studenten-Revolte gegeben, die unsere Haltung zur Familie, zum Kinderbekommen veränderte – wurden noch 782 310 Mädchen und Jungen geboren. 2006 kamen in Deutschland nur 673 000 Kinder zur Welt, und das, obwohl unser Staat um die neuen Länder größer geworden war. Das ist die niedrigste Geburtenzahl seit dem Ende des Zweiten Weltkriegs.

Dass unsere Bevölkerung bislang kaum schrumpfte, lag an der Zuwanderung. 200 000 Menschen kamen Jahr für Jahr nach Deutschland. Doch sie kommen nicht mehr – die Zuwanderung nimmt ab, während die Zahl der Menschen steigt, die Deutschland verlassen. Nach den neuesten Zahlen des Statistischen Bundesamtes soll die Zuwanderung bis zum Jahr 2040 sogar völlig abebben. Bliebe unsere Geburtenrate bei dem gegenwärtigen statistischen Wert von 1,3 bis 1,4 Kindern pro Frau, käme es bis zur Mitte des Jahrhunderts zu einem Rückgang unserer Bevölkerung um fast 17 Prozent von 82,4 auf 68,7 Millionen Menschen.

Besonders betroffen wird der wirtschaftlich schwache Osten Deutschlands sein. Denn dort verschärft die Landflucht das demografische Problem zusätzlich. Seit der Wende haben 1,5 Millionen Menschen, vor allem junge Frauen, die neuen Bundesländer verlassen. Sachsen-Anhalt zum Beispiel hat zehn Prozent seiner Bevölkerung verloren. Die Stadt Magdeburg ist seit 1990 um etwa 60 000 Einwohner auf 230 000 Einwohner geschrumpft. Im Land Brandenburg wird bis zum Jahr 2050 mit einem Bevölkerungsrückgang von derzeit 2,58 Millionen auf 1,81 Millionen gerechnet. Nicht besser sehen die Vorausberechnungen für Mecklenburg-Vorpommern aus.

»Macht nichts, wenn wir zur Mitte des Jahrhunderts ein paar Millionen Deutsche weniger sind«, lautet ein wenig sachkundiger Einwand. Diesem folgt oft der Hinweis, dass Forscher überall auf der Welt ohnehin vor den Gefahren einer Übervölkerung warnen. Andere verweisen darauf, dass die Bevölkerung sämtlicher wirtschaftlich und gesellschaftlich weit entwickelter Staaten zurückgeht. Das ist richtig. Es gibt tatsächlich kein europäisches Land, das die bevölkerungserhaltende Geburtenrate von 2,1 Kindern pro Frau erreicht. In Frankreich und Irland liegt sie bei 1,9 Kindern pro Frau, in Norwegen, Dänemark, Finnland und in den Niederlanden bei 1,8 beziehungsweise 1,7 Kindern. Italien, Griechenland und Spanien bilden mit gerade einmal einem Kind pro Frau das Schlusslicht. Mit unserem Wert von 1,3 bis 1,4 liegen wir Deutschen in Europa im unteren Mittelfeld.

Wenn unsere Bevölkerungszahl in den kommenden 40 bis 50 Jahren auf knapp 70 Millionen Menschen sinken würde, wäre das für sich genommen noch kein Problem für unsere Sozialsysteme. Aber wir altern gleichzeitig schneller als alle anderen Nationen dieser Welt. Heute liegt das Durchschnittsalter aller Deutschen bereits bei 42 Jahren. 2050 wird es auf 49 Jahre angestiegen sein. Dann ist nur noch jeder sechste Deutsche jünger als 20 Jahre. Während ihre Zahl von knapp 17 auf 12 Millionen sinkt, wird die Altersgruppe der heute über 60-Jährigen mit 28 Millionen mehr als doppelt so groß sein wie heute. Besonders dramatisch ist die Situation wiederum im Osten der Republik. In Brandenburg zum Beispiel wird bereits 2020 jeder Vierte zu den Senioren zählen, also über 65 Jahre alt sein. In Berlin werden dann etwa 450 000 Menschen – und damit mehr als 13 Prozent der Bevölkerung – leben, die älter sind als 75 Jahre.

Befördert wird die Vergreisung unserer Gesellschaft durch die wachsende Lebenserwartung in Deutschland, die bis zur Mitte des Jahrhunderts um weitere sechs Jahre ansteigen soll. Nach den Berechnungen des Bevölkerungsforschers Professor Eckart Bomsdorf von der Universität Köln hat eine heute 60-jährige Frau noch eine durchschnittliche Lebenserwartung von 24,7 Jahren, ein gleichaltriger Mann von 19,9 Jahren. Tendenz steigend. Wenn man bedenkt, dass im frühen Kaiserreich – also vor bald 150 Jahren – die durchschnittliche Lebenserwartung für Frauen bei gerade einmal 40 Jahren lag und bei Männern noch darunter, dann ist das eine fantastische Errungenschaft. Bevölkerungspolitisch betrachtet ist es aber wegen des fehlenden Nachwuchses eine Katastrophe.

Weil die Deutschen – wie es der Berliner Historiker Michael Stürmer formuliert – »erst keine Kinder zeugen und dann nicht sterben wollen«, wird es zu einem dramatischen Missverhältnis von Arbeitnehmern und Rentenbeziehern kommen. Finanzieren jetzt 100 Arbeitnehmer 44 Rentner, werden dies im Jahr 2020 etwa 55 und 2050 sage und schreibe mehr als 80 Rentner sein. Der Generationenvertrag kann da nicht mehr funktionieren. Dass dies so sein wird, war – wie ich Blüm schrieb – schon lange jedem klar, der sich damit ernsthaft beschäftigte. Denn seit Beginn der 80er-Jahre war es in einer ganzen Reihe von Prognosen über die Zukunft der Rente nachzulesen. Ohne einschneidende Reformen hatten die Fachleute schon damals einen Beitragssatz von 41,7 Prozent für das Jahr 2030 vorausberechnet. Doch nicht nur Blüm, sondern – und das soll hier nicht unterschlagen werden – die gesamte Politik ignorierte solche realistischen Vorhersagen. Erst Anfang der 90er-Jahre begann die ganz und gar mit der Deutschen Einheit befasste Bundesregierung umzusteuern. Ein demografischer Faktor sollte die Renten an das sinkende Beitragsaufkommen angleichen und damit zugleich eindämmen.

Was nun folgte, war ein Stück aus dem politischen Tollhaus: Während die Bundesregierung unter Helmut Kohl ein entsprechendes Gesetz auf den Weg brachte, versprach die SPD im Wahlkampf 1998, den demografischen Faktor wieder abzuschaffen. Doch wer geglaubt hätte, dies sei bloße Wahlkampf-Rhetorik, wurde eines Schlechteren belehrt. Die Sozialdemokraten hielten Wort. Kaum gewählt, ließ Bundeskanzler Gerhard Schröder tatsächlich die Reform kippen, noch bevor sie überhaupt in Kraft getreten war. Dann versuchte sich SPD-Arbeitsminister Walter Riester an der Rente. Im Zuge der Rentenreform 2000/2001 wurde das Nettorentenniveau des »Eckrentners«, also eines idealtypischen sozialversicherungspflichtig Beschäftigten, der 45 Jahre lang Sozialversicherungsbeiträge eingezahlt hat, von 70 auf 67 Prozent reduziert. Gleichzeitig wurde eine vom Staat durch Zulagen und Sonderabzugsmöglichkeiten geförderte, privat finanzierte Altersversorgung eingeführt, die sogenannte Riester-Rente. »Die Baustelle Rentenversicherung ist für lange Zeit geschlossen«, pries der Arbeitsminister im Mai 2001 seine Reform. Irgendeine sachliche Grundlage für diese vollmundige Beteuerung gab es nicht. Es dauerte erwartungsgemäß kein Jahr, da wurde an der »Baustelle Rentenversicherung« schon wieder herumgemurkst. Nun senkte die Bundesregierung die sogenannte Schwankungsreserve (Betriebsmittel und Rücklagen) in der gesetzlichen Rentenversicherung von einer vollen Monatsausgabe um ein Fünftel auf 80 Prozent. Nur durch diesen Trick konnte der Rentenbeitrag im Jahr 2002 bei 19,1 Prozent gehalten werden. Im September 2003 erklärte der Kanzler im Bundestag dann unumwunden, dass es falsch gewesen sei, den demografischen Faktor abgeschafft zu haben. Schröder: »Ich sage Ihnen: Das war ein Fehler.«

Diese Einsicht änderte nichts daran, dass nach wie vor eine Lücke zwischen Einnahmen und Ausgaben in der Rentenkasse klaffte. Die rot-grüne Bundesregierung versuchte nun, sie zu schließen, indem sie schrittweise die Schwankungsreserve faktisch abschaffte und den Rentnern weitere Nullrunden verordnete. Erforderlich wurden auch Abstriche bei der Anrechnung von Ausbildungszeiten, diverse Änderungen bei den Kranken- und Pflegeversicherungsbeiträgen der Rentner und schließlich die Einführung des »Nachhaltigkeitsfaktors«. Auch die schrittweise Anhebung des Rentenalters auf 67, wie sie die schwarz-rote Koalition ab 2012 beschlossen hat, ist in Wirklichkeit eine Rentenkürzung. Denn jeder weiß, dass eine Verlängerung der Lebensarbeitszeit bislang jedenfalls nicht bedeutet hat, dass die Älteren tatsächlich länger arbeiten. Hunderttausende wurden exakt aus diesem Grund mit »Goldenen Handschlägen«, also mit günstigen Vorruhestandsregelungen, nach Hause geschickt.

Genau das – als Gipfel der Heuchelei – praktiziert auch der Staat, der seinen Bürgern die Rente mit 67 zumutet. Er schickt seine Beamten vorzeitig in den Ruhestand – auf Steuerzahlerkosten. Im Sommer 2006 beschloss die Regierung beispielsweise ein Spezialgesetz, um die rund 15000 ehemaligen Beamten der Deutschen Bundespost, die jetzt bei Telekom, Post und Postbank arbeiteten, mit 55 Jahren in den Ruhestand zu schicken. Ein wahrhaft leuchtendes Vorbild für die Privatwirtschaft.

Das durchschnittliche Renteneintrittsalter liegt gegenwärtig bei 60 Jahren. Wer mit 50 arbeitslos wird, gilt auf dem Arbeitsmarkt bereits als schwer bis gar nicht vermittelbar. Hunderttausende bekommen das zu spüren. Schon die von der Schröder-Regierung vorgenommene Erhöhung des Renteneintrittsalters bei den Frauen auf 65 Jahre hat kaum zu längerer Anstellung verholfen, sondern zu einer faktischen Rentenkürzung. Denn viele müssen weiterhin ihren Arbeitsplatz mit Anfang 60 aufgeben – aber bei ihren Rentenansprüchen jetzt erhebliche Abstriche hinnehmen, pro Jahr 3,6 Prozent. Wer mit 60 geht, bekommt also heute schon 18 Prozent weniger Rente. Mit der Anhebung des Renteneintrittsalters auf 67 müssen demnach noch einmal 7,2 Prozent abgezogen werden. Und dies, obwohl schon zum jetzigen Zeitpunkt die preisbereinigte Durchschnittsrente inzwischen um mehr als zehn Prozent niedriger ist als in den 90er-Jahren.

Wie die Lebenswirklichkeit der deutschen Rentner aussieht, wird beim Blick auf die Zahlen offenkundig. So betrug 2006 die Netto-Rente eines zwischen 65- und 69-jährigen Mannes im Westen durchschnittlich 973,25 Euro, im Osten 1006,79 Euro. 65- bis 69-jährige Frauen im Westen erhalten 594,54, im Osten 820,12 Euro. Der Unterschied erklärt sich damit, dass in der DDR die meisten Frauen »werktätig« waren. Mit diesem Geld müssen die Rentner ihren gesamten Unterhalt bestreiten: Miete, Lebensmittel, Kleidung, Arztbesuche. Die 2006 nach jahrelangen Nullrunden von der Politik groß gefeierte Erhöhung der Renten um 0,54 Prozent mutet da wie eine Verhöhnung unserer Senioren an. Denn 0,54 Prozent bedeuten für die Durchschnittsrentnerin West pro Monat etwa drei Euro mehr im Portemonnaie. Das ist der Gegenwert von zwei Liter Benzin oder einem Kilogramm Äpfel.

Dabei geht es den heutigen Rentnern noch gut, verglichen mit dem, was die nachrückenden Generationen erwarten wird. Anstatt aber schonungslos darüber aufzuklären, landen verführerische Rentenprognosen in unseren Briefkästen: 2002 begann die gesetzliche Rentenversicherung auf Anweisung des Sozialministers Walter Riester mit dem Versand sogenannter Renteninformationen. Gesetzlich Rentenversicherte sollten anhand der darin enthaltenen Berechnungen einen Ausblick auf ihre jeweils zu erwartende Rente erhalten. Schnell war jedoch klar, dass die Schreiben in Wahrheit »Renten-Desinformationen« hätten heißen müssen. Denn die Rentenprognosen gingen von höchst optimistischen Annahmen aus: zum Beispiel einer durchschnittlichen Rentenerhöhung von jährlich bis zu 3,5 Prozent. Im Jahr 2004 wurden die Zahlen erstmals nach unten korrigiert, zwei Jahre später erneut. Dennoch bleiben diese angeblichen Informationen ein Konglomerat aus Schätzungen und Vermutungen: über die Rentenanpassungen, die Zahl der Beschäftigten, die Dynamisierungsvarianten, die durchschnittliche Lohnentwicklung, die Inflation, den Nachholfaktor und, und, und. Sie führen niemandem wirklich plastisch vor Augen, was ihn im Alter erwartet. Die 2005 eingeführte Besteuerung der Alterseinkünfte ist beispielsweise noch immer nicht in die Prognosen eingeflossen. Wer also die »Renteninformationen« für bare Münze nimmt, wird spätestens bei seinem Rentenbeginn ein böses Erwachen erleben.

Wer sich auf diese Schreiben nicht verließ und – trotz aller Blümschen Bekundungen – auch nicht auf die gesetzliche Rente vertraute, konnte sich bisher wenigstens mit privater Vorsorge in Aktien- oder Investmentfonds, also mit Sparwille und Risikobereitschaft, über eine erhebliche Zusatzrente im Alter freuen. Wenn ein Arbeitnehmer beispielsweise 30 Jahre lang 100 Euro pro Monat in einen Fondssparplan investierte – insgesamt also 36 000 Euro –, erhielt er danach mit etwas Glück rund 170 000 Euro. Dank Dividenden und Kursgewinnen. Damit ist es für künftige Rentnergenerationen vorbei. Zwar ruft jede deutsche Regierung seit Einführung der Riester-Rente zur Privatvorsorge auf, weil die gesetzliche Rente den Lebensstandard im Alter nicht mehr garantiere. Und dann? Dann beschließt die Große Koalition zur »Belohnung« für diese private Vorsorge eine neue Steuer – eine Abgeltungssteuer auf alle Kapitalerträge. Von 2009 an bedeutet das: 25 Prozent Steuern auf alle Gewinne aus Aktien, Fonds, Dividenden und Zinsen oberhalb des Sparerfreibetrags (801 Euro). Wer also das oben beschriebene Modell von 2009 an praktiziert, muss nach 30 Jahren mehr als 30 000 Euro an Vater Staat zahlen. Wir, besonders meine Generation der 40-Jährigen, werden also doppelt bestraft – und geschröpft. Wir bekommen eine gesetzliche Schrumpfrente, und die private Vorsorge wird besteuert.

Aber die künftigen Rentnergenerationen werden noch mehr gebeutelt. Sie werden auch die demografisch bedingte Kostenexplosion im Gesundheitswesen schultern müssen.

Denn mit der schwarz-roten Gesundheitsreform, die die Bezeichnung »Reform« nicht verdient, wurde nur eine Beitragssatzerhöhung beschlossen. Die völlig gegensätzlichen Konzepte Kopfpauschale (einheitliche Preise für gesetzlich Versicherte unabhängig vom Arbeitseinkommen) oder Bürgerversicherung (alle Bürger zahlen aus der Summe aller Einkünfte in die gesetzliche Krankenversicherung ein) waren nicht miteinander zu vereinen. Was geschah also? Nichts! Eine Entscheidung über eine grundsätzliche Umstellung des Krankenversicherungssystems in unserem Land wurde nicht getroffen. Und sinnvolle Anreize, die Ausgaben im Gesundheitswesen zu kürzen, enthält die Reform auch nicht. Doch diese bräuchten wir dringlicher denn je.

Stattdessen bürden unsere Politiker mit ihrer verfehlten Gesundheitspolitik den kommenden Generationen Milliarden-Defizite auf, wie Professor Bernd Raffelhüschen vom Forschungszentrum Generationenverträge der Universität Freiburg feststellt. Nach seinen Berechnungen würde sich bei dem Konzept der Bürgerversicherung demografiebedingt der Beitragssatz von heute durchschnittlich 14,4 Prozent ohne Reformen auf der Ausgabenseite langfristig bei 22 Prozent festsetzen. Doch auch die Kopfpauschale bliebe nach den Berechnungen des Freiburger Wissenschaftlers ohne wirksame Ausgabenbegrenzung »nicht von gewaltigen Erhöhungen« verschont.

Nicht anders ist es bei der Pflegeversicherung. Untersuchungen zur Entwicklung des Pflegebedarfs in Deutschland vor dem Hintergrund der demografischen Veränderungen gelangen zu dem Ergebnis, dass in den nächsten 20 Jahren der Bedarf um die Hälfte zunehmen wird. Bis zum Jahr 2045 wird er sogar von heute 2,3 Millionen auf 4,7 Millionen Pflegefälle ansteigen. Das heißt, auch bei der Pflegeversicherung werden die Beiträge steigen und steigen, bis 2045, so prognostiziert Raffelhüschen, von jetzt 1,7 beziehungsweise 1,95 Prozent (Kinderlose) auf bis zu 6 Prozent. Von 2008 an ist mit einer generellen Anhebung zu rechnen. Norbert Blüm hatte in den 90er-Jahren verkündet, dass der Beitragssatz von 1,7 Prozent auf Jahrzehnte hinaus ausreichend sei!

Professor Peter Oberender von der Universität Bayreuth rechnete aus, wie dramatisch sich das Verhältnis von Sozialbeiträgen und Sozialleistungen nicht zuletzt unter Berücksichtigung der nachgelagerten Besteuerung der Rente und der Abgeltungssteuer auf Kapitelerträge verschieben wird. Danach bekommt ein heute 65-Jähriger bei einer durchschnittlichen Lebenserwartung 251 240 Euro mehr an Sozialleistungen, als er an Beiträgen eingezahlt hat. Ein heute 25-jähriger Arbeitnehmer wird dagegen 146 000 Euro mehr in das Sozialsystem einbezahlen, als er im Laufe seines Lebens an sämtlichen staatlichen Leistungen zurückerhalten könnte.

Wird Deutschland, der Staat der Alten, sich also in ein großes Armenhaus im Herzen Europas verwandeln? Alles Panikmache, behaupten jene Ideologen, die den gesellschaftlichen Wandel in den späten 60er-Jahren noch heute als Glücksfall für unser Land begreifen. Was sollen sie auch anderes sagen? Sie führen heute die Nachhutgefechte von damals, indem sie hinter den Bevölkerungsvorhersagen und deren negativen Folgen für unser Land ebenso hysterische wie unbegründete völkische Zukunftsängste wittern. Die vom Statistischen Bundesamt vorausberechneten Zahlen werden deshalb immer wieder mit dem Hinweis in Frage gestellt, dass Größen wie zum Beispiel die Zuwanderung nicht exakt vorausgesagt werden könnten. Dabei übersieht man völlig, dass, anders als Wahlvorhersagen, insbesondere langfristige Bevölkerungsprognosen ziemlich genau sind.

Wenn es wider Erwarten doch ein Problem mit den Sozialversicherungssystemen aufgrund der demografischen Entwicklung geben sollte, gibt es für diese Ideologen immer noch ihr Allheilmittel: die Umverteilung.

Vergessen wir nicht die Zweckoptimisten aus der Politik. Sie strapazieren das Wirtschaftswachstum als Wunderwaffe. Durch Innovationen zum Beispiel in der Nanotechnologie, der Bio- und Gentechnologie oder der optoelektronischen Technologie – also dort, wo wir noch ganz vorne mitreden – ließe sich die Produktivität erheblich steigern und damit der Sozialstaat sichern. Blüm und viele seiner Kollegen gehören zu diesen Optimisten. Sie argumentieren gern damit, dass sich vor ein paar Jahrzehnten niemand habe vorstellen können, in welchem Umfang die Automatisierung, Produktivität und damit das Wirtschaftswachstum beschleunigt werden konnten.

Doch die traurige Wahrheit ist: Der Baby-Mangel in Deutschland (und in Europa) bedroht das Wirtschaftswachstum. Auch wenn unsere Volkswirtschaft vor allem exportorientiert ist, gehört die Steigerung der Binnennachfrage zu den Voraussetzungen eines nachhaltigen Aufschwungs. Wie soll dieser aber möglich sein, wenn die Zahl der Konsumenten schrumpft und gleichzeitig das Pro-Kopf-Einkommen im Zuge der Globalisierung und des damit verbundenen Lohndrucks stagniert? So ist es in Deutschland seit nunmehr 15 Jahren. Hinzu kommt, dass der Markt dorthin geht, wo Menschen sind. Investitionen in Indien oder China sind nicht nur durch die billigen Arbeitskräfte vor Ort begründet, sie haben ihre Ursache vor allem in der Altersstruktur der Bevölkerung dieser Länder. Sie bietet die Gewähr für Wachstum und aufstrebenden Wohlstand.

Überdies produziert eine kleine und überalterte Bevölkerung weniger. Die 20- bis 40-Jährigen sind das Rückgrat unserer Volkswirtschaft und der Motor der Produktionssteigerung. Doch diese Altersgruppe schrumpft jedes Jahr um mehrere Hunderttausend. Auf dem Arbeitsmarkt kommt es zu einem Rückgang des Angebots, und der bereits bestehende Fachkräftemangel wird sich verstärken. Das wirkt sich aus auf Wirtschaftswachstum und Produktivitätserhöhung, denn beides ist angesichts der wachsenden Konkurrenz auf den Weltmärkten ohne technische Innovation nicht möglich. Da wir also viel zu wenige hervorragend ausgebildete und motivierte Fachleute haben, könnte Deutschland letztendlich auch als Standort für ausländische Investoren weniger attraktiv werden.

Es wird noch viele Jahre dauern, ehe Bildungsreformen im Land der Pisa-Verlierer am Fachkräftemangel etwas ändern werden, sofern sie es überhaupt tun. Und auch ein hinausgeschobenes Rentenalter, eine höhere Frauenerwerbsquote und eine qualifizierte Zuwanderung werden den Fachkräftemangel vielleicht abschwächen, bestimmt aber nicht beheben. Eine Folge davon: Die Binnenwanderung innerhalb Deutschlands wird sich verstärken. Junge, gut ausgebildete Leute werden in wirtschaftlich stärkere Regionen gehen. Der Bevölkerungsforscher Herwig Birg sieht deshalb eine Spaltung Deutschlands in Gewinner- und Verlierer-Regionen voraus. »Hier der reiche Süden, Baden-Württemberg, Bayern, Südhessen. Dort das Ruhrgebiet, das Saarland und vor allem der schrumpfende Osten.«

Im Osten werden die Folgen der demografischen Entwicklung – so Birg – schlimmer sein als der Dreißigjährige Krieg. Schon heute ist die Infrastruktur vielerorts nicht mehr aufrechtzuerhalten. Denn welche Schule bleibt erhalten, wenn es nicht genügend Schüler gibt? Welche Buslinie fährt noch, wenn die Fahrgäste fehlen? Welches Gemeinde-Schwimmbad hat eine Überlebenschance, wenn die Badegäste ausbleiben? Bei den ohnehin geringen Steuereinnahmen der Kommunen wird dafür kein Geld übrig sein, werden bis zur Mitte dieses Jahrhunderts ganze Landstriche veröden. Städte und Dörfer werden von der Landkarte verschwinden und mit ihnen ein Stück Identität und Brauchtum. Alte Kulturlandschaften werden aufhören zu existieren.

Doch selbst wenn sich in den wirtschaftlich florierenden Regionen die Produktivität und damit das Pro-Kopf-Einkommen der Deutschen bis 2050 verdoppeln würde, reicht dies nach Auffassung von Fachleuten nicht aus, um die demografisch bedingten Mehrkosten für die soziale Absicherung der Alten auszugleichen. Der Anteil am Sozialprodukt, der selbst dann für Renten, Gesundheit und Pflege gebraucht würde, ließe den Erwerbstätigen und ihren Familien kaum mehr Geld übrig, als dies heute der Fall ist. Und dies bei einer im Grunde höchst optimistischen Einschätzung einer Verdoppelung des Pro-Kopf-Einkommens und der Produktivität.

Auch wer glaubt, unsere Probleme mit den sozialen Sicherungssystemen ließen sich durch eine erhöhte Zuwanderung lösen, irrt. In einer Studie der Vereinten Nationen wird vorausberechnet, dass Deutschland bis zum Jahr 2050 einen Zuzug von 190 Millionen Menschen bräuchte, wenn Rentner und Beitragszahler ungeschoren davonkommen wollten. Doch dies ist unrealistisch. Eine Zuwanderung, wie sie Deutschland zu erwarten hat, retuschiert bestenfalls die Bevölkerungszahlen. Und führt wohl eher dazu, dass die Schlangen auf den Fluren der Arbeitsämter länger werden. Denn diejenigen, die zu uns kommen, bringen meist nicht annähernd die für unseren hochspezialisierten Arbeitsmarkt erforderlichen Voraussetzungen mit. So ist die Quote der Arbeitslosen unter den Migranten und unter den Menschen mit Migrationshintergrund etwa doppelt so hoch wie die Gesamtarbeitslosenquote in Deutschland. Doch das zu sagen gehört nicht zum guten Ton unserer Sozialpolitiker.

Franz Müntefering hat also recht, wenn auch er inzwischen sarkastisch anmerkt: »Wer im Jahr 2016 noch an die Existenzsicherung der Rente glaubt, sollte lieber Lotto spielen.« Für Millionen Deutsche klingen solche Worte wie Hohn. Denn im Unterschied zu dem SPD-Politiker wird vielen aus der Generation der heute 40-Jährigen nach dem Arbeitsleben nichts anderes bleiben als eine staatliche Grundversorgung, die auf Sozialhilfeniveau liegen wird.

Etwa 41 Millionen Erwerbstätige weist die Statistik für das Jahr 2005 aus, davon sind 34 Millionen als »Arbeitnehmer« angegeben. Etwa ein Viertel von ihnen hat eine Riester- oder eine Rürup-Rente abgeschlossen. Doch auch bei dieser Gruppe wird aus einem unbekümmerten Lebensabend nichts werden. Denn die zusätzliche Altersvorsorge wird die dramatische Senkung des Leistungsniveaus bei Rente, Gesundheit und Altenpflege nur bedingt ausgleichen können. Und mehr als drei Viertel der Arbeitnehmer und sicherlich auch ein Großteil der nicht Berufstätigen sowie der kleinen Selbstständigen haben bisher keinerlei Zusatzrente erwerben können. Sie alle werden einmal darauf angewiesen sein, sich mit einem oder mehreren Jobs über Wasser zu halten. Wer keine Jobs hat, wer das Pech hat, krank zu sein, den wird die Altersarmut gnadenlos treffen. Und die wird weitverbreitet sein. Das bestätigte nicht nur die Wirtschaftsorganisation OECD 2006 in einer Studie.

Experten sprechen bislang nur hinter vorgehaltener Hand über die sich daraus ergebenden Konsequenzen. Und eine davon lautet: Wer im Alter krank und arm ist, der wird eher sterben! Schon heute gilt: Ein 65-Jähriger mit hoher Rente hat eine bis zu fünf Jahre längere Lebenserwartung als ein Rentner, der nur wenig in die Rentenkasse einzahlen konnte. Das geht aus einer Studie des Rostocker Max-Planck-Instituts für demografische Forschung hervor.

Die Senioren von morgen, also wir, die 40-Jährigen von heute, die ein Arbeitsleben lang brav in die Sozialkassen einbezahlt haben, werden dies – ungeachtet dessen, dass auch sie Verantwortung für diese Entwicklung tragen – nicht hinnehmen. Sie werden nicht zugunsten von Kindern verzichten, die nicht ihre eigenen sind. Sie werden ihre Besitzstände verteidigen. Und sie werden dies nicht ohne Erfolg tun. Denn sie sind dann ein gewichtiger politischer Faktor. Mehr noch: Die Älteren und Alten werden in einigen Jahrzehnten die Mehrheit stellen. Und sie werden deshalb den demokratisch legitimierten Anspruch haben zu bestimmen, wohin die Reise gehen soll. Dieselben 40-Jährigen, die heute die Motoren von wirtschaftlicher und gesellschaftlicher Entwicklung sind, werden dann die Bremser sein. Doch Bremser können die Jüngeren, die sich in der globalisierten Welt behaupten müssen, gerade nicht gebrauchen. Der Generationenkonflikt scheint also vorprogrammiert.

In neuen Sujets der Science-Fiction gibt es schon Szenarien, die zeigen, was viele aus Politik und Verbänden befürchten, aber nicht an die große Glocke hängen wollen. Wie nämlich aus »Generationenbetrug« ein »Generationenkrieg« werden könnte: Altenbanden, die Apotheken überfallen, weil sie die Medikamente nicht mehr bezahlen können; Aufstände in Altenghettos, weil die Rente nicht einmal mehr zur Ernährung reicht. Als Antwort darauf: Altenverschickung nach Afrika, da dort die Lebenshaltungskosten ungleich niedriger sind. Und schließlich die finale Altenentsorgung, das »freiwillige Frühableben« als Kassenleistung.

Herwig Birg meint, dass von einer »bevorstehenden« Katastrophe keine Rede sein könne. »Wir stecken mittendrin«, sagt er. Denn das Schlimme ist, dass an der demografischen Entwicklung nichts mehr zu ändern ist. Selbst wenn sämtliche familien- und nachwuchsfördernden Maßnahmen des Staates griffen, wenn alle Paare in Deutschland willens wären, zwei oder mehr Kinder in die Welt zu setzen, selbst dann würde es fast ein dreiviertel Jahrhundert dauern, ehe die Versäumnisse der vergangenen 30 Jahre behoben wären.

Um das Horrorszenario abzuwenden, um dem heraufziehenden Konflikt zwischen den Generationen seine Schärfe zu nehmen, brauchen wir ein neues Bewusstsein. Frank Schirrmacher schreibt in seinem Bestseller *Das Methusalem-Komplott*: »Unsere Aufgabe besteht in einer großen Kalenderreform unseres sozialen Lebens.« Und weiter: »Selten hat eine Gesellschaft so klar sagen können wie die unsere: Wir müssen in den nächsten 30 Jahren ganz neu lernen zu altern, oder jeder Einzelne der Gesellschaft wird finanziell, sozial und seelisch gestraft.« Das heißt, wir müssen die Konsequenzen daraus ziehen, dass wir älter werden. Wir müssen uns von der Diskriminierung des Alterns befreien. Wir müssen unsere Lebensarbeitszeiten verschieben. Altsein darf nicht mehr behaftet sein mit dem Attribut der Sinn- und Nutzlosigkeit. Altsein muss Dabeisein bedeuten. Doch dazu müssen die Wirtschaft und die öffentliche Verwaltung endlich damit aufhören, ältere Arbeitnehmer aufs Abstellgleis zu schieben.

Die Politik muss die Weichen dafür stellen. Sie muss die Institutionen und den Städtebau der demografischen Entwicklung anpassen. Und sie muss endlich den Mut haben zu echten Reformen der Sozialsysteme. Das allein wird jedoch nicht genügen. Sie muss uns endlich reinen Wein einschenken. Denn Eigenverantwortung kann nur beweisen, wer weiß, wie schlecht die Lage der gesetzlichen Rentenkassen in Zukunft sein wird.

Wir brauchen auch einen Ausbau der betrieblichen Renten. Hierfür benötigen wir natürlich auch ein möglichst großes Wirtschaftswachstum. Fördern wir deshalb die Innovativkraft der Unternehmen, indem wir bessere Rahmenbedingungen für den Kapitaleinsatz in neue Technologien schaffen. Investieren wir in die Ausbildung unserer Kinder und Jugendlichen. Denn wir brauchen sie für die hochspezialisierte Arbeitswelt. Am wichtigsten ist aber die Förderung der Familie, nicht nur materiell, sondern auch ideell. Denn nur wenn es uns gelingt, das Bewusstsein dafür zu wecken, dass Kinder für die Zukunftsfähigkeit unserer Gesellschaft von entscheidender Bedeutung sind, nur dann werden wir unsere Bevölkerungsentwicklung und damit auch unsere Sozialversicherungssysteme – wenn auch nicht kurz-, so doch zumindest langfristig – wieder in den Griff bekommen.

Strafrechtlich konnten wir den Blüms und ihren Helfershelfern leider nicht am Zeug flicken. »Rechtlich«, so die Staatsanwaltschaft Berlin, sei »nicht die Höhe der Rente geschützt, sondern nur der Anspruch an sich.« Mit anderen Worten: Alles über null Euro Rente im Monat ist rechtens. So viel zu: »Die Rente ist sicher.«

Aber die Staatsanwaltschaft schrieb auch den schönen Satz: »Zuzustimmen ist Ihnen, dass das von Ihnen beanstandete Verhalten der für die Rentenproblematik Verantwortlichen aus Sicht des Bürgers in mancherlei Hinsicht beanstandenswert und diskussionswürdig sein mag.« Ein

Deutsch wie aus der Kaiserzeit. Aber in diesem Fall nur die Verklausulierung einer schallenden Ohrfeige für die Blüms dieser Welt. Und ein vernichtendes Urteil über deren politisches Lebenswerk.

Des Deutschen liebstes Kind ist der Hund

Wie wir mit der Familienpolitik unsere Zukunft verspielen

Ich mag Hunde. Sogar sehr. Als Kind bin ich mit einem Boxer aufgewachsen. Im April 2004 beschloss der Hamburger Senat einen Leinenzwang für alle Hunde. Das fand ich völlig in Ordnung. Zuvor hatte es nicht nur in Hamburg etliche Beißattacken auf Kinder gegeben, die dabei schwer verletzt worden waren. Furchtbarer Höhepunkt war im Jahr 2000 der Angriff eines Pitbulls und eines Staffordshire Bullterriers, die eine Gruppe Kinder auf dem Gelände ihrer Schule im Hamburger Stadtteil Wilhelmsburg attackierten. Ein 6-jähriger Junge bezahlte den Leichtsinn eines Hundehalters mit seinem Leben. Er wurde von den Tieren regelrecht zerfleischt. Wie reagierten viele Hamburger – trotz dieses und weiterer Todesopfer – auf die längst überfällige Hundeverordnung? Sie demonstrierten. Mehr als 2000 Hamburger gingen wütend gegen den Leinenzwang auf die Straße. *Bild* begrüßte den Schritt des Hamburger Senats ohne Wenn und Aber. Und so durfte ich kurz darauf an der weißen Fassade unseres Hauses in riesigen roten Lettern die Aufschrift lesen: »Hier wohnt ein Hundehasser!«

Ein anderer Bericht in *Bild* erregte ungleich weniger Aufmerksamkeit. Wegen Lärmbelästigung hatten Anwohner gegen einen Hamburger Kindergarten geklagt und recht bekommen. Die zuständige Richterin entschied in ihrem letzten Fall vor der Pensionierung: Der Lärm von fast 40 spielenden Kindern verstößt gegen das Bundes-Immissionsschutzgesetz. Dem »Marienkäfer« drohte die sofortige Räumung. Im Berufungsverfahren kam es zum Vergleich: Der Kindergarten bekam eine längere Frist, muss aber ausziehen.

Die Empörung tendierte gen null. Protestmärsche der Bevölkerung blieben aus, außer denjenigen, die sich von Berufs wegen erregen müssen, erregte sich öffentlich kaum jemand. Und in einem weiteren Fall schwiegen sogar die Berufs-Empörten: Als mitten in Hamburg ein 7-jähriges Mädchen in seinem Elternhaus jämmerlich verhungerte, nachdem es nur noch 9,5 Kilo wog, zeigte sich die Politik ziemlich unbeeindruckt. Bei der Anhörung zu ärztlichen Pflichtuntersuchungen, die solche Verwahrlosungen und Misshandlungen aufdecken könnten, fehlte praktisch die ganze Bürgerschaft.

Es herrschte allgemeines Schweigen, wie viel zu oft in Deutschland, wenn es um die Belange von Kindern geht. Der Deutsche Kinderschutzbund zählt rund 50 000 Mitglieder, der Deutsche Tierschutzbund hingegen 800 000. Tierschutz ist ein ehrenwertes Anliegen – aber muss uns dieses Zahlenverhältnis nicht alarmieren? Kinder wachsen hierzulande in einem kinderfeindlichen Klima auf. Längst werden sie in unserer Gesellschaft nicht mehr als Reichtum angesehen, sondern eher als Plage. Denn Kinder machen Radau und mitunter auch Schmutz. Auch »gefühlt« hinterlassen Kinder Unordnung. Sie stören. Dies ist eine unglaubliche Einstellung, aber bei uns normal.

Kinderfeindlich ist auch das Umfeld geworden, in dem wir leben. Wir schützen heute die Lebensräume von Kröten,

Vögeln und Insekten. Um die Lebensräume unserer Kinder kümmern wir uns weniger, obwohl dies besonders in den Städten dringend nötig wäre. Die Straße gehört dem Auto, die Fußgängerzone dem Passanten. Natürlich gibt es Kinderspielplätze, aber ihre Anzahl ist rückläufig und die Zustände sind dort oft miserabel. Mitunter muten sie an wie Laufräder in Hamsterkäfigen, steril und überall die gleichen Spielgeräte. Es sind kleine, normierte Inseln in einer für Kinder unwirtlichen und gefährlichen Welt. In der gibt es wenig Freiraum. Alles ist reglementiert. Kinder werden gebracht und abgeholt. Sie werden beaufsichtigt. Die kindliche Freiheit, ihr Umfeld und ihre Umwelt zu entdecken, zu erfahren, zu erleben, wie wir es noch konnten, gibt es nicht mehr.

Und die Eltern von heute? Väter sind längst keine Helden mehr. Mütter und Hausfrauen gelten oft als »verklemmte Dummchen«, die den Absprung ins »richtige Leben« verpasst haben. »Warum achtet niemand mehr diese ›Arbeit‹? Warum wird man zum Volltrottel degradiert, wenn man für das Wichtigste im Leben da ist – unsere Kinder?«, fragte die Autorin Bärbel Körzdörfer. Und sie fuhr fort: »Wir achten nur, was Erfolg hat, und Erfolg heißt finanzieller Verdienst. Wir drehen uns um nach Frauen in sexy Stiefeln, nicht nach ungeschminkten Mamis.«

Muttersein hat inzwischen einen Stellenwert wie Kranksein, urteilt die Vorsitzende von »Ein Herz für Kinder e.V.« und stellvertretende Chefredakteurin der *Bild am Sonntag*, Marion Horn. Sie spricht aus Erfahrung. Als sie ihren damaligen Chef über ihre Schwangerschaft informierte, war dessen Reaktion: »Frau Horn, um Gottes willen, konnte man denn nichts mehr machen?« Sie habe dann am eigenen Leib erfahren, dass Behörden lieber drogenabhängigen Ex-Knackis eine Wohnung vermitteln als einer schwangeren

Frau. »Wer quasi arbeitsunfähig am Schreibtisch hängt, weil er wild gefeiert hat, ist ein Held. Aber wehe, du gähnst einmal, weil dein Kind dich nachts wach gehalten hat«, sagt sie. Und sie habe »die Gemeinheiten der Freundinnen ausgehalten, die das Glück haben, nicht arbeiten zu müssen: ›Also, ich habe meine Kinder ja nicht auf die Welt gebracht, um sie anderen zu überlassen‹«, schildert Marion Horn. Sie fordert, dass wir den Familien das Gefühl geben müssen, mit ihrer Lebensentscheidung für Kinder willkommen zu sein.

Doch das genaue Gegenteil ist der Fall. Wer mit einer ganzen Kinderschar daherkommt, dem haftet schnell der Hauch des Asozialen an. Denn Geld ist in diesen Familien meist knapp: Ihr Leben ist oft beschwerlich, verplant, mit Einschränkungen behaftet. Hinzu kommen sonderbare Vorwürfe. Als die heutige Familienministerin Ursula von der Leyen nach ihrer Promotion 1991 erneut schwanger wurde, da sagte ein deutscher Professor zu ihr: »Ah, das dritte Kind. Sie sind wohl zu faul zum Arbeiten.« Ganz anders in den USA: Ihr Mann hatte an der amerikanischen Universität Stanford einen Job bekommen, Ursula von der Leyen gerade Zwillinge. An der Elite-Universität hieß es dann: Sie haben fünf Kinder? God bless you, darling! Und was werden Sie bei uns arbeiten? Ursula von der Leyen wurde Internetdozentin und machte nebenbei Diplome in Bevölkerungsmedizin und Gesundheitswesen. Bei uns passt die kinderreiche Familie nicht so recht zum Bild des strahlenden, schönen und wohlhabenden Menschen, wie er uns als Ideal der schnelllebigen Konsumgesellschaft vorgegaukelt wird. Kinder fordern nämlich bereits in den Mittelschichten Verzicht – Verzicht auf unsere heilig gewordenen Statussymbole. Denn Kinder kosten Geld. Nicht wenig. 549 Euro pro Monat, hat das Statistische Bundesamt ausgerechnet. Darin sind Aufwendungen für den Kindergarten, für die Betreuerin, für die größere Bleibe, die gebraucht wird, und vieles andere noch gar nicht enthalten. Bis das Kind einmal 18 Jahre alt geworden ist, kommen mehr als 120000 Euro zusammen. Das ist für die meisten ein schwindelerregender Betrag.

Den wollen sich auch immer weniger Mittelschichtler leisten. Deshalb ist in diesem Milieu auch die Zahl der Abtreibungen am höchsten. Im Jahr 2006 gab es nach der amtlichen Statistik 120000 gemeldete Schwangerschaftsabbrüche, 97 Prozent davon hatten einen sozialen Hintergrund, keinen medizinischen und auch keinen kriminellen – wie nach einer Vergewaltigung. Die subjektiven Gründe für Schwangerschaftsabbrüche sind vielfältig, von »Ich will mein Kind nicht allein großziehen« bis hin zu finanzieller Unsicherheit. Studien zufolge lassen oft Paare abtreiben, die schon Kinder haben und weiteren Nachwuchs nicht mit dem Lebensstandard in Einklang bringen können. Teils weil sie sowieso schon jeden Cent umdrehen müssen, teils weil sie auf vieles nicht verzichten wollen. Dass die Bewohner eines der reichsten Länder der Welt nicht die Mittel haben, ein (weiteres) Kind in die Welt zu setzen, ist ein Skandal. Anstatt aber dafür zu sorgen, dass Eltern nicht vor der Alternative »drittes Kind oder Familienurlaub« stehen, sondern sich beides leisten können und wollen, diskutieren wir lieber über den demografischen Wandel.

Für die Kleinverdiener und für diejenigen, die von »Stütze« oder von Hartz IV leben müssen, bedeuten Kinder oft nichts anderes als Armut. Im Armutsbericht der Bundesregierung sprechen unsere Bürokraten von einer »Armutsgefährdungsgrenze«. Diese liegt bei Familien mit zwei Kindern unter 14 Jahren bei 1798 Euro monatlichem Einkommen, bei

Alleinerziehenden bei 1113 Euro. 13 Prozent der deutschen Bevölkerung waren demzufolge trotz der staatlichen Sozialleistungen im Jahr 2004 armutsgefährdet. Dies sind etwa zehn Millionen Menschen, darunter 1,7 Millionen Kinder unter 16 Jahren. Der Armutsforscher Christoph Butterwegge spricht sogar von 2,5 Millionen Kindern, die auf Sozialhilfeniveau leben. Fakt ist, dass das, was wir Kinderarmut nennen, kontinuierlich zunimmt. Einer Unicef-Studie zufolge hat sie sich in den alten Bundesländern seit 1989 mehr als verdoppelt – von 4,5 Prozent auf 9,8 Prozent. Unter Kindern aus Zuwandererfamilien verdreifachte sie sich sogar von fünf auf 15 Prozent. Auch wenn Armut bei uns etwas anderes bedeutet als in Bangladesch oder Kolumbien, ist dies eine Schande für eines der reichsten Länder der Welt!

Armut in Familien heißt nicht nur finanzielle Not, sondern oft alkohol- und drogenkranke Erziehungsberechtigte und verwahrloste Kinder. Vormittags Schule schwänzen, nachmittags Computer und Fernsehen bei Chips und irgendwann auch mit Kippen und Dosenbier. Von Zuwendung oder gar Weitergabe von Wissen keine Spur. Die Mädchen und Jungen bleiben sich selbst überlassen. Dabei weisen Psychologen und Erzieher unermüdlich darauf hin, dass Kinder einen konstanten familiären Ansprechpartner, eben eine Bezugsperson, brauchen. Fehlt diese, sind Verhaltensstörungen und psychische Defekte die Konsequenz. Die Zahl der Familien, die in Deutschland sozialpädagogische Hilfe in Anspruch nehmen, ist deshalb seit 1999 um 61 Prozent auf 27 500 im Jahr 2005 gestiegen. Und unsere Kinderärzte sind mit immer mehr auffälligen Kindern und Jugendlichen befasst. Armut gab es schon immer. Mittlerweile, so scheint es, kommt zu der finanziellen aber oft noch eine emotionale Armut im Elternhaus hinzu.

Die Kindheit als Martyrium – auch dies gehört zur Wirklichkeit der Lage der Familien in Deutschland. Denn die Misshandlungen von Kindern nehmen zu, um 18 Prozent im vergangenen Jahr. Jessica, Kevin oder Dennis, die die Abgestumpftheit und Verkommenheit ihrer Eltern mit ihrem jungen Leben bezahlen mussten, sind uns noch allgegenwärtig. Ebenso das Schicksal der neun Babys, die von der eigenen Mutter aus Brieskow-Finkenheerd in Brandenburg nach der Geburt getötet und in Blumenkästen entsorgt wurden. Nach den Berechnungen des Bielefelder Sozialwissenschaftlers Klaus Hurrelmann wachsen in Deutschland »80 000 hochgefährdete Null- bis Zehnjährige« in Verhältnissen auf, die mit dem Wort »desaströs« nur unzureichend beschrieben sind. Fit fürs Leben wird da niemand mehr gemacht, sondern fit fürs Scheitern.

Als wir, die 40-Jährigen, zur Welt kamen, war Familie »in«. Wir waren zwar die erste Generation, die Ehescheidungen in größerem Ausmaß ertragen musste. Aber eine Scheidung war alles andere als normal, sondern in gewisser Weise eine Niederlage. Die intakte Familie hatte noch ihren unangefochtenen gesellschaftlichen Stellenwert. In ihr wurde das soziale Netz gesponnen, das die gesamte Gesellschaft zusammenhielt. Familie war etwas Selbstverständliches, etwas Positives. Diese Einschätzung resultierte aus der ebenso einfachen wie richtigen Erkenntnis: Eine intakte Familie ist durch nichts zu ersetzen. Dort erhalten die Kinder das Rüstzeug fürs Leben. In der Familie werden auch Fleiß, Disziplin und die notwendigen Werte vermittelt. Durch die Familie bekommen junge Menschen Orientierung, aber auch Sicherheit. Dort lernen sie, Rücksicht auf den anderen zu nehmen, Konflikte zu bewältigen und Vertrauen zu haben. Neben dem so wichtigen Sozialverhalten erfahren Kinder in der Familie noch etwas; etwas, das vielleicht am wichtigsten ist: was es bedeutet, wenn Menschen einander lieben und zusammenhalten – ein Leben lang. Nirgendwo auf Erden seien Glück, Geborgenheit und Liebe so vereint wie in der Familie, schrieb die deutsche Dichterin Marie von Ebner-Eschenbach. Das klingt nach Biedermeier. Aber in Sachen Familie war Biedermeier eben doch Avantgarde.

Irgendeinen Grund muss es haben, dass die Familie sich über die Jahrtausende hinweg behauptete, auch wenn aus der Großfamilie im Lauf der Zeit die Kleinfamilie geworden ist. Keine Ideologie, keine totalitäre Macht konnte ihr etwas anhaben. Alle Versuche, die klassische Familie durch staatliche Organisationen überflüssig zu machen, scheiterten. Vielleicht war ja die Aufgabenteilung zwischen Mann und Frau doch nicht ganz so zufällig, wie uns die Achtundsechziger glauben machen wollen? Vielleicht war sie ja nicht das zwangsläufige Ergebnis eines düsteren Patriarchats, sondern hatte sich einfach nur bewährt.

Fast drei Viertel aller Familien in Deutschland bestehen aus Ehepaaren mit Kindern. Aber in unserer Gesellschaft ist diese Kernfamilie auf dem Rückzug. Das Statistische Bundesamt errechnete, dass ihr Anteil an den Familienformen allein zwischen 1996 und 2005 um 6 Prozent gesunken ist. Gleichzeitig verringerte sich die Zahl der klassischen Familien in den neuen Ländern um 27 Prozent, im Westen um 7 Prozent. Dagegen stieg die Zahl »alternativer Familien«, also Alleinerziehender und Lebenspartnerschaften: in Westdeutschland um 25 Prozent, in Ostdeutschland um 14 Prozent. Mittlerweile sind Einpersonenhaushalte mit 37 Prozent die häufigste deutsche Lebensform. Von knapp 40 Millionen Haushalten in Deutschland sind nur noch 32 Prozent solche mit Kindern, also weniger als ein Drittel!

1991 war das Verhältnis umgekehrt: In 38,6 Prozent der Haushalte lebten Kinder, nur 33,7 Prozent waren Single-Haushalte.

Die Ursachen für den Rückzug der traditionellen Familie liegen vor allem in der voranschreitenden Individualisierung der Gesellschaft. Die ist wiederum wiederum eine Folge unseres Wohlstands. In früheren Zeiten war die Familie auch eine Art Not- und Hilfsgemeinschaft. Man war aufeinander angewiesen. Die Alten brauchten die Jungen und die Jungen die Alten. Heute ist das nicht mehr so, zumindest nicht mehr in existenziellen Fragen. Wir sind wirtschaftlich unabhängiger geworden. Damit einhergegangen sind ein überschäumender Erlebnishunger und die abnehmende Bereitschaft, sich einzuordnen, zu verzichten. Doch eben dies verlangt Familie. Der frühere wirtschaftliche Nutzen ist heute hinter die wirtschaftlichen Kosten zurückgefallen. Eine einfach Rechnung: Familie kostet mehr Geld, als sie einbringt – leider dominiert heute oft diese rein nutzwertorientierte Sicht.

Mit dem gesellschaftlichen Umbruch seit Ende der 60er-Jahre ging ein tiefgreifender Bewusstseinswandel einher. Die traditionellen Rollenbilder von Mann und Frau veränderten sich radikal. Die Frau war nicht mehr nur Mutter und Hausfrau, sie war jetzt emanzipiert. Ihre Selbstverwirklichung trat, begünstigt durch die Antibabypille, an die Stelle der drei »Ks«. Die standen für Kinder, Küche und Kirche. Die traditionelle Familie schien vielen Ausdruck einer überkommenen Zeit geworden zu sein – einer Zeit, die belastet war mit den Untaten unserer Eltern und Großeltern.

Entfesselte Feministinnen droschen Phrasen (»Kinder oder keine, entscheide ich alleine«) von der selbstbestimmten Frau, so als sei diese bislang nur Werkzeug oder Sklavin einer von Männern dominierten Gesellschaft gewesen. Die Studentenbewegung hatte zuvor schon begonnen, einem Sozialismus mit menschlichem Antlitz zu huldigen, wenn sie nicht sogar Despoten zu ihren Idolen erklärte. Zu dem Sozialismus mit »menschlichem Antlitz«, in dem die Frau als gleichberechtigte Aktivistin an der Seite des Mannes den Klassenkampf führen sollte, gehörte auch die »sexuelle Befreiung«. Die Ehe galt nunmehr als Instrument der sexuellen Unterdrückung. Freie Liebe sollte die Antwort darauf sein. »Wer zwei Mal mit derselben pennt, gehört schon zum Establishment«, lautete das Credo der Fundamentalisten unter den Achtundsechzigern. Grenzen galt es durch die Problematisierung in gemeinsamen Diskussionsrunden und mit Hilfe von Haschisch und LSD zu überwinden.

Und die Kinder? Nach dem totalitären Vorbild sollte die Bedeutung von Vater und Mutter für das Kind minimiert werden. Worte wie Papa und Mama wurden zugunsten der Vornamen abgeschafft. Denn Klaus und Rüdiger sind leichter austauschbar. Und wurden ausgetauscht. Die Familienfixierung der Kinder wurde zugunsten des Kollektivs aufgehoben. »So glaubten die Protagonisten, dem Ziel näher zu kommen, von dem schon die Jakobiner der französischen Revolution geträumt hatten: Die Familie als Grundlage des Staates durch die Beliebigkeit der flüchtigen Partnerbeziehung zu ersetzen oder doch wenigstens zu relativieren. Dies ist vielleicht sogar die nachhaltigste Wirkung der Achtundsechziger-Revolution«, meint Klaus Rainer Röhl, der damals dabei war.

Röhl hat sicherlich nicht unrecht. Die Institution Familie war nach Achtundsechzig und dem Marsch der Achtundsechziger durch die Institutionen nicht mehr das, was sie einmal gewesen ist. Den Imageschaden, der ihr zugefügt wurde,

wurde sie nicht mehr los. Sie geriet zu einer möglichen Variante des Miteinanders. Der Drang zur Selbstverwirklichung und die Kultivierung des Egos machten losere Beziehungsformen attraktiver. Kinder wurden allzu oft zum störenden Beiwerk oder zur Panne, bald nicht mehr nur für die Revoluzzer der frühen Jahre, sondern auch für den Nachbarn. »Wer mehr als drei Kinder hat, ist zu doof zum Verhüten«, wurde – bewusst oder unbewusst – zum Gemeinplatz.

In kaum einem anderen westeuropäischen Land war der gesellschaftliche Einschnitt so tiefgreifend wie in Deutschland. Bei uns gab es einen derartigen Bruch in der demografischen Entwicklung, als innerhalb weniger Jahre die Zahl der Kinder pro Frau von 2,1 auf 1,4 sank. Vergleichbar allenfalls die Entwicklung in katholischen Ländern wie Italien oder Spanien. Nachdem die Religion dort einen Großteil ihrer gesellschaftlichen Prägekraft verloren hatte, sank auch die Geburtenrate, noch mehr als in Deutschland.

Fragt man Frauen und Männer nach den Gründen, weshalb sie keine Kinder möchten, erhält man Antworten wie die der 30-jährigen Peggy. Die Verkäuferin sagte uns: »Kinder sind mir zu stressig: Mein Leben gefällt mir so, wie es ist. Ich will unabhängig bleiben und habe keinen Bock auf langweiliges Familienleben.« Manuela, eine 28 Jahre alte Filialleiterin, meinte: »Kinder sind viel zu teuer, mein Hund kostet schon so viel, da will ich gar nicht wissen, was ein Kind kostet. Ich kaufe mir lieber Klamotten und verreise.« Und der 35-jährige Wachmann Alexander: »Ich will eigentlich keine Kinder, sondern lieber das Leben genießen. Im Urlaub zum Beispiel würden Kinder nur stören.« Nur drei Schlaglichter eines spießigen Hedonismus, die für Millionen junger Frauen und Männer in Deutschland stehen.

Dass die Familie mit Kindern auf dem Rückzug ist, dazu hat auch unsere Gesetzgebung beigetragen. Dass diese in Artikel 6 unseres Grundgesetzes unter einem »besonderen Schutz« steht, wurde dabei geflissentlich übersehen. Unter dem Deckmantel der Liberalisierung und Toleranz reformierte man in den 70er-Jahren zum Beispiel das Familien- und Scheidungsrecht. Damit erleichterte man nicht nur die Scheidung, sondern verlagerte die Unterhaltsverpflichtung auf den besser verdienenden Ehepartner. Ohne Ehevertrag zu heiraten ist seitdem zum Risiko geworden. Das Verschuldensprinzip wurde durch das Versorgungsprinzip ersetzt. Nicht die Ehe, deren Partner sich gegenseitig versorgen, sondern die Scheidung wurde für viele zur Versorgungseinrichtung.

Daran änderte auch nichts, dass der Gesetzgeber für den Fall der Scheidung an den Grundsatz der Eigenverantwortlichkeit appellierte und Unterhalt nur den »Bedürftigen« zubilligte. Denn bedürftig war der Unterhaltsempfänger bereits, wenn er weniger als der Unterhaltsleistende verdiente, hieß es im Bürokraten-Kauderwelsch. Übersetzt bedeutete dies: Die Garantie des Lebensstandards sorgt dafür, dass die ehemalige Sekretärin, die den Chefarzt geheiratet hatte, auch nach ihrer Scheidung Chanel tragen kann.

Seit 1998 stieg die Zahl der nichtehelichen Kinder um ein Viertel auf 27 Prozent. In den neuen Bundesländern, wo ein halbes Jahrhundert Sozialismus zu einem Kahlschlag bürgerlich-christlicher Werte und Traditionen führte, haben inzwischen mehr als die Hälfte der neugeborenen Kinder Eltern, die nicht miteinander verheiratet sind. In Mecklenburg-Vorpommern waren es im Jahr 2003 61 Prozent, in Sachsen-Anhalt 60 Prozent. Im Westen der Republik liegt der Anteil der nichtehelich Geborenen bei knapp einem

Viertel. Kinderkriegen ist hier für die meisten noch ein Grund zu heiraten.

Doch die Heirat ist zu einem Lotteriespiel geworden, die Hälfte der Ehen geht zu Bruch. So standen im Jahr 2004 knapp 396 000 Eheschließungen mehr als 213 000 Scheidungen gegenüber. Die Ursache dafür liegt nach Auffassung von Soziologen in den zu großen Erwartungen, die die Partner an die Zweierbeziehung stellen. Wie neueste Untersuchungen belegen, sind es vor allem die Frauen, die eine besondere Anspruchsmentalität auf der Suche nach ihrem »Traumprinzen« entwickeln. Nur damit kein falscher Eindruck entsteht: Es ist keineswegs so, dass diese Frauen schreiend vor Männern davonlaufen würden, die sie mit »Bitte, bitte, lass uns eine Familie gründen, ich will dich heiraten und immer für uns da sein« umschmeicheln. Denn, auch das belegen aktuelle Studien, solche Männer gibt es immer seltener. Die Angst vor der Familiengründung – also vor Kindern – ist bei Männern ausgeprägter als bei Frauen.

Allgemein hat die Kompromissfähigkeit abgenommen. Wir sind egoistischer geworden. Das erklärt auch die zunehmende Bindungsunfähigkeit der Deutschen und die riesige Zahl von Singles, die in den Metropolen unseres Landes bereits mehr als die Hälfte der Haushalte ausmachen. Das sind bei Weitem nicht nur jene, die das Single-Dasein chic finden, es als zeitlich begrenzte Zwischenphase bis zur nächsten Beziehung sehen. Es sind vielmehr sehr oft unfreiwillig Alleinlebende, die – je älter sie werden – ihren Status als immer größere Belastung betrachten. Soziologen sprechen von diesen Singles als »defizitären Sozialfiguren«. Sie unterdrückten das angeborene Bedürfnis nach menschlicher Nähe und Partnerschaft, um nicht einräumen zu müssen, dass das Leben im Einpersonenhaushalt auch tiefe Vereinsamung mit sich bringen kann.

Wenn die Familie es als Institution immer schwerer hat, sich zu behaupten, dann hängt das auch mit unseren teils diffusen, teils konkreten Zukunftsängsten zusammen. Wir haben begründet oder unbegründet Angst um das Klima, sprich vor der Erderwärmung, vor dem Abschmelzen der Polkappen, vor dem Ozonloch und damit letztendlich vor dem Weltuntergang (*Bild*: »Asteroid rast auf die Erde zu!«). Wir haben Angst vor Elektrosmog, der Vogelgrippe, Pestiziden auf Obst und Gemüse und Feinstaub. Überdies gibt es immer noch Zeitgenossen, die nichts mehr fürchten als Viren und Bakterien – nicht zuletzt dank der Fernsehwerbung, die Panik vor Keimen schürt, nur um die Illusion einer keimfreien Toilette zu verkaufen. Damit unsere Kleinen in ihrem Drang nach Selbstverwirklichung selbst dort nach Belieben herumplanschen können. Bei der Generation vor uns waren es noch das Waldsterben, der Atomkrieg und der Supergau im AKW, die die Zukunft wenig lebenswert erscheinen ließen. Wer mochte es damals und mag es da heute verantworten, Kinder in die Welt zu setzen? Und Gottvertrauen – Fehlanzeige. Woher soll es auch kommen, wenn man an keinen Gott mehr glaubt?

Dass immer weniger Kinder geboren werden, hängt natürlich auch mit dem Wandel der Arbeitswelt zusammen. Die ist mittlerweile alles andere als familien- und kinderfreundlich. Während wirtschaftliche Erwägungen vor dem Gang zum Standesamt und in den Kreißsaal eine immer größere Rolle spielen, herrschen gleichzeitig Ansprüche an Flexibilität bei Arbeitszeit und Arbeitsort wie nie zuvor. Familie als gesellschaftliche Aufgabe, als Ort der Regeneration wird von Arbeitgebern oft nicht mehr genug gewürdigt. Stichwort

Berufsanfänger: Eine Familie zu gründen verlangt eine halbwegs gesicherte Existenz. Doch in der Wirtschaft wird der Konkurrenzkampf für die nachrückende Generation härter und härter. Wo früher einmal die Festanstellung mit entsprechender Lebensperspektive stand, müssen sich Berufsanfänger heute oft mit schlecht dotierten Zeitverträgen begnügen.

Nicht selten arbeitet die »Generation Praktikum« unentgeltlich, um Berufserfahrung für die nächste Bewerbung nachweisen zu können. Wer zudem nicht flexibel ist, wer keine häufigen Ortswechsel und unvorhersehbaren Arbeitszeiten in Kauf nimmt, hat keine Zukunft. All dies begünstigt nicht die Familie, sondern die kostensparende Wohngemeinschaft. Die zeitlich begrenzte Partnerschaft, die mit dem nächsten Umzug ihr Ende findet. Bei vielen ist es dann irgendwann zu spät für die Familiengründung und für Kinder. Die Frauen sind oft zu alt, ehe die dafür erforderlichen (oder erforderlich geglaubten) Voraussetzungen – der richtige Partner, die entsprechenden Einkommens- und damit einhergehenden Wohnverhältnisse – stimmen. Und die Männer sind irgendwann zu alt, um ihre Junggesellengewohnheiten noch ablegen zu wollen.

Hinzu kommt, dass diejenige, die sich endlich im Job nach langer, oft mühevoller Ausbildung etabliert hat, die berufliche Karriere nicht gleich wieder an den Nagel hängen will, um ein Kind zu bekommen. So denkt die 26 Jahre alte Referendarin Doreen: »Wenn man Kinder hat und nicht arbeiten kann – wofür hat man dann studiert?« Denn die Schwangerschaft bedeutet in Deutschland oft das endgültige Ausscheiden aus dem Berufsleben. Kind oder Karriere heißt die Entscheidung, die junge Frauen bei uns heute immer noch treffen müssen. Denn die Frauen befürchten das, was Sport-Moderatorin Monica Lierhaus einmal in einem Interview sagte: »Man kann nicht eine gute Mutter sein und seinen Job richtig gut machen.« Und wenn doch, erfordert das eine gewaltige Kraftanstrengung. (Vor allem, da nach einer Forsa-Studie immer noch fast jeder zweite Mann seiner Partnerin die Hausarbeit gänzlich überlässt.) Dass das nicht so sein muss, zeigt das Beispiel Frankreich, wo 70 Prozent der Frauen nach dem Mutterschutz auf ihre volle Stelle zurückkehren. In Deutschland sind es nur fünf Prozent.

Viele Frauen bei uns entscheiden sich für die Karriere, obwohl die Mehrheit der Frauen im Alter zwischen 18 und 38 Jahren eigentlich gern ein Kind gehabt hätte. Die *Bild*-Redaktion hatte 2006 einmal die Karriere-Frauen aus dem Fernsehen abgebildet. Unter der Schlagzeile »Ohne Kinder mehr Erfolg« zeigten wir Monica Lierhaus, Anne Will, Marietta Slomka, Sandra Maischberger, Sabine Christiansen, Maybrit Illner und Nina Ruge. Sandra Maischberger bestätigte später als einzige Ausnahme die Regel und wurde Mutter.

Kinderkriegen in Deutschland ist kaum noch Sache qualifizierter und beruflich erfolgreicher Frauen. Tatsächlich gilt: Je höher der Schulabschluss, desto größer der Anteil der Frauen, bei denen im Alter von 35 bis 39 Jahren kein Kind im Haushalt lebt. Bei Hauptschulabsolventinnen sind dies 24 Prozent, bei Realschulabsolventinnen 28 Prozent und bei Frauen mit Hochschulreife 41 Prozent. Das heißt, Kinder werden in Deutschland eher in den bildungsferneren und damit oft sozial schwächeren Schichten geboren. (Der Leipziger Humangenetiker Volkmar Weiss leitet daraus sogar die kühne These ab, dass die Deutschen immer dümmer würden, obwohl immer mehr höhere Bildungsabschlüsse gemacht werden.)

Nach dem Erziehungsgeld soll nun der Ausbau der Krippenplätze in Deutschland alles richten. Im katholischen Frankreich ging das Kalkül auf. Dort gibt es ein vorbildliches und flächendeckendes Betreuungsangebot für Kleinkinder, und die Quote berufstätiger Frauen ist weit höher als in Deutschland. Gleichzeitig können unsere westlichen Nachbarn einen hohen statistischen Wert beim Kinderkriegen vorweisen, mit 1,94 Kindern pro Frau – und das nicht nur bei den Einwanderern. Das Beispiel Frankreich zeigt, dass Berufstätigkeit und Kinderkriegen durchaus miteinander vereinbar sein können.

Dennoch ist bei der Kinderbetreuung in Deutschland so gut wie nichts geschehen. Das Angebot von Tagesstätten in den westdeutschen Flächenländern reicht nur für 2,4 Prozent der unter 3-Jährigen und nur für 6 Prozent der Kinder im Grundschulalter. Es dominierte das Familienbild, wonach die Betreuung von Kindern zunächst einmal Sache der meist nicht berufstätigen Mütter ist. Ganz anders ist dies in den neuen Bundesländern. Dort können bei den unter 3-Jährigen 37 Prozent und bei den Kindern im Grundschulalter 67,6 Prozent auf Betreuungsplätze bauen.

Oft wird in diesem Zusammenhang auf den Vorbildcharakter der DDR in Sachen Kleinkindbetreuung hingewiesen. Doch ein ausreichendes Betreuungsangebot ist noch keine Erziehung. Sogar die sozialistische Tageszeitung *Neues Deutschland* schrieb nach der Wende, dass in der DDR »das Kind zum Objekt programmierter, plangebundener, teilweise dressurähnlicher, also insgesamt autoritär gesteuerter Einwirkungen« gemacht worden sei. In der Praxis bedeutete dies, dass die Kleinkinder in Reih und Glied auf dem Topf sitzen mussten und ihr Geschäft machten. »Topfen« hieß das in der real-sozialistischen Krippenerziehung. Ziel dieser Erziehung war ein genormter sozialistischer

Mensch. Doch es ging noch um etwas anderes, das heute meist vergessen wird: darum, die Frauen in die lahmende Produktion zu bringen.

Auch im wiedervereinigten Deutschland verkümmert Familienpolitik langsam zu einer verkappten Arbeitsmarktpolitik. Der gesunde Menschenverstand sagt uns: Wenn Frauen arbeiten wollen oder müssen, wird ihnen mit einem ausreichenden Angebot an Kindertagesstätten viel Mühe und Stress abgenommen. Dadurch wird niemand finanziell schlechter gestellt. Weil Familienpolitik in Deutschland allerdings ideologisch betrieben wird – und nicht rational –, wurde von konservativer Stelle sofort ein finanzieller Ausgleich für diejenigen gefordert, die das Betreuungsangebot nicht wahrnehmen. Das deutsche Gießkannenprinzip: lieber alle ein bisschen fördern als Einzelne richtig. Bei den Krippenplätzen selbst geht es dabei meist um die Quantität und nicht um die Qualität der Betreuung. Schon vor zehn Jahren, als man die Betreuung für die 3- bis 6-Jährigen ausbaute, war die Menge entscheidend: Die Zahl der Kinder pro Gruppe wuchs und schlechter ausgebildetes Personal wurde eingestellt. Die Folge: Die Qualität der Kinderbetreuung sank.

Am schlimmsten ist es jedoch, wenn der Gesetzgeber Familien nicht nur zu wenig fördert, sondern sie sogar schlechter stellt. Noch einmal das Beispiel Antidiskriminierungsgesetz: Viele seiner Klauseln berühren auch die Familienpolitik. Aber nicht etwa im positiven Sinne, nein, denn jede familienfördernde Maßnahme könnte ja immer auch eine mittelbare Ungleichbehandlung von Kinderlosen sein. Bei betriebsbedingten Kündigungen ist zum Beispiel fraglich, ob die Unterhaltspflichten gegenüber dem Nachwuchs ein zulässiger Faktor bei der Sozialauswahl sind – ob also einem Kinderlosen eher gekündigt werden darf als einem Elternteil, das Kinder ernährt. Von einem völlig grotesken Fall berichtete die *Frankfurter Allgemeine Zeitung* Ende 2006: Ein Arbeitgeber wollte einen Betriebskindergarten einrichten. Ganz freiwillig. Daraufhin meldete ein homosexuelles und kinderloses Betriebsratsmitglied Ausgleichsansprüche an – er hätte ja schließlich nichts von der Kinderbetreuung. Um diesem Ärger aus dem Weg zu gehen, gab der Chef seinen familienfreundlichen Plan auf. Blühendes Absurdistan.

Frank Schirrmacher schreibt in seinem Buch *Minimum*: »Das wirkliche Erbe, das wir hinterlassen können, ist die Einsicht, dass das, was Familien füreinander tun, für alle getan ist.« Für unsere Politik scheint dies irrelevant zu sein. Das Thema Familienpolitik rangiert bei uns immer noch viel zu weit hinten. Weshalb sonst leisten wir uns ein kinder- und familienfeindliches Sozialsystem? So erwerben bei uns Menschen ohne Kinder durch ihre Beiträge in die Renten-, Kranken- und Pflegeversicherung nahezu die gleichen Versorgungsansprüche wie Menschen mit Kindern – und dies, obwohl Eltern die potenziellen Beitragszahler von morgen erziehen. Der Chef des ifo Instituts, Hans-Werner Sinn, sieht im Generationenvertrag, also dem Rentensystem, sogar die Ursache für den dramatischen Geburtenrückgang in Deutschland. »Früher wuchs aus der Kinderlosigkeit eine Bedrohung für das eigene Leben. Heute entsteht aus der Kinderlosigkeit ein massiver materieller Vorteil, den immer mehr Menschen für sich reklamieren«, kritisiert der Wirtschaftswissenschaftler und zieht daraus den Schluss: »Der Kinderwunsch ist unter dem Schutz der Rentenversicherung erloschen, weil der Kinderreichtum sozialisiert wurde.«

Nach einem Urteil des Bundesverfassungsgerichts vom

April 2001 ist die gesetzliche Pflegeversicherung sogar grundgesetzwidrig. Unsere höchsten Richter verordneten der Politik, bis Ende 2004 eine Neuregelung zu schaffen, die eine Entlastung der Familien bei den Pflegebeiträgen sicherstellt. Sie verknüpften diese Vorgabe mit dem Auftrag, auch die Renten- und Krankenversicherung auf ihre Familiengerechtigkeit zu überprüfen. Doch der Richterspruch wurde von der Politik nicht im Ansatz erfüllt. Reflexartig wurden Kinderlose zwar mit einem höheren Beitrag zur Pflegeversicherung belastet, Familien mit Kindern aber nicht entlastet. Hinzu kommt, dass eine Familie mit fünf Kindern den gleichen Beitrag bezahlt wie eine Familie mit einem Kind. Der familienfeindliche Charakter beispielsweise der Renten- und Pflegeversicherung blieb entgegen den Vorgaben des Bundesverfassungsgerichts unangetastet.

Überhaupt ist es das Bundesverfassungsgericht in Karlsruhe, das sich in der Vergangenheit am ehesten der Familie angenommen hat. Da ist zum Beispiel das Urteil zum »steuerfreien Existenzminimum« vom Juni 1990. Das Gericht verpflichtete damit die Politik, eine gerechte Besteuerung von Eltern gegenüber Kinderlosen zu erreichen. Kinderfreibeträge und Kindergeld sind dem Karlsruher Urteil zufolge keine Familienförderung, sondern nur Ausdruck der steuerlichen Gleichbehandlung zwischen Familien und Einzelpersonen. 1992 erklärte das Bundesverfassungsgericht dann, dass die Rentenversicherung zu einer Benachteiligung der Familie, insbesondere der kinderreichen Familie führt. Sie sei für diejenigen ungerecht, die künftige Beitragszahler in die Welt setzten: Es sei ein Mangel des Generationenvertrages, »wenn das durch die Kindererziehung bedingte Ausscheiden aus dem Erwerbsleben mit Einbußen bei der späteren Rente bezahlt wird, obwohl Kinder die Voraussetzung dafür sind, dass die Rentenversicherung überlebt«. Geklagt hatte eine alte Frau, die keine Rente erhielt, obwohl sie fünf Kinder geboren und aufgezogen hatte, die allesamt in die staatliche Rentenkasse einbezahlen.

Im aufsehenerregenden »Kinderbetreuungsurteil« aus dem Jahr 1998 wurde festgehalten, dass verheirateten Eltern bislang nicht einmal das verfassungsrechtliche Minimum der Steuergerechtigkeit zuteil geworden war. Erst jetzt wurden Erziehung und Betreuung überhaupt ein Faktor für den Steuergesetzgeber. Doch nach wie vor liegt der Kinderfreibetrag weit unter den tatsächlichen Kosten. Die Familie in Deutschland wird aber nicht nur durch das Sozialversicherungs- und das Steuersystem benachteiligt. Auch Gebührenerhöhungen, die seit Januar 2006 erhöhte Mehrwertsteuer, die permanent steigenden Spritpreise – überall trifft es die Familien am härtesten. Und daran ändert sich wenig. Denn unsere Parteien orientieren sich nicht am politisch Notwendigen, sondern an Wähler-Mehrheiten. Und die Familie ist in Deutschland eine Minderheit. Das ist die bittere Wahrheit.

Auch wenn angesichts der heraufziehenden demografischen Katastrophe langsam ein Bewusstseinswandel eintritt – noch belassen es die Politiker bei Sonntagsreden und kosmetischen Reparaturen. Dabei brauchen wir neben der ideellen Aufwertung der Familie grundlegende politische Weichenstellungen. Die Familie muss ihre elementare Rolle als Keimzelle unserer Gesellschaft zurückerhalten. Als Ort, an dem unsere Kinder aufwachsen und erzogen werden.

Was wir brauchen, sind Anreize. Praktische Zeichen dafür, dass Kinder in unserer Gesellschaft einen Stellenwert haben und dass wir wertschätzen, was Eltern leisten. Deshalb brauchen wir beispielsweise Extra-Urlaub für Familien.

Wer Kinder erzieht, sollte auch weniger Steuern zahlen. Außerdem muss Kinderbetreuung endlich komplett von der Steuer absetzbar sein. Und alle Kinderprodukte sollten den ermäßigten Mehrwertsteuersatz von 7 Prozent haben – denn noch wird Hundefutter niedriger besteuert als Windeln (Zuchtpferde übrigens auch). Warum gestatten wir Eltern keinen früheren Renteneintritt – pro Kind ein Jahr? Ohne Rentenkürzung! Warum gibt es keine Familientage? Einmal die Woche sollten Familien Vorfahrt haben – keine Wartezeiten beim Arzt, Vorrang bei Behördengängen und so weiter. Und natürlich brauchen wir auch mehr und bessere Kinderbetreuung! Mehr Krippenplätze und mehr Betriebskindergärten – alle größeren Unternehmen sollten eigene Kinderbetreuung anbieten.

Dafür muss aber nicht nur die Politik endlich handeln, sondern auch wir, die Bürger. Viel zu wenige Menschen wissen, dass Kinder die schönste Sache der Welt sind. Warum? Weil die zärtlichsten Worte immer noch »Mama« und »Papa« sind. Weil Kinderlachen so wichtig ist wie Vitamine. Weil wir mit Kindern jünger bleiben. Weil sonst die schönste Berufsgruppe arbeitslos wird: Omas und Opas! Weil erst ein Kind die Demut vor dem Leben lehrt! Also, worauf warten wir noch? Wir wollen doch nicht am Ende nur noch glückliche Hunde haben.

Triumph des Mittelmaßes
Von der Kuschelpädagogik zur Leistungsverweigerung

Der Lieblingsfeind der Gutmenschen und des gutmütigen Bürgertums heißt Dieter Bohlen. Der »Pop-Titan« ist als Jury-Mitglied von »Deutschland sucht den Superstar« die personifizierte Antithese zur Kuschel-Pädagogik. Er teilt aus. Direkt. Brutal. Oft unbarmherzig. Mit Sprüchen wie »Ich finde, du hast ziemlich schwach angefangen, aber mit der Zeit noch stärker nachgelassen«. Oder: »Deine Stimmbänder im Mülleimer – das wäre artgerechte Haltung.« Oder: »Bei mir kommen solche Geräusche aus anderen Öffnungen.« Und sogar Tröstendes klingt bei Bohlen so: »Das einzig Positive daran ist: Was man nicht kann, kann man nicht verlernen.« Es kam, wie es kommen musste: Nach Beschwerden aus der Bevölkerung prüfte die Kommission für Jugendmedienschutz die Show »Deutschland sucht den Superstar« im Frühjahr 2007 auf »mögliche sozialethische Desorientierung von Kindern und Jugendlichen«. Die Medienwächter beanstandeten schließlich die Ausstrahlung von »DSDS« im Nachmittagsprogramm. Begründung: Antisoziales Verhalten werde dort als Normalität dargestellt. Dies könne Werten wie Mitgefühl, Respekt und Solidarität entgegenwirken.

Warum kommt Bohlen bei den Jugendlichen so gut an? Ganz einfach, sie schätzen seine Ehrlichkeit, denn die Bohlen-Sprüche bestechen durch Wahrheit: Die meisten »DSDS«-Bewerber haben bestimmt einige Talente, nur eben nicht Singen. Sicher, das hört niemand gern. Aber was würde denn mit einem Nichtschwimmer passieren, wenn wir ihn mit den Worten ins Wasser schickten, er hätte das Zeug zum Olympiasieger? Ertrinken würde er. Im Showgeschäft läuft das nicht anders. Weil aber unangenehme Wahrheiten nicht leicht auszusprechen sind, verabschieden wir uns oft von ihnen – und betrügen uns damit wieder einmal selbst. Harald Martenstein schrieb dazu im *Tagesspiegel*: »Mein halbwüchsiger Sohn mag Bohlen, weil Bohlen sagt, was er denkt, weil er klare, zwar oft beleidigende, aber meist auch nachvollziehbare Botschaften sendet, und weil er nicht rumschleimt. Das Rumschleimen ist weniger beliebt, als die Rumschleimer glauben.« Dennoch, so schreibt er weiter: »In der Pädagogik hat sich die Meinung durchgesetzt, dass die Selbstwertgefühle junger Menschen um nahezu jeden Preis, auch den der Ehrlichkeit, gestärkt werden müssen. Du bist gut, du bist schön, du bist der Beste – das ist die Botschaft, die es zu senden gilt. In den USA pflegen falsche Antworten in der Schule von den Lehrern mit der Floskel beantwortet zu werden: ›Eine sehr gute Antwort, aber …‹ Als besonders harte Kritik gilt der Satz: ›You can do better‹, es geht besser.« Das Fazit des Journalisten: »Viel Lob und der Verzicht auf harte Kritik machen uns weder zu besseren noch zu leistungsfähigeren Menschen, sondern zu eitlen Egoisten. Dieter Bohlen vergreift sich manchmal im Ton. Aber in der Sache hat er recht.«

Wer das Wort Leistung nur in den Mund nimmt, gilt schnell als gestrig. »Neue Spießer« lautet die Bezeichnung für die, die eine Rückkehr zu alten Werten fordern. Man unterstellt uns, wir wollten zurück zu Filzpantoffeln, Kleinkariertheit und Autoritätsgläubigkeit, also zurück zum miefigen Konservativismus. Denn, so wollen vermeintlich Klügere wissen: Wir haben keinen Werteverfall, sondern einen Wertewandel. Das ist nicht falsch, denn Werte sind nach landläufiger Definition Vorstellungen, die in einer Gesellschaft allgemein als wünschenswert anerkannt sind, und mit der Gesellschaft ändern sich natürlich auch die Werte. Mit der sexuellen Revolution in den 60er-Jahren, mit Oswalt Kolle, wurden Sex und Erotik eine Selbstverständlichkeit. Inzwischen begegnen sie uns fast überall: im »Tannhäuser« in Bayreuth, in der »Serail«-Inszenierung an der Komischen Oper in Berlin, auf riesigen Werbeplakaten, in Frauenmagazinen und natürlich auch in *Bild* und anderen Medien.

Bei allem Wandel, der sich auf vielen Gebieten des gesellschaftlichen Lebens vollzieht, gibt es allerdings auch eine Reihe von Werten, die ihre Allgemeingültigkeit behalten und unsere Kultur positiv geprägt haben. Nach Immanuel Kant ist der Mensch, im Unterschied zum Tier, mit einer praktischen Vernunft ausgestattet. Diese Vernunft ermöglicht es ihm, die menschlichen Antriebe zu steuern, Interessen zu entwickeln und motiviert zu handeln. Maßstäbe und Regeln für menschliches Tun bauen darauf auf. »Handle stets so, dass die Maxime deines Willens jederzeit zugleich als Prinzip einer allgemeinen Gesetzgebung gelten könnte«, forderte Kant. Er nannte dies »Kategorischer Imperativ«. Danach verbietet es sich beispielsweise von selbst, seine Versicherung zu betrügen. Denn würde man diese Verhaltensweise zu einer allgemeinen Regel machen, würde dies den Zusammenbruch sämtlicher Versicherungssysteme bedeuten. Die Moral (das Gesamtwerk der Maßstäbe, Regeln,

Normen und Werte für menschliches Handeln) des Einzelnen begründet sich also in der Vernünftigkeit seiner Entscheidungen für die Allgemeinheit. So sah das Kant. Unabhängig von ihm hat sich im Lauf der Zeit ein Katalog von Werten wie Respekt vor dem menschlichen Leben, Gerechtigkeit, Solidarität, Treue etc. herausgebildet.

Der Mega-Wert unserer modernen Welt ist der Egoismus, der Materialismus, die Zweckmäßigkeit. Alles ist gut, was dem materiellen Zweck, dem persönlichen Vorteil dient. Wohl die allerwenigsten würden heute noch so handeln wie der Vater des verstorbenen Historikers Joachim Fest. Der Mittelschulrektor und Parteimitglied des Zentrums war 1933 von den Nationalsozialisten seines Amtes enthoben worden. Er schlug mehrere Angebote aus, wieder in den Schuldienst übernommen zu werden. Denn diese waren stets an einen Eintritt in die NSDAP geknüpft. In seinem Buch *Ich nicht* schildert Joachim Fest den Verlauf einer Unterhaltung zwischen Vater und Mutter. Die Mutter fragt den Vater zögerlich, ob er nicht doch in die Partei eintreten wolle. Der Vater nimmt sich Zeit für seine Antwort. »Er sagte etwas über die Umstellungen, zu denen sie, wie viele andere, genötigt seien. Über die Gewohnheit, die nach zumeist schwierigen Anfängen einigen Halt vermittle. Über das Gewissen, das Vertrauen in Gott.« Die Mutter bemerkt, »dass ein Parteieintritt doch nichts ändere: ›Wir bleiben schließlich, wer wir sind!‹ Ohne langes Nachdenken erwiderte mein Vater: ›Das gerade nicht! Es würde alles ändern!‹« Die Mutter erwidert, dass sie bereit sei, die Heuchelei eines Parteieintritts in Kauf zu nehmen: »Die Unwahrheit sei immer das Mittel der kleinen Leute gegen die Mächtigen gewesen; nichts anderes habe sie im Sinn. Nun schien die Überraschung aufseiten meines Vaters. Jedenfalls sagte er einfach: ›Wir sind keine kleinen Leute. Nicht in solchen Fragen!‹« Dieser Anstand, diese Bereitschaft, nicht um jeden Preis seinen persönlichen Nutzen zu verfolgen, sollte uns allen ein Vorbild sein.

Man muss die eigene moralische Richtschnur dabei gar nicht so hoch ansetzen wie der Antarktis-Forscher Robert Falcon Scott. Scott kam mit vier Getreuen nach 69 Tagen Fußmarsch am Südpol an. Dort musste er feststellen, dass der Norweger Amundsen einen Monat vor ihm als Erster das Ziel erreicht hatte. Deprimiert machte sich die Gruppe auf den Rückweg. Dabei erkrankte Scotts Bootsmann Evans. Ließ Scott ihn zurück, war dessen Schicksal besiegelt. Nahm er ihn mit, gefährdete der Forscher das eigene Leben und das der gesamten Gruppe. Denn die Vorräte waren aufgebraucht. Die erschöpften Männer, die ihre Schlitten selbst zogen, quälten sich jetzt schon mit letzten Kräften voran. Und nun noch einen Kranken mitschleppen? Scott stand vor einem tragischen Konflikt. Er entschied sich dafür, Evans mitzunehmen. Die Folge: Sie alle starben im Eis der Antarktis – keine 20 Kilometer vor dem rettenden Depot. In seinem Abschiedsbrief an seine Frau Kathleen hatte Scott geschrieben: »Das Porträt von Dir und dem Jungen wird auf meiner Brust gefunden werden.«

Bei der Entscheidung Scotts war sicherlich neben der Treue noch ein religiöser Wert, die Nächstenliebe, im Spiel. Er wollte Bootsmann Evans nicht alleine im Eis der Antarktis sterben lassen. Seine Gottesfurcht gebot ihm dies. Doch wo es keinen Glauben mehr gibt, oder sagen wir besser, wo der christliche Glaube auf dem Rückzug ist, ist es auch mit den christlichen Werten, wie zum Beispiel der Ehrfurcht vor dem menschlichen Leben, nicht mehr weit her.

Dieses Defizit zeigte sich auch in dem Benehmen einiger

Bundeswehrangehörigen in Afghanistan. Um es gleich vorweg zu sagen, diese Männer und Frauen leisten überall auf der Welt unter oftmals großen Risiken hervorragende Arbeit, die Respekt und Anerkennung finden muss und das auch uneingeschränkt tut. Doch mit Totenschädeln und obszönen Gesten vor der Kamera der Kameraden zu posieren war eine Entgleisung. Als *Bild* die Fotos im Herbst 2006 veröffentlichte, verdeutlichten die Reaktionen eine eigentümliche Schräglage. Leser beklagten sich, wir gefährdeten den Ruf Deutschlands und das uns von der islamischen Welt entgegengebrachte Vertrauen.

Die Sorge um unsere Landsleute in Afghanistan weiß ich zu würdigen, auch wenn letztlich die Terroristen deren Leben gefährden und nicht die Medien. Es erstaunte mich jedoch, dass sich kaum jemand über die Verfehlungen der Soldaten aufregte, die offenbar vergessen hatten, dass die Knochen einmal zu einem Menschen gehörten.

Nicht alles, was das menschliche Leben ausmacht, ist mit den Gesetzen der kalten Vernunft zu regeln. Wir benötigen Werte, insbesondere für das Miteinander der Generationen in unserer älter werdenden Gesellschaft. Und wir brauchen sie auch ganz allgemein, um der Vereinsamung und emotionalen Verelendung des modernen Ego-Menschen Einhalt zu gebieten. Der gibt das nicht gern zu und protzt stattdessen mit seiner Weltoffenheit und seiner Toleranz. Doch was ist das für eine Toleranz? Ist es nicht die Scheu vor der eigenen Meinung, die Flucht vor dem eigenen Standpunkt? Einen solchen zu haben bedeutet nämlich Festlegung. Und wer festgelegt ist, muss mitunter für etwas (ein)stehen. Da erscheint es leichter, für alles und jeden offen, eben tolerant zu sein. Das ist toll. Vielleicht schreibt ja auch deshalb jeder Zweite bei uns tolerant mit Doppel-L, worauf Peter Hahne in seinem Bestseller *Schluss mit lustig* hinweist. Mit wirklicher Toleranz hat das alles nichts zu tun. Um wirklich tolerant zu sein, bedarf es eines Fundaments, des Fundaments unserer Werte.

Und ein solches festes Werte-Fundament muss auch weitergegeben werden. Es muss sich in der Erziehung unserer Kinder und Jugendlichen wiederfinden. Doch wenn das nicht geschieht, wenn schon bei den Älteren und Eltern die Werte verloren gehen, werden sich die Nachgeborenen damit erst recht schwertun. Wenn es den Eltern an klarer Haltung fehlt, wenn den Kindern keine Maßstäbe gesetzt werden, an denen sie sich abarbeiten können, wenn sie sich stattdessen selbst überlassen bleiben, woher sollen sie denn dann noch wissen, was sich gehört und was sich nicht gehört?

Das beginnt schon bei den alltäglichen Dingen. Woher sollen Kinder Manieren haben, wenn niemand mehr »Danke« oder »Bitte« sagt und zum Kindergeburtstag mit einer Postkarte eingeladen wird, auf der der schwer kranke Papst Johannes Paul II. mit schmerzverzerrtem Gesicht abgebildet ist und daneben »Let's rock!« steht? Oder wenn Comics Jesus als kiffenden Exhibitionisten zeigen? Wie soll ein gewisser Respekt vor unseren Grundrechten aufkommen, wenn es diese als Klopapieraufdruck gibt?

Jugendliche suchen nach Vorbildern außerhalb des Elternhauses. Sie suchen aber nicht von sich aus Männer und Frauen, die moralische Werte vorleben. Wie sollten sie diese auch suchen wollen, wenn zu Hause nur das Geld zählt, wenn der Konsum an die Stelle der Erziehung getreten ist? Was sie dann suchen, ist die Traumwelt der Schönen und der Reichen. Topmodel zu werden wird zum millionenfachen Wunsch junger Mädchen, auch wenn es mit der Figur nicht hinhaut. Erwartungen wachsen ins Maßlose. Luxus wird zur Selbstverständlichkeit. Wer will denn da noch als Krankenpfleger Bettpfannen ausleeren? Wer will sich da noch anstrengen, um sich später einmal als Lehrerin für ein überschaubares Einkommen mit Schülern herumzuschlagen? Die Glamourwelt des schönen Scheins und Kohle ohne Ende sind zum Fetisch von Millionen geworden.

Wie sonst hätte sich zum Beispiel der Sport, der einmal Idole zuhauf hervorgebracht hatte, dermaßen verändern können? Ein Uwe Seeler stand für fußballerisches Können. Er stand für kämpferischen Einsatz, für Mannschaftsgeist und Fairplay. Er stand und steht aber auch für Redlichkeit und Bescheidenheit außerhalb des Spielfelds. Die Millionen, die ihn einmal als Idol verehrten, wollten so sein wie er. Heute wollen sie sein wie David Beckham, weil er als Superstar superreich ist. Im Sport werden immer weniger die Werte gelebt. Es zählen stattdessen der Erfolg und das damit verbundene Geld. Das ist bei allen Beteiligten so, von den Konsumenten vor der Glotze über die Sponsoren und natürlich bis hin zu den Beteiligten. Der langjährige Bundesligatrainer und National-Coach Griechenlands, Otto Rehhagel, beklagt: »Heute ist es leider so, dass die Berater ihren Jungens sagen: Ich mache aus dir einen Millionär. Sie sagen leider nicht: Ich mache aus dir einen guten Fußballer.«

Für den Erfolg ist jedes Mittel recht und billig. Der Radsport zeigt es uns. Eine ganze Disziplin versinkt im Doping-Skandal. »Wer Aldag, Bölts, Dietz oder Zabel vorwirft, gelogen und betrogen zu haben, lügt sich in die eigene Tasche, betrügt sich selbst: Doping ist in der Leistungsgesellschaft immer wieder und überall, nur heißt es nicht überall und immer so«, schreibt die *Frankfurter Allgemeine Zeitung.*

Redlichkeit und Bescheidenheit haben in vielen Bereichen des Profi-Sports ausgedient. Deshalb fehlt den Vereinen in Deutschland wohl auch der Nachwuchs. Viele Jugendliche wissen nicht mehr, dass Erfolg zunächst sehr viel Einsatz fordert. Dass auch ein David Beckham und ein Dirk Nowitzki sich unheimlich quälen mussten, bis aus ihnen das wurde, was sie sind. Wenn das nicht auf Anhieb klappt, wie bei den allermeisten, kommt der große Frust.

Oft ist dann die virtuelle Welt des Cyberspace der letzte Fluchtpunkt. Auf der Playstation ein großartiger Basketballer, Skispringer oder Stürmer zu sein, ist schließlich viel leichter als im wirklichen Leben. 16 Prozent der zwischen 14 und 19 Jahre alten Jugendlichen gelten in Deutschland als computersuchtgefährdet. Sie sind aus der Wirklichkeit ausgestiegen. Sie leben ein zweites Leben, ein echtes »Second Life«. Und das scheint besser zu sein als das erste. Denn hier ist man der »Macher«, der man im wirklichen Leben nicht sein kann. Hier finden das Abenteuer und die Action statt. Das Killerspiel, bei dem es für jeden erschossenen Gegner Punkte gibt, wird zum schweißtreibenden Kampf vor dem Flachbildschirm.

Ein Killerspiel macht in der Realität niemanden zum Gewalttäter – bei dem Verbreitungsgrad von »Ego-Shootern« müsste sonst fast stündlich ein männlicher Jugendlicher Amok laufen. Das Problem sind nicht die Spiele, sondern die Dauer der Computer-Sessions, die Vereinsamung, die deshalb fehlenden sozialen Kontakte – also einfach die Möglichkeit, sich komplett aus einer Wirklichkeit zurückzuziehen, die jedem von uns etwas abverlangt. Killerspiele sind dann gefährlich, wenn es keine Eltern gibt, die den Computer abschalten und die Kinder in den Fußballverein schicken, zu den Großeltern oder einfach selbst mal etwas mit ihnen unternehmen. Niemand muss sich mit seinen Kindern an den Tisch setzen und sagen: »So, heute sprechen wir einmal über Ethik.« Aber in vielen Familien wird ja überhaupt nicht mehr ernsthaft gesprochen, nicht einmal mehr gefragt, wie es in der Schule war. Diese Nichtkommunikation beginnt schon mit dem Fernseher im Kinderzimmer. Im Extremfall – wenn persönliche Kränkungen dazukommen, wenn man mit dem Leben nicht fertig wird – kommt es zum Kurzschluss, zum tödlichen Amoklauf. Bei Robert Steinhäuser war das so. Die Folge: Er richtete 2002 ein Massaker am Erfurter Gutenberg-Gymnasium an, tötete 17 Menschen und dann sich selbst.

Emsdetten in Westfalen folgte im November 2006. In der Geschwister-Scholl-Realschule schoss der 18-jährige Bastian wild um sich. Er verletzte mehrere Schüler teils schwer, ehe er sich selbst das Leben nahm. Auch Bastian hatte sein halbes Leben mit Gewaltspielen am Computer verbracht und dort sogar den Plan durchgespielt. Doch auch andere Wahnsinnstaten verdeutlichen, dass etwas schiefläuft mit der Wertevermittlung bei unseren Kindern und Jugendlichen.

Roy Baumeister von der Princeton University glaubt sogar, dass viele solcher Täter überhaupt nichts Böses an dem finden, was sie tun. Ihre Wertvorstellungen sagen ihnen vielmehr, sie würden richtig handeln. Für Baumeister liegt die Wurzel solcher Taten in der mangelnden Fähigkeit, ihren Anreizen zu widerstehen – also in einem Defizit an Selbstkontrolle. Eine logische Konsequenz: Wo die Werte aus dem Blick geraten sind, verkommen auch die Tugenden. Denn Tugenden sind die Fähigkeit, sich gemäß der jeweiligen Werte zu verhalten. Fleiß, Disziplin, Pflichtbewusstsein, Pünktlichkeit, Bescheidenheit, Ordnungssinn, Selbstkontrolle rangieren deshalb ganz hinten auf der Skala.

»In« ist, wer cool ist. Und cool ist, wer mit all dem »spießigen Kram« nichts zu schaffen hat. Daran hat sich seit den 50er-Jahren nichts geändert. Aber es gab damals eben noch ein Korrektiv: Eltern, Schule, Gesellschaft. Hinzu kam, dass kein Einserschnitt nötig war, um eine Lehrstelle zu bekommen. Die Zukunft war bei einer Fünf in Mathe keineswegs verbaut. Heute ist sie das oft. Aber manchen Eltern scheint das nichts auszumachen oder sie wissen sich einfach nicht zu helfen. Die Lehrer an unseren Schulen spüren die Konsequenzen. Es mangelt an Disziplin, an Konzentrationsfähigkeit, Ausdauer, an der Anerkennung der Autorität des Lehrers, kurzum: an fast allem, was den Rahmen für ein erfolgsorientiertes Lernen erst schafft. Die Lehrer sollen es nach dem Willen der Eltern hinbiegen, weil dieselben Eltern ihren Kindern nicht mehr viel zu vermitteln oder vor der schweren Aufgabe schon kapituliert haben. Für viele hoffnungslos überforderte Lehrer, die bereits an den Grundschulen die Arbeit von Dompteuren oder Streetworkern erledigen müssen (nur ohne entsprechende Ausbildung), gibt es dann nicht mehr viel zu richten. Sie scheitern zwangsläufig, weil 90 Prozent der Vermittlung von Werten und Tugenden zu Hause stattfinden. Oder eben nicht stattfinden.

Brigitte Pick, die ehemalige Rektorin der Rütli-Schule in Berlin-Neukölln, erzählt in ihrem Buch *Kopfschüsse* vom Niedergang ihrer Schule seit den 70er-Jahren. Darunter war das Protokoll einer Schulstunde:

> »Die Lehrerin: Wir haben uns in den vergangenen Stunden mit dem Zeitalter des Absolutismus beschäftigt. Der absolutistische Staat erreichte seinen Höhepunkt unter Ludwig XIV ... Wie hieß der französische Finanzminister?

Gustav: Strauß, det war Franz Josef Strauß! (holt die Sonnenbrille aus der Jackentasche und setzt sie auf) Ick hab 'ne Ferrari-Brille, 'ne Ferrari-Brille hab ick. (ahmt aufheulenden Motor nach)
Emil: (schreit durchs Klassenzimmer) Frau Lehrerin, Frau Lehrerin, ick hab 'nen langen Schwanz zwischen die Beene!
Lehrerin: Wie schön für dich. (Gustav schaltet einen Walkman ein, setzt die Kopfhörer auf, schaukelt im Takt der Musik)
Lehrerin: Schalt dein Ding aus. (Gustav weigert sich. Erregt tritt die Lehrerin vor Gustavs Tisch, nimmt ihm den Walkman ab) Nach Schulschluss kannst du ihn dir aus dem Sekretariat abholen …
Fatima: (liest laut) Zweiter Türkenkrieg. Großwesir Kara Mustafa stößt 1683 bis nach Wien vor und belagert es. Erst das polnische Entsatzheer unter Johann Sobi Sobiso Sobieski vermag Habsburg vor der türkischen Bedrohung zu befreien.
Horst: Total punktmäßig.
Lehrerin: Stop. Also, wer kam den Österreichern zu Hilfe?
Gustav: (gröhlend) Zigeuner … Zigeuner und Amerikaner!
Lehrerin: Du warst jetzt nicht gefragt. Melde dich gefälligst, wenn du etwas sagen willst.
Anton: Soll ich ihm eine runterhaun?
Lehrerin: Ruhe, verdammt noch mal – Was erbeuteten die Türken auf ihrem Feldzug?
Kralle: Nackte Weiber, geile, nackte Weiber!
Gustav: Die hatten Katapulte und Ferrari-Brillen. (schießt mit Schleuder auf Jeanette) Jeanette, geile Ratte!
Jeanette: Au … du, du homosexueller Zickzack-Ficker.

So geht es immer weiter, bis es klingelt. Die Lehrerin will noch etwas sagen: Wir sehen uns dann morgen und denkt da ... Doch ihre Worte gehen im Gebrüll der Kinder unter ...«

Das Protokoll stammt aus der Zeit, bevor die Migranten-Kinder an der Rütli-Schule die Mehrheit stellten. Inzwischen sind es 80 Prozent. Und jetzt muss die Schule auch noch die gescheiterte Integrationspolitik ausbaden: Mobbing und Prügeleien gehören zum Schulalltag. Deutsche Mädchen werden als »Hurentöchter« beschimpft. Jungs von Gangs geschlagen, mit Messern angegriffen. Selbst Lehrer sind nicht mehr sicher. Von der Politik allein gelassen sah sich die Schulleitung schließlich genötigt, sich in einem spektakulären Brief an den Berliner Schulsenator zu wenden. Darin forderte sie, die Schule zu schließen, weil Unterricht nicht mehr möglich sei.

Nach einer Studie des Max-Planck-Instituts für Bildungsforschung gehören in Berlin über 60 Prozent der Hauptschulen zu den »kritischen Schulmilieus«. 50 Prozent der Schüler sind schon einmal sitzen geblieben. 40 Prozent sind Gewalt gewohnt. Bei 30 Prozent sind die Eltern arbeitslos. In anderen Ballungszentren der Bundesrepublik ist das nicht anders. Rütli ist also nicht nur in der Hauptstadt.

Die bundesdeutsche Bildungskatastrophe hat ihre Ursache vor allem in einem tiefgreifenden Erziehungsnotstand, meint der langjährige Leiter des Internats in Salem, Bernhard Bueb. »Deutschlands strengster Lehrer« forderte daher, »zu der alten Wahrheit« zurückzufinden, dass »nur der den Weg zur Freiheit erfolgreich beschreitet, der bereit ist, sich unterzuordnen, Verzicht zu üben und allmählich zu Selbstdisziplin und zu sich selbst zu finden«. Erst damit schaffe er die Voraussetzung für sein Glück. Schon das Sprichwort sage, man müsse Menschen zu ihrem Glück zwingen. Bueb erklärt das am konkreten Beispiel, wenn er fragt, wie viel Schweiß und Tränen es doch koste, bevor ein Geigen- oder Klaviersolo Glücksgefühle auslösen könne, wie viel Disziplin das Ballett oder der Sport fordere, wie viele Konflikte die erzwungenen Konzert- und Museumsbesuche auslösten. »Aber ohne solche Zwänge erfährt ein Mensch nicht das Glück des ›Weihnachtsoratoriums‹, der ›Zauberflöte‹ oder der Betrachtung der Sixtinischen Kapelle. Früh müssen Kinder üben, kontinuierlich bei einer Sache zu bleiben. Als Vorbereitung auf das Arbeiten muss ein Kind verzichten lernen«, verzichten auch auf das, was Spaß macht. Aber ist es denn nicht tatsächlich so, dass uns gerade die Dinge am meisten Freude machen, die wir uns im Schweiße unseres Angesichts erarbeitet haben? Das muss gar nicht unbedingt ein Geigensolo sein. Ein selbst repariertes Fahrrad ist auch eine Leistung.

Ohne Verzicht, ohne Fleiß, Leistungswillen und Disziplin geht wenig. Das ist an den Hauptschulen ebenso der Fall wie an den Gymnasien und Universitäten. Nicht ohne Grund fehlen in Deutschland ausreichend qualifizierte Schulabgänger, sodass die Unternehmen oft die angebotenen Ausbildungsplätze nicht besetzen können. Das Problem sind also nicht nur die zu wenigen offenen Stellen! Nicht von ungefähr mangelt es in Deutschland an Ingenieuren, Informatikern und Naturwissenschaftlern und weniger an Sozialpädagogen und Politologen.

Verantwortlich für all das ist auch unser Bildungssystem, das ja von denen reformiert wurde, die Ende der 60er-Jahre mit den traditionellen Werten und Tugenden rigoros gebrochen haben; die nicht nur den »Muff von tausend Jahren«

unter den Talaren, sondern auch jegliche Autorität gleich mit beseitigten und dem Triumph des Mittelmaßes den Weg bahnten. Autorität galt als Überbleibsel aus brauner Zeit. Disziplin und Ordnung ebenso. Lernen sollte fortan keinem Zwang mehr unterworfen, keine Anstrengung mehr sein. Stattdessen sollte es spielend vor sich gehen. Gruppenarbeiten verschleierten das Unvermögen des Einzelnen. Zensuren wurden relativiert. Was ungenügend war, durfte nicht ungenügend sein. Es gab jetzt auch den vierten und den fünften Sieger, also nur noch Sieger. Die Ideologie der Gleichheit aller verlangte dies. Dass am Ende (abgesehen von den Kindern, die aufs Internat geschickt wurden) fast alle gleich schlecht waren und nicht besser werden durften, wurde verdrängt. Es passte nicht zur Weltanschauung. Schuld an allem war ohnehin das kapitalistische System. Und das galt es zu überwinden. Wir praktizieren Gleichmacherei statt Chancengleichheit. Anstatt die Chancen gleich zu verteilen und dann die unterschiedlichen Leistungen zu akzeptieren, betrügen wir uns selbst – indem wir alle gleich sein wollen und so die Ungleichheit betonieren.

Kurt Edler, ehemals schulpolitischer Sprecher der Grün-Alternativen in Hamburg, schrieb darüber Entlarvendes: »Als die heutige Lehrergeneration noch jung war, war es Mode, alle gesellschaftlichen Erscheinungen auf ökonomische Zwecke zurückzuführen: Das betraf auch die Schule, ihr ›Leistungsterror‹, so damals die weitverbreitete Lehrmeinung, stehe im Dienst des Kapitalismus. Ganz konsequent sahen wir als Systemkritiker denn auch in der Überwindung des Leistungsprinzips eine Emanzipationschance. Indem wir allen unseren Schülern mindestens ausreichende Leistungen attestierten, glaubten wir, das System unterlaufen zu können. Von dieser großen Illusion lebt so manche Schule noch heute, auch wenn die politischen Idole von damals längst im Staub zerbröseln.« Der Grün-Alternative Edler, der inzwischen geläutert ist (»Ohne Stolz auf die eigene Leistung entsteht keine eigene Identität«), hat recht, wenn er bemerkt, dass diese »große Illusion« noch fortlebt. Sie lebt vor allem fort in einem nachhaltig untergrabenen Leistungsprinzip.

Begünstigt wurde diese Entwicklung durch eine Verlagerung der Unterrichtsschwerpunkte. Mit halbwegs akzeptablen Leistungen in Nebenfächern lassen sich Defizite in den klassischen Fächern, wie zum Beispiel Mathematik, kompensieren. Bei der Benotung hat das Mündliche oft Vorrang vor dem Schriftlichen (wenn es überhaupt schriftliche Prüfungen gibt). Und da wundern wir uns noch, wenn wir in naturwissenschaftlichen Fächern Schlusslicht sind. Anstelle von Wissen soll die Fähigkeit vermittelt werden, Wissen zu erlangen und entsprechend zu handeln. Die soziale Kompetenz gilt dabei als entscheidend.

Das mussten auch Lehrer der weiterführenden Schulen in Berlin feststellen. Sie erhielten vom rot-roten Senat eine »Handreichung« für fächerübergreifenden Unterricht der neunten Klassen zum Thema »Lesbische und schwule Lebensweisen«. In dem Begleitschreiben dazu wird beklagt, dass sich die gesellschaftliche Offenheit in Sachen Homosexualität erst vereinzelt im Unterricht der Fächer Biologie, Deutsch, Englisch, Ethik, Geschichte/Sozialkunde, Latein, Politik oder Psychologie widerspiegele. Das muss natürlich anders werden, denn ein wenig Homosexualkunde im Fach Latein stärkt die soziale Kompetenz ganz gewiss. Helfen sollen dabei Anleitungen für Rollenspiele aus der über 100 Seiten langen Handreichung. Zum Beispiel: »Stell dir vor, deine lesbische Cousine kommt auf ein Wochenende zu Besuch nach Berlin. Du möchtest ihr ein spannendes Wochenende bieten und überlegst dir daher, was Menschen von Freitagabend bis Sonntagabend in Berlin machen können, wenn sie lesbisch sind.« Oder auch: »Du sitzt an der Theke einer Schwulenbar und könntest heute eigentlich einen hübschen Mann in deinem Bett gebrauchen. Ein Neuer betritt den Raum, den du eigentlich ganz schnuckelig findest. (Wie) ergreifst du deine Chance?« Neben solchen Rollenspielen ist die Auseinandersetzung mit lesbisch-schwulen Comics und der Homosexuellen-Verfolgung im Nationalsozialismus vorgesehen. Ergänzt werden soll alles durch umfangreiches Material mit den Adressen von Coming-Out-Gruppen, von homosexuellen und lesbischen Arbeitsgemeinschaften und Szene-Treffs.

Normalität im Umgang mit Homosexuellen ist eine Selbstverständlichkeit – ohne Wenn und Aber. Doch der eben beschriebene Umgang ist nicht normal. Außerdem muss doch die Frage erlaubt sein, was es den Berliner Schülern bringt, wenn sie wissen, wie sie der lesbischen Cousine ein schönes Wochenende bereiten können, aber gleichzeitig Defizite in Englisch oder Mathematik haben. Die Handreichung des Berliner Senats wird auf jeden Fall kaum dazu beitragen, dass die Schulen der Hauptstadt beim nächsten Pisa-Test besser abschneiden als beim letzten.

Warum fallen wohl die Pisa-Ergebnisse in Bayern, Thüringen oder Baden-Württemberg so viel besser aus? Sicherlich, weil dort Tugenden wie Fleiß und Ordnung noch ein höherer Stellenwert beigemessen wird. Die Schwaben gelten zum Beispiel seit jeher als emsig und sparsam: »Schaffe, schaffe, Häusle baue …« Und deshalb schaffen sie offenbar auch in der Schule mehr. Bei einer Langzeitstudie kam heraus, dass baden-württembergische Gymnasiasten ihre Hamburger Schulkameraden im Fach Mathematik regelrecht deklassieren. Der Wissensunterschied machte ein ganzes Schuljahr aus! An den Hamburger Gesamtschulen wussten die Schüler in den Leistungskursen weniger als die Schüler in den Grundkursen an den baden-württembergischen Regelschulen. Die Ursache, so die Verfasser der Langzeitstudie: eine fehlende Beachtung von Leistungsstandards.

Auch in der Arbeitswelt schneidet der Süden besser ab. So sind etwa die Fehlzeiten, also die Krankmeldungen, in bayerischen Betrieben deutlich niedriger als anderswo in der Republik. Gegenüber der Arbeitslosigkeit haben die Menschen dort eine andere Haltung. Selbst wenn sie unverschuldet ist, wird sie immer auch ein wenig als persönlicher Makel empfunden. Und wer ihn spürt, versucht natürlich, etwas daran zu ändern.

Für eine funktionierende Wirtschaft ist Arbeitsmoral einfach eine entscheidende Voraussetzung. Das belegen Untersuchungen des Internationalen Währungsfonds und der OECD. Nicht nur für Arbeitnehmer, auch für deren Chefs. Doch bei vielen deutschen Führungskräften und Unternehmenschefs – so das *manager-magazin* – hätten die alten Spielregeln an Bedeutung verloren. Anstand, Rechenschaft, Ehrlichkeit, Fairness – diese Werte seien einem rigorosen Egoismus gewichen, der bisher sicher geglaubte Schranken durchbreche, schreibt die Zeitschrift. Noch nie hat es so viele Ermittlungsverfahren gegen Manager gegeben – die Zahl der Korruptionsverfahren hat sich nach Angaben des Bundeskriminalamts seit den 90er-Jahren verfünffacht.

Das Motiv, das die Moral auf die hinteren Plätze verweist, ist immer dasselbe. Es ist die Gier nach Profitmaximierung. Bei VW in Wolfsburg und bei Siemens in München nahm es besonders erschreckende Züge an, indem Betriebsräte korrumpiert wurden oder eine ganze Arbeitnehmervertretung gekauft wurde. »Offenbar schien es in Wolfsburg kostengünstiger zu sein, den Betriebsrat einer traditionellen Gewerkschaft mit Lustreisen zu befriedigen, als unterschwelligen Gehaltsforderungen der Gewerkschaftsmitglieder nachzugeben. Und weil es in München schon immer vornehmer zuging, scheint man auf Gutachterhonorare verfallen zu sein, um eine gezähmte Neogewerkschaft aufzubauen, welche die Mitarbeiter im Zaum halten sollte. Die so erreichten unlauteren Wettbewerbsvorteile waren wiederum sozial ausgerichtet: Sie sollten nicht nur das Management in Brot halten, sondern auch den Aktionären einschließlich der Kleinaktionäre zugutekommen. Und die starren nur auf den Gewinn, auf wessen Kosten und mit welchen Mitteln auch immer ...«, schrieb die *Frankfurter Allgemeine Zeitung*.

Selbst die Fundamente unseres demokratischen Rechtsstaats, unsere Grundwerte wie Freiheit und Gerechtigkeit, sind in Mitleidenschaft gezogen. Dabei fehlen sie in keinem politischen Programm, wenn auch je nach Partei unterschiedlich gewichtet. Bei den Unionsparteien ist es etwas mehr die Freiheit, bei den Sozialdemokraten die Gerechtigkeit – wie Salatgarnitur wirken solche Begriffe im Parteiprogramm. Die inflationäre und unehrliche Verwendung von wichtigen Begriffen wertet diese immer mehr ab. Solidarität zum Beispiel. Die steht in unseren Augen doch längst nicht mehr für freiwillige Hilfe, sondern für: Zur Kasse bitte!

Wie es bei uns um die Grundwerte steht, zeigt der Umgang mit denen, die für sie gekämpft haben. Gemeint sind die Opfer des DDR-Unrechts: Deutsche, die zu Verfolgten des Staatsterrors wurden und oft lange Zeit in Zuchthäusern einsaßen, nur weil sie elementare Menschenrechte für sich beansprucht hatten. Erst 17 Jahre nach der Einheit sollen diese Opfer nun eine halbherzige Staatsrente in Höhe von 250 Euro erhalten. »Soll ich meinen Enkeln erzählen, dass es sich lohnt, die Demokratie zu verteidigen?«, fragte Fritz Zabel, ein ehemaliger Häftling in Bautzen. Anders die Unterdrücker von einst. Den ehemaligen SED-Politfunktionären und Stasi-Offizieren geht es gut. Sie haben millionenteure Rentenerhöhungen vor dem Bundesverfassungsgericht eingeklagt und diese auch erhalten. Bekanntestes Beispiel: Margot Honecker, die berüchtigte Volksbildungsministerin der DDR. Sie kassierte vor einigen Jahren 45 000 Mark Rentennachzahlung. Lässt sich das einem verständigen Menschen erklären? Ich denke nicht.

Dass von den Grundwerten mehr gesprochen wird, als für sie getan wird, ist seit Langem so. Schon als die Welt noch in Ost und West geteilt war und der Begriff »Freiheit« eigentlich als Grundwert noch hätte jeden überzeugen müssen, beschäftigten wir uns zum Beispiel mit der Frage, ob die kollektiven Menschenrechte (zum Beispiel Recht auf Arbeit), die der Osten ins Feld führte, nicht gleichrangig seien mit unseren individuellen Menschenrechten (zum Beispiel Freiheit des Einzelnen). Schon dahinter verbarg sich eine Tendenz, die inzwischen zum Durchbruch gelangt ist: nämlich unter Gerechtigkeit vor allem materielle Gerechtigkeit, ja materielle Gleichheit zu verstehen.

Seit Achtundsechzig haben wir uns selbst betrogen. Wir wollten Gleichheit und schafften das Leistungsprinzip ab. So wie wir in den 70ern und 80ern jeden Bach in ein Einheitsbett gepresst haben, so haben wir die individuelle Leistung kanalisiert und nicht zur Entfaltung kommen lassen. Tugenden? Vollkommen diskreditiert. Respekt hatten die Deutschen schließlich auch vor Hitler, pflichtbewusst war schon Adolf Eichmann zu Werke gegangen, pünktlich die

Wehrmacht marschiert, und fleißig hatte man bei der IG Farben Zyklon B produziert. Es war nebensächlich, dass nicht die Existenz von Tugenden den Nazi-Schrecken ermöglicht hatte, sondern das Fehlen jeder Menschlichkeit. Als Helmut Schmidt öffentlich »Pflichtgefühl, Berechenbarkeit und Standhaftigkeit« einforderte, hieß es dementsprechend: Mit solchen Tugenden könne man auch ein KZ leiten. Das sagte kein Geringerer als Oskar Lafontaine.

Oskar Lafontaine ist immer noch kein Freund dieser Tugenden. Dafür hält er es mit der Gleichheit. Tolle Sache, diese Gleichheit. Es sei denn, wir wären alle gleich dumm, gleich krank oder gleich arm. Aber Oskar Lafontaine möchte natürlich, dass wir alle gleich reich sind. Ein feiner Zug. Also tingelt der »Salon-Robin-Hood aus dem Saarland« mit seinem »nationalen Sozialismus«, wie es Mathias Döpfner ausdrückt, durch die Republik. Eine einzige, ganz und gar deutsche Tugend hat er sich bewahrt: die Schuldzuweisung. Schuld an der Ungleichheit ist das lokale, nationale und internationale Kapital. Schuld sind die Amerikaner (nur Nord-, nicht Süd-) und die Fremden (sofern nicht aus Südamerika). Schuld ist der Neoliberalismus, sowohl im Original als auch in sozialdemokratischer und christlich-demokratischer Tarnung. Die Medien sind unschuldig. Allerdings erst, wenn sie verstaatlicht worden sind. Dieter Bohlen hätte darin sicher keinen Platz. Denn bei »DSDS« kommen die weiter, die besser singen. Leistungsterror!

Beim Barte des Propheten
Der Kniefall vor dem Fundamentalismus

Der kleine Junge ist ein Junge wie andere auch. Was den Eineinhalbjährigen allerdings von anderen Kindern unterscheidet, ist sein Name. Er heißt Dschihad. Das bedeutet »Heiliger Krieg«. Der Prophet Mohammed führte einst einen Heiligen Krieg gegen seine Feinde auf der Arabischen Halbinsel – ob sie diesen Krieg auch so nannten, ist nicht überliefert. In jedem Fall war das vor fast 1400 Jahren. Heute führt ihn Osama bin Laden gegen die Ungläubigen in der westlichen Welt. Die Blutspur, die seine Terrororganisation al-Qaida hinterläßt, zieht sich inzwischen um den ganzen Globus, von New York bis Bali, von Tel Aviv bis Djerba, von Madrid bis London. Tausende unschuldige Menschen haben durch den neuen »Dschihad« ihr Leben verloren.

Der Vater von Dschihad heißt nicht Mohammed, sondern Reda S. Der strenggläubige Deutsch-Ägypter lebt mit seinen sechs Kindern in einer Etagenwohnung in Berlin. An der Wand hängt die saudi-arabische Fahne mit der Aufschrift: »Es gibt keinen Gott außer Allah, und Mohammed ist sein Prophet.« Reda S. ist nicht irgendwer. Seit Jahren ermittelt die Bundesanwaltschaft gegen den islamischen Fundamentalisten. Er wird verdächtigt, Mitglied einer terroristischen

Vereinigung zu sein. Als solches soll er mit den Bombenanschlägen auf Bali im Oktober 2002 zu tun gehabt haben. Mehr als 200 Menschen – zumeist Touristen – waren dabei ums Leben gekommen. Belastet wird Reda S. durch die Aussagen seiner deutschen Ex-Frau, die heute unter einer neuen Identität lebt und um ihr Leben bangt.

Reda S. ist stolz auf Dschihad, seinen Sohn. Ob er auch stolz auf den anderen Dschihad ist, sagte er den Reportern nicht. Nur, dass er stolz auf sich selbst sei. Der Grund ist sein Sieg über die deutschen Behörden. Das Standesamt in Berlin hatte den Vornamen seines Sohnes zunächst abgelehnt. Reda S. prozessierte und bekam nach eineinhalb Jahren recht. Die Begründung des Gerichts: Dschihad sei ein geläufiger arabischer Vorname. Ob das Gericht auch »Endlösung« akzeptiert hätte, oder »Holocaust« oder »Kreuzzug«, wenn diese nur in irgendeinem Bongo-Bongo-Land üblich wären?

Der Fall des Reda S. und die Namensgebung seines Sohnes verdeutlichen, weshalb islamische Fundamentalisten sich bei uns so wohlfühlen. Denn der Rechtsstaat, vor allem einige seiner selbstvergessenen Vertreter und ihre subaltern fremdenfreundliche Rechtsanwendung, schafft ungeahnte Freiräume. Wer anderswo rasch abgeschoben wird, klagt sich bei uns durch die Instanzen. Das dauert oft Jahre, wie das Beispiel von Metin Kaplan zeigt, des »Kalifen von Köln«. Geboren 1952 in der Türkei, kam er 1983 mit seinem Vater, dem »Khomeini von Köln« und Gründer der Organisation »Kalifatstaat«, nach Deutschland. Ziel des 2003 vom Bundesverfassungsgericht verbotenen Kalifatstaates war der Sturz des laizistischen Systems der heutigen Türkei, die Errichtung eines Gottesstaates sowie die islamische Weltherrschaft unter der Führung eines Kalifen. Maßgebliches Recht ist allein die

Scharia. Demokratie, Gleichheitsgrundsatz, Volkssouveränität und Menschenrechte werden als mit dem islamischen Glauben unvereinbar abgelehnt und bekämpft. Wegen der Planung von Terroranschlägen auf türkische Einrichtungen leitete die Türkei in den 90er-Jahren Strafverfahren gegen Metin Kaplan ein; daraufhin erhielt er in Deutschland Asyl.

1996 rief Metin Kaplan öffentlich zur Ermordung eines Konkurrenten auf, der einige Monate später tatsächlich von Killern in seiner Wohnung erschossen wurde. Für die Anstiftung zum Mord wurde Kaplan rechtskräftig verurteilt. Drei Jahre später, nach Verbüßung eines Teils der Haft, sollte er abgeschoben werden. Doch wer gedacht hätte, ein verurteilter Schwerverbrecher ausländischer Staatsangehörigkeit könne rasch in sein Heimatland abgeschoben werden, sah sich getäuscht. Trotz der von Otto Schily schon 2001 eingeholten Zusicherung der Türkei, auf Folter und Todesstrafe zu verzichten, entwickelte sich ein mehrjähriges Verfahren durch alle Instanzen mit Eilanträgen und einstweiligen Verfügungen. Am Ende tauchte Kaplan unter, wurde europaweit zur Fahndung ausgeschrieben, tauchte bei einem Nachbarn in Köln wieder auf und wurde schließlich Ende 2004 abgeschoben, gut eineinhalb Jahre nach Ende der Haft.

Nicht abzuschieben ist momentan Mahmoud Amr, der Vorsitzende des inzwischen verbotenen islamischen »Al-Aqsa«-Vereins in Aachen. Auch er ist untergetaucht. Sein Verein, benannt nach der Al-Aqsa-Moschee in Jerusalem, dem drittwichtigsten Heiligtum des Islam, hat nach Erkenntnissen des Verfassungsschutzes Gelder in Deutschland gesammelt, um die Familien von palästinensischen Selbstmordattentätern der Hamas zu unterstützen – natürlich gegen Spendenquittung. Der Steuerzahler in Deutschland finanzierte also mittelbar Attentate auf israelische Bürger.

Das vom Innenministerium verfügte Vereinsverbot wurde 2003 von einem deutschen Gericht mit der Begründung aufgehoben, ein Verbot komme nur als letztes Mittel in Betracht. Sofern der Verein eine ordnungsgemäße Mittelverwendung nachweise, stehe auch er unter dem Schutz des Grundgesetzes. Nach Ansicht der Richter sollte also ein Beamter des Innenministeriums regelmäßig auf Kosten des Steuerzahlers prüfen, ob die Gelder des Vereins Terrorzwecken zufließen oder nicht. Wie er das machen sollte, nachdem auf Überweisungsträgern vermutlich kaum die Tötung von Israelis als Zweck genannt wird, vergaß das Gericht darzulegen. Aber man kann sich das Gelächter von Mahmoud Amr und der Hamas vorstellen über so viel gutherzig-deutsche Naivität. Die nächsthöhere Instanz sah das ähnlich und bestätigte schließlich das Verbot. Inzwischen war Mahmoud Amr, der zu diesem Zeitpunkt über keine gültige Aufenthaltsberechtigung verfügte, längst verschwunden.

All diese Verfahren kosten Geld. Das sind jedoch nicht die einzigen Aufwendungen von deutscher Seite. Metin Kaplan kassierte üppig Sozialhilfe, bis die Fahnder bei einer Hausdurchsuchung in seinem Schlafzimmer zwei Millionen Mark in bar und jede Menge Goldschmuck sicherstellten. 170 000 Euro, entschied später ein Kölner Gericht, habe Kaplan zu Unrecht vom Staat erhalten – während sein »Kalifatstaat« ein Millionenvermögen aufbaute. Und Reda S., der Vater von Dschihad, erhielt – als wir ihn besuchten – rund 2000 Euro im Monat an Sozialhilfe, Kindergeld und Hartz IV. Es geht schon lustig zu in diesem Land!

Wer, wie ich in diesem Kapitel, die Auswüchse der deutschen Multikulti-Träumereien anprangert und deren Gefahr für unsere Gesellschaft benennt, steht vor einem Dilemma: Dem Dilemma, von der falschen Seite Applaus zu bekommen. Die falsche Seite, das sind die dumpfen Nationalisten, die geistigen und tatsächlichen Brandstifter, die Neonazis, die NPD – ob im Anzug oder in Springerstiefeln. Aus Angst, mit ihren Aussagen als unfreiwillige Kronzeugen der braunen Sache missbraucht zu werden, trauen sich viele Menschen, auch viele Politiker nicht, bestimmte unangenehme Wahrheiten auszusprechen (zudem handelt man sich andernfalls schnell den Vorwurf ein, rechte Ideologie salonfähig zu machen). Ich halte das für einen Fehler, für eine Unaufrichtigkeit gegenüber der Bevölkerung. Wer Probleme nicht anspricht, wird sie nicht lösen. Und solange das so ist, schlagen die Rechten weiter Profit daraus.

Deshalb müssen wir lernen, uns nüchtern mit einigen Fakten der deutschen Realität auseinanderzusetzen – ohne gleich die Masse der friedlich und gesetzestreu bei uns lebenden Muslime in Haftung zu nehmen, für die der Islam eine Religion ist, also Privatsache, und keine Ideologie, die zur Staatsräson werden soll.

Nach Schätzungen des Verfassungsschutzes gehören etwa 32000 Muslime in Deutschland zur islamistischen Szene. Die Sicherheitskräfte teilen sie in verschiedene Kategorien ein. Da sind einmal die Organisationen, die – unter Ausnutzung der von der deutschen Rechtsordnung gewährten Freiräume – die Islamisierung der Bundesrepublik Deutschland betreiben. Dazu gehören die »Islamische Gemeinschaft Milli Görüş e.V.« (IGMG) sowie die ideologisch der »Muslimbruderschaft« (MB) nahestehende »Islamische Gemeinschaft in Deutschland e.V.« (IGD) und die mit ihr verbundenen »Islamischen Zentren«. Daneben gibt es die Akteure und Unterstützer des gewalttätigen internationalen »Dschihad«, insbesondere al-Qaida sowie mit ihr sympathisierende Kleingruppen. Und schließlich sind da noch die Anhänger und Unterstützer der Hamas und der Hisbollah. Ihr harter Kern besteht aus etwa 300 bis 900 Aktivisten. Selbst Rekrutierungsversuche zu Selbstmordattentaten soll es in diesen Reihen schon gegeben haben.

Die islamischen Fundamentalisten begreifen sich längst im Heiligen Krieg, im Krieg gegen die »Ungläubigen«, im Krieg gegen uns. Und dieser Krieg wird mit allen Mitteln geführt: Mit Terrorplanung, Anwerbung von Attentätern, Organisation, Logistik und vor allem mit Propaganda. Ob übers Internet, in Publikationen oder durch Videos. Besonders aber durch Predigten. In einigen deutschen Koranschulen und Moscheen wird der Hass verkündet. Was ein ZDF-Untercover-Reporter in einer Berliner Moschee mitschnitt, gehört zum gebräuchlichen Repertoire der islamistischen Scharfmacher: »Im Jenseits kann der Deutsche wegen seiner Ungläubigkeit nur das Höllenfeuer erwarten. Es gibt Deutsche, die auch gut sind. Aber sie sind und bleiben doch Atheisten. Wozu nutzen sie also? Diese Deutschen, diese Atheisten, diese Europäer rasieren sich nicht unter den Armen, ihr Schweiß sammelt sich unter ihren Haaren zu einem üblen Geruch, und sie stinken.«

Die radikalen Islamisten hierzulande haben Grund, offensiv voranzuschreiten. Denn aus ihrer Sicht weichen wir, die übelriechenden Ungläubigen, zurück. Wir sind feige. Das aber steigert nur die Verachtung derer, die den Dschihad kämpfen. Tatsächlich verteidigen wir unsere Freiheitsrechte kaum. Die Intendantin der Deutschen Oper in Berlin setzte in vorauseilendem Gehorsam die Mozart-Oper »Idomeneo« erst einmal ab – die in der Inszenierung vorgesehene symbolische Köpfung der Religionsstifter, darunter auch Mohammeds, hatte Warnungen der Sicherheitsbehörden hervorgerufen. Hätte es hier nicht von vorneherein Polizeischutz statt Kapitulation geben müssen? Der stellvertretende Kölner Bürgermeister forderte, einen Karnevals-Sketch über Selbstmordattentäter aus dem Programm der sonst völlig respektlosen »Stunksitzung« zu nehmen, weil dadurch der »Heilige Krieg« und die palästinensische Terrororganisation Hamas in ein »schlechtes Licht« gerückt werden könnten. Die ARD verbannte ein deutsch-türkisches Jugenddrama ins Spätprogramm, wohl weil der Film Gewalt türkischer Halbstarker gegen deutsche Jugendliche zeigt – eine politisch völlig unkorrekte Darstellung der Wirklichkeit. Und der Ausstrahlung des islamkritischen Films »Submission« des später ermordeten niederländischen Regisseurs Theo van Gogh gingen wochenlange und quälende Diskussionen voraus, ob man damit nicht die Gefühle muslimischer Bürger verletzen würde. Dass Ayaan Hirsi Ali, die Koautorin des Films, zu dieser Zeit immer noch unter Polizeischutz leben musste, war für die gleichen Leute kein Skandal.

Zurückweichen wird den islamischen Fundamentalismus nicht eindämmen. Die gottlosen »Gotteskrieger« wollen den Kampf der Kulturen. Dazu brauchen sie eine weitere Verschärfung des Nahostkonflikts. Denn ein Flächenbrand dort mobilisiert auch hierzulande unentschlossene Muslime für den Irrsinn Dschihad. Deshalb bleibt nichts unversucht, um den Nahostkonflikt anzuheizen. So war es im Streit um die Mohammed-Karikaturen, der im September 2005 begann. Damals suchte der dänische Autor Kare Bluitgen Illustratoren für ein Kinderbuch über den Propheten Mohammed – doch alle weigerten sich unter Hinweis auf das Schicksal von Salman Rushdie und die Gefahren durch öffentliche Kritik am Islam. Das erfuhr die Tageszeitung *Jyllands-Posten* und sprach nun ihrerseits Zeichner an. Viele sagten ab, zwölf machten mit. Ihre Karikaturen wurden veröffentlicht. Es gab Empörung, denn für strenggläubige Muslime gleicht es einer Gotteslästerung, dem Propheten Mohammed ein menschliches Gesicht zu geben. Doch die Sache zog keine großen Kreise. Das war im Oktober 2005.

Drei Monate später brannten im Nahen Osten westliche Botschaften, wurden Christen verfolgt und totgeschlagen, Flaggen der USA, Dänemarks und auch Deutschlands angezündet. Die Islamisten hatten sich der Sache propagandistisch angenommen. Ohne die Karikaturen überhaupt gesehen zu haben, glaubten Teile der arabischen und persischen Bevölkerung die in Umlauf gebrachten Gerüchte über die Karikaturen: dass die Zeichnungen Mohammed beim Geschlechtsverkehr mit Schweinen zeigten – bar jeder Realität. Aber jetzt flogen im Iran, in Syrien und im Libanon Steine, jetzt kündigte die radikal-islamische Hisbollah an, den Gesandten Gottes mit ihrem Blut zu verteidigen; al-Qaida drohte mit Selbstmordattentaten. Nun blieb selbst den gemäßigten Ländern in der Region, wie Ägypten, Kuwait und den Vereinigten Arabischen Emiraten, nichts anderes übrig, als zu handeln und dänische Waren zu boykottieren. Die islamistischen Scharfmacher konnten zufrieden sein.

Mehr als zufrieden sogar. Denn die Empörung der Muslime wurde global: In Kapstadt protestierten 15 000 tatsächlich oder scheinbar aufgebrachte Muslime. In Indien kam es zu Tumulten. In Afghanistan, wo die Krawalle Menschenleben kosteten, setzten die Taliban für jeden getöteten Zeichner 100 Kilo Gold aus. Für jeden getöteten deutschen, dänischen oder norwegischen Soldaten sollte es fünf Kilo »Kopfgold« geben. In Deutschland kam es zu Protestmärschen. Auch vor dem Axel-Springer-Verlag machte die Wut der Muslime nicht halt. Mit Glück konnte ein Messer-Anschlag auf den damaligen Chefredakteur der Tageszeitung

Die Welt vereitelt werden. Sie hatte die Mohammed-Karikaturen ebenfalls nachgedruckt und das Für und Wider erörtert. Diese Diskussion durchzog alle deutschen Medien. Die einen beriefen sich auf die Pressefreiheit und zeigten die Karikaturen allen Drohungen zum Trotz. Denn die Pressefreiheit, so das Argument, sei auch die Freiheit der Atheisten, sich über Jesus, Jahwe oder eben Mohammed lustig zu machen. Das ist legitim. Fragte man hingegen junge Muslime, so waren die Antworten immer die gleichen. Einerseits fühlten sich die Menschen verletzt, provoziert, unfair behandelt. Doch ebenso einhellig war die Auffassung, dass Karikaturen keine Gewalt rechtfertigen. Mit den Worten der 18-jährigen Türkin Tinya: »Es darf nicht sein, dass deswegen Fahnen brennen, Menschen sterben und ein ganzes Land boykottiert wird.« Die 22 Jahre alte Irakerin Deman hatte sogar das Gefühl, »dass die Demonstranten nur auf einen Anlass gewartet haben, um loszuwüten«.

Bild hat die Karikaturen nicht abgedruckt. Aus Rücksicht. Aus der gleichen Rücksicht, aus der wir auch keine mehr oder minder geschmacklosen Jesus-Karikaturen drucken. Aus Respekt also vor den knapp dreieinhalb Millionen Muslimen, von denen die übergroße Mehrheit mit den Fundamentalisten nichts zu tun haben will.

Allerdings – die Entscheidung war umstritten. Viele Redaktionsmitglieder hielten sie für falsch, für ein Zurückweichen vor der Beleidigungs-Rhetorik des Islam. Immerhin sei die Möglichkeit, religiöse Deutungen zurückzuweisen, sich sogar über sie lustig zu machen, eine der grundlegenden Errungenschaften der Meinungsfreiheit. Würden die Gefühle von Imamen über die Berichterstattung entscheiden, müssten wir aus Respekt vor der christlichen Schöpfungsgeschichte auch auf Darstellungen der Darwin'schen Evolutionslehre verzichten. Ob die Karikaturen gut oder schlecht, geschmacklos oder nicht seien, spiele keine Rolle. Denn aus Sicht eines Gläubigen sei jede Karikatur, egal welcher Qualität, eine Beleidigung. Schließlich habe der Spott über religiöse Fragen gerade im Abendland eine lange Tradition – selbst auf Auftragsarbeiten der katholischen Kirche aus dem 16., 17. und 18. Jahrhundert seien immer wieder ironische Anspielungen auf die Fehlbarkeit des Kirchengründers Petrus und seiner Jünger zu finden. Dass wir uns nicht in diese Tradition stellen wollten, sei eine Kapitulation vor der radikal-islamischen Einschüchterung.

War die Entscheidung also falsch? Sicher ist: Es ging nur vordergründig um Karikaturen. Im Zentrum der Debatte stand etwas anderes, nämlich die Modernität des Islam – ob er, wie der jüdische Publizist Rafael Seligmann schreibt, eine »Religion des Erbarmens« ist, also ob er tolerant gegenüber anderen Lebensentwürfen und der Moderne ist. Oder ob man ihn für eine reaktionäre, in ihrem Verbots- und Sittenkanon unreformierbare Weltanschauung hält, die unvereinbar ist mit Demokratie, Gleichberechtigung und westlichen Freiheitsrechten. Wenn man Seligmanns Auffassung teilt, kann man den Dialog suchen.

Unstrittig ist: Die Scharia, der Rechts- und politische Lebenskanon des Islam, ist mit unseren Vorstellungen von Recht und Gleichberechtigung unvereinbar. Wenn er also integraler Bestandteil des muslimischen Glaubens ist, wie viele Imame immer wieder betonen, ist der Islam nicht verfassungskonform. Das ist die Frage, die man der Ditib, Herrn Ayyub Axel Köhler und allen islamischen Repräsentanten in Deutschland stellen muss: Ob ein Islam ohne Scharia, also gleichsam in säkularisierter Form, vorstellbar ist. Und was eigentlich die islamischen Verbände leisten und geleistet haben, um die Scharia, also den verfassungsfeindlichen Teil des Islam, ausdrücklich zurückzudrängen?

Vielleicht bin ich in dieser Hinsicht ein naiver Gutmensch: Ich glaube an die Integrationsfähigkeit der Muslime, aber nur, wenn die Scharia aus dem Islam vollständig herausoperiert wird. Dann mag Integration möglich sein. Auch wenn es nicht immer leicht fällt, diese Ansicht begründet zu vertreten. Viel zu viele Muslime in Deutschland schotten sich ab, die Anzeichen einer Parallel- oder Binnengesellschaft mitten unter uns sind nicht zu übersehen.

Niemand kann bestreiten: Unser Staat und unsere Gesellschaft haben bei der Ausländerintegration versagt. Das beginnt schon bei der Sprache – erst 2005 wurden Deutschkurse für Einwanderer Pflicht. Jeder Zweite der rund 2,6 Millionen Türken in Deutschland spricht kaum Deutsch. Doch wer die Sprache nicht wenigstens halbwegs beherrscht, kriegt keinen Job, zumindest keinen qualifizierten. Noch schlimmer stellt sich die Lage bei Kindern und Jugendlichen dar. Denn viele der hier geborenen Migrantenkinder sprechen weder Deutsch noch die Sprache ihrer Eltern richtig. In Berlin fällt mittlerweile jedes vierte Kind bei der Einschulung durch den Sprachtest. 60 Prozent müssen in Deutsch gefördert werden. Erschreckenderweise sprechen junge Türken der dritten Generation oft sogar schlechter Deutsch als ihre schon in Deutschland aufgewachsenen Eltern. Zu deren Schulzeit gab es nämlich noch keine Schulklassen, in denen 90 Prozent der Kinder zu Hause kein Deutsch sprechen.

18 Prozent der Kinder von Zuwanderern verlassen bei uns ohne jeden Abschluss die Schule, nicht zuletzt wegen unzureichender Sprachkenntnisse. 40 Prozent schaffen gerade mal den Hauptschulabschluss. Entsprechend schlecht sind die Chancen der Einwandererkinder auf dem Ausbildungs-

markt. Seit 1999 sank die Zahl der Lehrlinge, die keine deutschen Eltern haben, um fast 30 Prozent. Insgesamt sind etwa 25 Prozent der Ausländer arbeitslos – gegenüber rund 11 Prozent der Gesamtbevölkerung unseres Landes.

Indem wir junge Menschen mit Migrationshintergrund nicht zur Bildung zwingen, und zwar unabhängig vom Willen häufig wissensfeindlicher Eltern, produzieren wir ein Heer von Verlierern. Schon heute sind mehr als 20 Prozent der knapp drei Millionen Sozialhilfeempfänger Ausländer. Sie kosten den Steuerzahler nicht nur etwa 1,3 Milliarden Euro pro Jahr, sondern auch immense Summen für Strafverfolgung, Maßnahmen der Besserung, Resozialisierung – von den Kosten der Opfer ganz zu schweigen. Denn soziale Deklassierung produziert Kriminalität. Jeder dritte Mord, jede dritte Vergewaltigung und jeder dritte schwere Raub wird laut Kriminalstatistik von einem Ausländer begangen. Rechnet man die Taten der sogenannten Deutschen mit Migrationshintergrund, den »Spätaussiedlern«, hinzu, dürfte die Statistik noch dramatischer ausfallen. Allerdings gibt es hierüber keine validen Zahlen, da derartige Erkenntnisse den sozialdemokratischen und grünen Realitätsverdrängern seit jeher diskriminierend erschienen. Außerdem fürchtete man wohl, dass solche Zahlen den multikulturellen Traum kaputt machen könnten. So hintertrieb man jahrelang die Erhebung dieser Daten und tut es noch heute. Ob ein Verbrecher unabhängig von der Staatsangehörigkeit türkischer, russischer, jugoslawischer oder italienischer Herkunft ist, bleibt kriminalstatistisch unberücksichtigt. Hat er einen deutschen Ausweis, gilt er für die Statistik als Deutscher. Es ist der typische deutsche Selbst-Betrug: Statt eine möglicherweise unangenehme Wahrheit zu erfahren (und dann darauf zu reagieren), verzichtet man lieber auf jede Erkenntnis.

Dies laut auszusprechen ist in der deutschen Politik ebenso ein Tabu wie der Hinweis auf den überproportionalen Ausländeranteil an schwerkriminellen Gewalttaten. Nur ganz wenige brechen es und fordern Konsequenzen. Der CSU-Rechtsexperte Peter Gauweiler gehört dazu. »Man hätte von Anfang an Ausweisung und Wiedereinreiseverbote als Nebenstrafe ins Strafrecht aufnehmen müssen. Stattdessen wurde jahrelang über das Aufenthaltsrecht von Straftätern prozessiert, und sie durften im Land bleiben.«

Das Versagen unserer Integrationspolitik gilt übrigens genauso dramatisch für die Kinder der Spätaussiedler aus Osteuropa. Dort zeigen sich die gleichen Missstände: Bildungsdefizite, Kriminalität, Ausbildungsnotstand und soziale Deklassierung. Nach vier Jahrzehnten Migrationsgeschichte hat die Trennung zwischen Zugewanderten und Einheimischen nicht ab-, sondern zugenommen. In den Großstädten sind regelrechte Ausländerghettos entstanden. In Hamburg Steinwerder sind 62,5 Prozent der Bevölkerung Ausländer, hauptsächlich Türken und Araber, in Berlin-Wedding 33 Prozent. Dort und anderswo haben sich Parallelgesellschaften herausgebildet. Eine Stadt in der Stadt mit ihren eigenen Geschäften, Reisebüros und Ärzten; ein Staat im Staate, der abseits unserer Rechts- und Verfassungsordnung sein Eigenleben führt. Es ist eine halb selbst gewählte, halb von außen verursachte Isolation, ein Sich-Abschotten gegenüber einer oft als verdorben empfundenen Umwelt. Das ist die Realität von Multikulti, nämlich Monokulti – ergänzt durch Unverständnis gegenüber den Deutschen und ihrem Lebenswandel.

Necla Kelek, die türkischstämmige Publizistin und Trägerin des Geschwister-Scholl-Preises, spricht im Zusammenhang mit der Ghettoisierung ihrer Landsleute von einer »archaischen, oft religiös begründeten Kollektivkultur«, die elementare Rechte unserer Verfassung verletze. Sie fährt fort: Mindestens die Hälfte der nach Deutschland gekommenen Türken »leben in der Moderne, sind dort aber nie angekommen. Sie leben in Deutschland nach den Regeln eines anatolischen Dorfes. Sie haben sich in ihren Glauben, in ihre Umma (islamische Gemeinschaft), eine Parallelwelt zurückgezogen und reproduzieren sie, indem sie ihre Kinder so erziehen, wie sie selbst erzogen worden sind.« Dass die säkulare Türkei in weiten Teilen längst ein weltoffenes und hochmodernes Land ist, hat auf viele hier lebende Türken keinen Einfluss. Im Gegenteil – »ost-anatolische Verhältnisse« haben in Deutschland oft mehr Entfaltungsraum als in der Türkei, das sprechen deren Verfechter hier ganz offen aus. Die Ironie: Wir helfen mit, dic große Leistung von Kemal Atatürk – nämlich die Trennung von Kirche und Staat in der Türkei – zu annullieren. Und dann sehen wir hilflos, dass dort ausgerechnet die Armee das letzte Bollwerk der atatürkischen Reformen ist.

So entschied das Bundesverwaltungsgericht, eine 13-jährige Türkin müsse nicht am Sport- und Schwimmunterricht teilnehmen, wenn Jungen und Mädchen dort nicht streng voneinander getrennt seien. Die Familie des Mädchens hatte vorgebracht, dass das Kopftuch ihrer Tochter ja verrutschen könne. Deutsche Richter erlaubten Muslimen auch, ihre Kinder – meist die Töchter – vom Aufklärungsunterricht, von Theaterbesuchen oder Schulfeiern abzuhalten. Dass sie damit für die Religionsfreiheit der Eltern, aber völlig gegen die kindlichen Entwicklungschancen und das Integrationsinteresse der gesamten Bevölkerung entschieden, war sekundär. Wie auch die Tatsache, dass die Glaubensvorschriften – mit denen die Kläger immer argumentierten – »nach westlichen Maßstäben einseitig zu Lasten der heranwachsenden Frauen« gingen.

Genau auf dieser Linie entschied 2002 das Oberverwaltungsgericht von Nordrhein-Westfalen, eine muslimische Schülerin der zehnten Klasse müsse nicht mit auf Klassenfahrt. Die Eltern hatten argumentiert, Mädchen ohne Begleitung eines männlichen Familienmitglieds mitfahren zu lassen sei nach islamischen Maßstäben unsittlich. Völlig sprachlos machte im Jahr 2004, dass das Bundessozialministerium deutschen Krankenkassen mitteilte: »Polygame Ehen sind anzuerkennen, wenn sie dem Heimatrecht der in Betracht kommenden Personen entsprechen.« Mit anderen Worten: Wer aus einem Land kommt, in dem mehrere Ehefrauen gestattet sind, kann seine Zweitfrau unter bestimmten Bedingungen bei uns mitversichern – beitragsfrei.

Wozu falsche Toleranz führt, erleben Lehrer regelmäßig: Mehr und mehr Schüler nehmen aus religiösen Gründen nicht an Klassenfahrten teil, nicht am Schwimmunterricht, nicht am Sportunterricht. Auf Internetseiten finden sich gut formulierte Musterbriefe, verwaltungsrechtliche Anträge und das ganze Prozedere für die Erkämpfung von Minderheitenrechten. Integrations- und frauenfeindlichen Minderheitenrechten, wohlgemerkt.

So schafft man in Deutschland die schon erwähnten ostanatolischen Verhältnisse. Dort sind, im Einklang mit dem islamischen Recht, die Töchter Eigentum des Vaters. Verheiratet werden die jungen Frauen von den Familienoberhäuptern. Der Ehevertrag ist in strenggläubigen Familien eine Art Kaufvertrag. Der Mann erwirbt damit den Gehorsam der Frau und ihre ständige sexuelle Verfügbarkeit. Dabei ist es eine lange Tradition, dass die Unschuld der Braut bewiesen wird, indem der Bräutigam in der Hochzeitsnacht das blutige Bettlaken präsentiert.

Da eine »beschmutzte Braut« die Ehre der Familie kosten kann, entstand in Deutschland ein neuer Zweig der plastischen Chirurgie: die Wiederherstellung des Jungfernhäutchens. Der ärztliche Leiter der Klinik Sanssouci in Potsdam ist für nicht wenige junge Frauen die letzte Hoffnung, ihre Unschuld wiederzuerlangen. Die meisten gehen jedoch zu irgendwelchen Pfuschern. Die Dunkelziffer ist hoch, meint die türkische Buchautorin Serap Cileli *(Wir sind eure Töchter, nicht eure Ehre)*. Wer als Frau aus dieser archaischen Welt ausbricht und in die unsere überwechselt, wird verstoßen wie eine Aussätzige. Im schlimmsten Fall droht der Tod, wie im Fall von Hatun Sürücü. Die 23-jährige Berlinerin wurde 2005 von einem Bruder mit mehreren Schüssen in Kopf und Oberkörper regelrecht hingerichtet. Das Tatmotiv: die verletzte Familienehre, weil Hatun wie eine Deutsche leben wollte. Es war einer von fünf sogenannten Ehrenmorden, die in Berlin verübt wurden. In Deutschland gab es davon seit 1996 fast 60 Fälle. 60 in Wahrheit ehrlose Morde. Sie wurden in dem Klima einer Parallelwelt erdacht und verübt, die mit unseren Grundwerten und Rechtsvorstellungen nichts mehr zu tun hat. Dass so etwas bei uns passiert, ist schlimm. Noch schlimmer ist, wenn der Chefpsychologe der Berliner Polizei das Problem offenbar nicht versteht, indem er sagt, dass »bekanntlich auch deutsche Männer Eifersuchtsmorde« begingen. Als ob beides miteinander vergleichbar wäre. Ein gestörtes Verhältnis zu unseren Werten vermittelte auch der skandalöse Urteilsspruch einer Frankfurter Richterin. Sie wollte einer aus Marokko stammenden Frau, die sich von ihrem gewalttätigen Ehemann getrennt hatte, keine verkürzte Scheidungsfrist einräumen. Begründung: Die vom Ehemann drohenden Prügel seien im Rahmen des islamischen Frauenbildes doch zu erwarten gewesen.

Dass eine islamische Parallelgesellschaft entstanden ist, liegt auch an unseren völlig falschen Vorstellungen von Integration. Man glaubte, man brauche nur tolerant zu sein, dann gingen die Migranten wie von selbst in unserer Gesellschaft auf. Der Historiker Arnulf Baring bringt die Sache auf den Punkt, wenn er schreibt: »Oft hofften unsere Politiker, ›authentisch gebliebene‹ Ausländer würden Deutschland positiv aufmischen. Viele wohlmeinende, aber tatsachenblinde Politiker und Kirchenführer haben das Problem fehlender Integration lange verharmlost. Alle Lager haben die Gefahren einer scheiternden Integration nicht wahrhaben wollen. Weithin tun sie das noch immer – sehr häufig inzwischen wider besseres Wissen.«

Heute wird vermutlich auch der hartnäckigste Verfechter multikultureller Ideale zugestehen, dass die Integration vieler Muslime in Deutschland gescheitert ist. Und natürlich kann man versuchen, nun gegenzusteuern – mit noch mehr Sprachkursen, Bildungsangeboten, auch mit Druck. Dennoch bleibt die Frage: Wozu? Wird uns das vor der Radikalisierung schützen? Werden wir dann keine »Ehrenmorde« mehr erleben, keine Terroranschläge, keinen Frauenhandel? Das ist die unangenehmste Frage, und wer sie verneint, muss alle »Dialoge« beenden.

Skepsis ist angebracht. Die Attentäter von London und Glasgow im Juli 2007 waren Ärzte und Ingenieure, studiert, erfolgreich im Beruf – mehr »integriert« geht nicht. Die Attentäter vom 11. September 2001, die aus Deutschland kamen, hatten jahrelang hier gelebt, mit deutschen Zeitschriften, deutschem Fernsehen, mit all dem europäisch-entspannten Verhältnis zu Alkohol und Sexualität. Dennoch oder gerade deshalb steuerten sie die Flugzeuge ins World Trade Center. Die Attentäter der Anschläge von London im Juli 2005 waren voll integrierte Migranten der zweiten und dritten Generation. Ihre Väter spielten Cricket, ihre Mütter Bridge, verpassten keinen 5-Uhr-Tee und waren erfolgreiche Mediziner oder Unternehmer. Ihre Söhne hatten eine hervorragende Ausbildung, alle Türen standen ihnen offen. Trotzdem wählten die Kinder den Terrorismus – vermutlich weil sie gerade die Annäherung der Eltern an das westliche Leben verachteten, ihn als Ausverkauf des wahren muslimischen Glaubens sahen. Wozu dann die Integrationsbemühungen, wenn sie doch in Terror enden?

Natürlich kann man darauf verweisen, dass nur eine kleine Minderheit den Weg in den radikalen, terroristischen Fundamentalismus wählte. Aber wird nicht umgekehrt viel mehr ein Schuh daraus? Muss die Frage nicht lauten: Wenn schon Muslime mit Top-Ausbildung aus erfolgreichen, voll integrierten Familien in den Dschihad gegen den Westen ziehen, wie ist dann erst das Potenzial unter den sozial Deklassierten? Die muslimischen Einwanderer der ersten Generation kamen nach Europa, weil sie ein besseres Leben suchten. Das war ihr Traum, ihm wurde alles untergeordnet. Der Westen bot einfache Arbeit, die keine oder nur geringe Ausbildung erforderte – in Kohlegruben, im Schiff- und Häuserbau, in Textilfabriken. Man arbeitete hart, damit man es selbst einmal besser hätte, und auch die Kinder. Aber die Kinder, zumindest die Enkel und Urenkel, haben es nicht besser. Denn die meisten einfachen Jobs sind weggefallen. Ohne ausreichende Sprachkenntnisse aber, ohne gute Ausbildung haben junge Menschen auf dem westeuropäischen Arbeitsmarkt keine Chance. Und selbst bei den größten Rechenschwächen können sie eines gewiss überschlagen:

Dass sie mit »social welfare« oder Hartz IV kein großes Leben führen können und alle Verlockungen weit außer Reichweite bleiben: die teuren Autos, die schicken Klamotten, die großen Wohnungen. Sie spüren, dass sie die Parias sind, die Verlierer. So lernen sie zu verachten, was sie nicht erreichen können, und fallen zurück auf das, was Geborgenheit verspricht: auf die eigene Kultur und die Wut auf die Gesellschaft, die ihnen die Teilhabe angeblich vorenthält.

Das gilt natürlich nicht einmal im Ansatz für die Mehrheit, aber die Gefahr einer Radikalisierung des muslimischen Prekariats in den westeuropäischen Großstädten ist nicht zu übersehen. Brennende Autos, von jungen muslimischen Franzosen in den Pariser Vororten angezündet, gehören mittlerweile zum regelmäßig gezeigten TV-Repertoire. Als die Briten 1990 in den ersten Golfkrieg gegen Saddam Hussein zogen, kam es zu tagelangen Straßenschlachten zwischen britischen Muslimen und britischer Polizei, brannten Manchester, Birmingham, Liverpool – weil sich viele Gläubige der Umma, der muslimischen Gemeinschaft, verpflichtet fühlten und damit ihrem irakischen »Brudervolk«. Wohlgemerkt, es waren englische Muslime, also Menschen mit britischem Pass. Als es aber zum Schwur kam, war die Loyalität gegenüber dem eigenen Land vergessen.

Auch in Deutschland ist der Islam auf dem Vormarsch. Überall entstehen neue Moscheen und Gebetshäuser. Derzeit gibt es bundesweit 2500 davon. Neben den 159 existierenden Moscheen sind 128 weitere in Planung, darunter die wohl prächtigste in Duisburg, die mit staatlicher Millionenförderung entsteht. Auch sonst sind unsere Behörden großzügig, wenn es um den Bau islamischer Gotteshäuser geht. In Berlin-Neukölln waren beide Minarette der Sehitlik-Moschee um jeweils acht Meter und die Kuppel um fünf Meter zu hoch. Machte nichts, die zuständigen Stellen ließen den vorübergehenden Baustopp – gegen ein Strafgeld – wieder aufheben. So schafft man Fakten. Der Protest vieler Neuköllner wurde ignoriert. Auch beim Bau der Großmoschee in Köln-Ehrenfeld war das so. Zum Anwalt der betroffenen Anwohner machte sich der Schriftsteller Ralph Giordano. Er nahm die Sorgen vieler Ehrenfelder ernst, dass der Moschee-Bau den sozialen Frieden in dem Viertel stören und sie verdrängen könnte. Das muss nicht passieren. Es sei aber erschreckend, dass sich so viele Menschen nicht trauten, ihre ablehnende Haltung gegenüber der Moschee zum Ausdruck zu bringen, »weil sie entweder Angst haben, in die rechtsextreme Ecke gestellt oder von Muslimen bedroht zu werden«, meint Giordano, der unter Hitler verfolgt wurde. Nun bekommt er nicht mehr nur von Neonazis Morddrohungen, sondern auch von Islamisten.

Wir wollen weiter tolerant sein – und begreifen dabei oft nicht den Unterschied zwischen Toleranz und Wegschauen. Nicht selten ist das Motiv auch platteste Ranwerferei. So machte sich der rot-grüne Umweltminister Jürgen Trittin 2004 für die Einführung eines gesetzlichen Feiertags für Muslime stark. »Beim Barte des Propheten – schickt Trittin in die Wüste«, titelte *Bild* und zeigte Trittin per Fotomontage mit Bart und Turban. Körbeweise kamen Leserbriefe, und alle hatten den gleichen Tenor: Sind die Grünen eigentlich komplett verrückt? Die islamischen Verbände waren hingegen begeistert. So viel aktive Toleranz war ihnen noch nicht widerfahren. Askar Mahmut, Generalsekretär der Türkisch-Islamischen Kulturvereine in Europa, nahm dies dennoch als Selbstverständlichkeit: »Wenn man auf Minderheitenrechte Wert legt, ist ein muslimischer Feiertag überfällig.« Wer käme wohl im Iran auf die Idee, Christi

Himmelfahrt als Feiertag einzuführen? Nun ist Deutschland zum Glück nicht der Iran. Aber deshalb müssen wir vor lauter Multikulti-Träumereien noch lange nicht anfangen, unsere kulturelle Identität von unverhältnismäßigem Minderheitenschutz einschränken zu lassen.

Aber genau das sind wir im Begriff zu tun: Wir weichen zurück, aus Furcht vor dem immerdrohenden Rassismus-Vorwurf. So auch beim Kopftuch-Streit an den Schulen. Wer will denn noch das Kopftuch als Ausdruck islamischer Ideologie betrachten? Die bayerischen Sozialdemokraten und Grünen jedenfalls nicht mehr. Sie stimmten im Herbst 2006 im Bayerischen Landtag bereits für eine Aufhebung des Verbots.

Es wäre ein interessanter Lackmustest, einmal die deutschen islamischen Verbände in die Pflicht zu nehmen. Das würde sehr viel schneller als jede gut gemeinte Islamkonferenz mit dem Innenminister deutlich machen, ob der Islam tatsächlich mit freiheitlich-demokratischen Wertvorstellungen vereinbar ist. Fünf Jahre sollte man den Islamverbänden geben – dann sollten beispielsweise handfeste Erfolge bei der Gleichstellung der Frauen und deren sexueller Selbstbestimmung zu sehen sein. Dann sollten sie auch die Sofortmaßnahmen umgesetzt oder zumindest unterstützt haben, die die schon erwähnte türkischstämmige Schriftstellerin Necla Kelek vorschlägt: Kindergarten mit Sprachförderung ab dem 5. Lebensjahr zur Pflicht zu machen. Keine Befreiung mehr von Sexualkunde- und Schwimmunterricht aus religiösen Gründen zuzulassen. Öffentliche Kontrolle der Koranschulen, Unterricht auf Deutsch, gleichberechtigten Zutritt für Männer und Frauen durchzusetzen. Moscheen müssten ferner Satzung und Finanzen offenlegen und sollten Deutschkurse anbieten.

Die Frage, ob der Islam letztlich mit demokratischen

Grundsätzen in Einklang gebracht werden kann, muss auch aus demografischen Gründen bald beantwortet werden – nämlich bevor der Islam in Deutschland so mächtig ist, dass er das Bundesverfassungsgericht abschafft. Eine absurde Vorstellung, werden viele meinen, und tatsächlich ist das noch nicht zu befürchten. Doch schleicht der Frevel, nach einem berühmten Wort, auf Socken durchs Tor. In der laizistischen Türkei wurde gerade ein Gouverneur entlassen, weil er versäumt hatte, einen strenggläubigen Minister darauf hinzuweisen, dass ein bisschen Wein im Essen war. Hätte man vor 30 Jahren diese Geschichte einem Freund aus Istanbul erzählt, hätte er sie für ebenso absurd und unvereinbar mit den Regeln der türkischen Verfassung empfunden wie wir heute die Abschaffung des Bundesverfassungsgerichts.

Nicht nur Kulturpessimisten, sondern auch Demografen glauben, dass dem Islam in Deutschland die Zukunft gehören wird. Der Grund: die niedrige Geburtenrate der deutschen Frauen einerseits und die große Kinderschar in muslimischen Familien andererseits. Der Bevölkerungsforscher Herwig Birg prognostiziert, dass wir in Deutschland einen regelrechten Bevölkerungsaustausch erleben werden, wie es ihn seit der Völkerwanderung nicht mehr gegeben hat. So wird der Anteil an der Gesamtbevölkerung mit einem Migrationshintergrund nach moderaten Schätzungen trotz rückläufiger Zuwanderung von 7,3 Millionen (8,8 Prozent 2003) bis zum Jahr 2030 auf 12,6 Millionen (16,9) Prozent ansteigen. Bis zur Mitte des Jahrhunderts rechnen Demografen mit einem Anteil von bis zu 30 Prozent. In Großstädten, wie zum Beispiel Frankfurt, Hamburg und München, werden schon in drei Jahren 50 Prozent der unter 40-Jährigen einen Migrationshintergrund haben. In der übergroßen Mehrheit wird es sich dabei um Muslime handeln.

Die Soziologen Meinhard Miegel und Stefanie Wahl sahen dahinter schon Mitte der 90er-Jahre eine Art Naturgesetz beziehungsweise eine zivilisatorische Zwangsläufigkeit. In ihrem damals wenig beachteten Buch *(Das Ende des Individualismus)* stellten sie einen Zusammenhang zwischen Individualisierung und Geburtenrückgang her und wiesen nach, dass individualistische, also moderne Gesellschaften weitaus weniger fruchtbar sind als kollektivistische. Meinhard Miegel und seine Koautorin kamen zu dem niederschmetternden Schluss: Wir werden durch die Menschen anderer Kulturen verdrängt werden. Leben die Menschen im Westen so weiter wie bisher – so die Verfasser –, wird ihre Kultur schon in wenigen Generationen von den Mehrheiten überlagert.

Solche Endzeitszenarien dürfen uns nicht dazu veranlassen, den Kopf in den Sand zu stecken. Sie müssen uns aufrütteln, damit wir endlich handeln. Tun wir das nicht, geht die Islamisierung weiter. Das Antlitz unseres Landes wird sich weiter verändern: Die Wohnghettos in den Großstädten werden wachsen. Muslimische Organisationen werden Gewicht und Einfluss auf die deutsche Politik vergrößern. Schon heute stellen die Muslime ein beachtliches Wählerpotenzial dar, um das sich die Parteien bemühen. Die Gründung muslimischer oder muslimisch gesteuerter Parteien ist demnach nur noch eine Frage der Zeit. Und ein muslimischer Regierungschef rückt bis zur Jahrhundertmitte in den Bereich des Möglichen.

Wenn er seine Religion als Privatangelegenheit betrachtete und sie nicht in Widerspruch zu unserer freiheitlich-demokratischen Grundordnung brächte, gäbe es dagegen nichts einzuwenden. Auch in den USA sind Einwanderer, auch solche aus nichtwestlichen Kulturen, längst in höchste

Staatsämter aufgerückt. Zwischen New York und Los Angeles leben Menschen unterschiedlichster Herkunft und Religion friedlich zusammen – weil sie sich alle zu ihrem Land und seinen Werten bekennen. Sie alle fühlen sich zuallererst als Amerikaner. Dagegen fühlen sich Muslime, wie die Beispiele in England zeigen, häufig zuerst als Mitglieder der Umma, der großen islamischen Bruderschaft, nicht als Angehörige ihres Staates.

Doch vielleicht hat unser Zögern, von den Muslimen ein uneingeschränktes Ja zu unseren Werten einzufordern, noch einen anderen Grund: Weil wir vielleicht selbst nicht mehr genau wissen, was unsere Werte sind? Hindert uns unser schwieriges Verhältnis zu uns selbst, zu Deutschland und seiner Geschichte, von den Muslimen ein klares Bekenntnis zu unserem Land zu verlangen? Bei der Diskussion über den sogenannten Muslimtest wurde dies offenkundig. Die Deutschen stritten sich erbittert, ob ein solcher Gesprächsleitfaden für die Einbürgerung überhaupt erforderlich sei, welche Fragen gestellt werden dürften, welche nicht. Von »Gesinnungsschnüffelei« und von »Kleinkariertheit« war die Rede – eine bezeichnende Formulierung: Offensichtlich sind die Grundwerte der Verfassung für viele Deutsche nur ganz kleines Karo.

Dass unser Entgegenkommen oftmals keine Toleranz, sondern nur Furcht vor dem Rassismusvorwurf und schlechtes Gewissen ist, hat man auch im Ausland bemerkt. So schrieb die *New York Times*, dass die grenzenlose Toleranz, die die Deutschen aufgrund ihrer Vergangenheit auch den Feinden der Toleranz zukommen ließen, schädlich sei. Deutschland müsse aufhören, eine Freizone für Extremisten aus aller Welt zu sein, nur um zum tausendsten Mal die Überwindung der eigenen totalitären Vergangenheit zu beweisen. Drastischer formuliert: Die falsche Großzügigkeit gegenüber islamischen Fundamentalisten wird den Holocaust nicht vergessen machen; dass sie eventuell dessen Fortsetzung ermöglicht, ist eine der besonders absurden Konsequenzen des deutschen Verständniswahns.

Diesen Wahn der Verständigung hat Henryk M. Broder treffend beschrieben. *Hurra, wir kapitulieren!* heißt sein kleines Buch, in dem er all die Beispiele der Selbstaufgabe und des vorauseilenden Gehorsams versammelt hat. Wer nämlich vor dem Islam kuscht, wer Angst hat, der hat in jedem Fall schon verloren.

»Die Deutschen«, meinte Churchill, »hat man entweder an der Kehle oder an den Füßen.« Vielleicht sollte man versuchen, Churchill zu widerlegen und ein nüchternes, balancierteres Verhältnis auch gegenüber dem Islam zu finden, als es derzeit der Fall ist. Gebrauchen wir doch unseren gesunden Menschenverstand im Umgang mit den Muslimen in Deutschland. Der müsste uns klipp und klar sagen: Wer zu uns kommt, hat sich nach unseren Regeln zu richten. Er muss sich – wie wir alle – unserem Recht und Gesetz unterordnen. Auch Religionsfreiheit gilt nicht uneingeschränkt, sondern hört da auf, wo andere verfassungsmäßige Rechte verletzt werden.

Necla Kelek formuliert es so: »Wer als Migrant gekommen ist, muss Deutschland als seine wahre Heimat annehmen.« Wer das tut, muss uns willkommen sein und ist uns willkommen. Wer dies jedoch nicht tut, darf sich gern als Tourist an unserer »westlichen Verkommenheit« ergötzen und möge dann wieder zurückreisen in seine nach anderen Wertvorstellungen funktionierende Welt.

Wir sind Papst – oder doch nicht?

Wie die Deutschen vom Glauben abfallen

Aus einer Straßenumfrage des Südwestdeutschen Rundfunks:

Reporterin: Was bedeutet eigentlich Weihnachten?
Mädchen: Ja, Freude, Feiern …
Reporterin: Und was bedeutet das? Was ist die tiefere Bedeutung?
Mädchen: Oh Gott, weiß ich gar nicht. Irgendwas wegen, nee, weiß ich nicht …

Reporterin: Was ist eigentlich die tiefere Bedeutung von Weihnachten?
Mann: Geschenke kriegen.

Reporterin: Warum feiert man Weihnachten?
Frau: Da ist Gott auferstanden.
Reporterin: Gott ist auferstanden? Von was?
Frau: Von den Toten.
Reporterin: Ach was …
Frau: Ja, der hat doch diesen, diesen Stein weggeschoben.

Reporterin: Weihnachten. Wie lange ist das her?
Jugendlicher: Das ist schon ein paar hundert Jahre her.
Reporterin: Wie lange ungefähr?
Jugendlicher: Zweihundert, oder? Ja, zweihundert.

Reporterin: Was ist Ostern?
Junge: Es hat was mit Hasen zu tun.

Reporterin: Weißt du, was Ostern bedeutet?
Mädchen: Ja, Freude, Eier suchen, das ist ja der Sinn an Ostern, dass man die Eier suchen kann.
Reporterin: Schon mal was von Jesus gehört und von Auferstehung?
Mädchen: Nein.
Reporterin: Oh.

Reporterin: Was genau heißt Karfreitag?
Frau: Die Auferstehung Jesi, nee, Jesus.
Reporterin: Am Karfreitag?
Frau: Ja.
Reporterin: Am Karfreitag ist er gestorben.
Frau: Ach echt? Cool.

Reporterin: Was genau heißt Karfreitag?
Mann: Ein Feiertag.
Reporterin: Und warum heißt er Karfreitag?
Mann: Weil er nicht auf einen Montag fällt.

Reporterin: Was ist der Karfreitag?
Junge: Ferien.
Reporterin: Und was bedeutet das?
Junge: Keine Schule.

Reporterin: Ich meine, was hat der für eine Bedeutung?
Junge: Weiß ich nicht.
Reporterin: Da ist Jesus gestorben.
Junge: Nein, das stimmt, glaube ich, nicht. Früher oder so war das der einzige freie Tag für die Arbeiter. Da hatten die nur an Karfreitag frei.

Natürlich sind spontane Straßenumfragen eines Radiosenders keine wissenschaftlich gültige Aussage. Aber sie lassen ahnen, wie fremd und fern vielen Menschen Glaube und Religion geworden sind.

Nur den Menschen auf der Straße? Oder auch den Richtern des Bundesverfassungsgerichts? Sie entschieden 1995, dass Kruzifixe in bayrischen Schulzimmern nichts zu suchen hätten. Weil damit Andersgläubige und Atheisten in ihrem grundgesetzlichen Anspruch auf Achtung ihres Glaubens wie Nichtglaubens beeinträchtigt würden.

War das richtig entschieden? Zweifel sind erlaubt. Begreift man das Kreuz ausschließlich als Symbol des Christentums, kann man zur Ansicht der Bundesverfassungsrichter kommen. Wer aber das Kreuz als Ausdruck der abendländischen Kultur, unseres Menschen- und Weltbildes ansieht, dürfte eher zu einer anderen Entscheidung gelangen.

Diese doppelte Bedeutung des Christentums wird oft übersehen. Das Christentum ist nicht nur Religion, es ist als Grundlage unserer Kultur auch Basis unserer Maßstäbe, vieler gesetzlicher Normen, von Anstand und Sitte. Selbst »Deutschlands Meisterdenker« *(Der Spiegel)*, der Atheist Jürgen Habermas, räumt ein, dass sich auch der aufgeklärte Verfassungsstaat auf den real existierenden Gottesglauben stütze; es brauche eine Aufgabenteilung von Glaube und Vernunft. Mit anderen Worten: Unser demokratischer Staat ruht auf Fundamenten, die das Christentum gelegt hat: Toleranz, Fairness, Achtung des Anderen, Solidarität, also auf der Moral des politischen Umgangs im Blick auf das Gemeinwesen. Erodiert das Christentum, kracht's auch im Gebälk von Staat und Gesellschaft – und zwar viel mehr, als mancher glauben mag.

Verblüffenderweise scheint kaum jemand besorgt. Wer Themen wie Religion oder Christentum anspricht, erntet bestenfalls ein müdes Lächeln. Der dramatische Mitgliederschwund der Kirchen wird betrachtet wie der Niedergang von Faustball- oder Rhönradvereinen, als Angelegenheit ohne Bedeutung, als gesellschaftspolitische Marginalie. Dass der christliche Glaube mit seiner Betonung von Demut und Menschlichkeit gegen Maßlosigkeiten wie die der Politik immunisiert, dass er gerade in seinem unverrückbaren humanitären Kern Halt gibt, scheint nebensächlich. Dabei zeigt beispielsweise die historische Forschung, dass der anhaltende Widerstand gegen den Nationalsozialismus vor allem von Gläubigen kam: Wer an die Bergpredigt glaubt, betrachtet Menschen nicht als lebensunwertes Ungeziefer. Dagegen verfolgte der politisch motivierte Widerstand, sofern er nicht selbst christlich oder zumindest humanitär fundiert war (wie der sozialdemokratische), oftmals ebenso totalitäre Ziele wie der Nationalsozialismus; spätestens nach dem Hitler-Stalin-Pakt war den kommunistischen Gegnern dann auch ideologisch das Rückgrat gebrochen.

Dennoch hat der Glaube, anders als beispielsweise in den USA, in unserer Politik und unseren Medien keine Heimat – und auch nicht in Europa. Selbst der – letztlich gescheiterte – europäische Verfassungsentwurf verzichtete ausdrücklich auf einen Gottesbezug. Wer Atombomben bauen, wer den Plan der Schöpfung genetisch entschlüsseln kann, braucht vor lauter Gottähnlichkeit wohl keinen Gott mehr.

Auch in den Schulen spielt der christliche Glaube immer weniger eine Rolle. Der Religionsunterricht wird teilweise abgeschafft oder, wie in Brandenburg, durch einen wertfreien Lebensgestaltungs-, Ethik- und Religionen-Unterricht ersetzt, eine Art pädagogischen Grabbeltisch für Wertvorstellungen im Schlussverkauf. An einer Hamburger Grundschule wurde das Ende des Ramadan zum Anlass genommen, ausführlich den Islam zu erläutern, einschließlich Gebetsteppich und Moschee-Besuch; zum wenige Tage späteren Reformationstag fiel dem Lehrer im protestantischen Hamburg allerdings gar nichts ein – kein Wunder, ist er doch schon weitgehend durch Halloween verdrängt. So fand weder der Tag des Wittenberger Thesenanschlags Erwähnung noch Glaubensinhalte oder Martin Luther, obwohl dessen Bedeutung für die deutsche Geschichte möglicherweise doch höher ist als die Mohammeds.

Geht es ums Christentum, herrscht geradezu Bekenntnisfurcht. Deutsche bekennen sich, salopp formuliert, lieber zu ihrer Vergangenheit in Waffen-SS, Stasi oder im Kommunistischen Bund Westdeutschland als zu ihrer Kirche. Mehr als jede andere Institution wird von Intellektuellen vor allem die katholische Kirche als Bedrohung empfunden, als antiliberal, weltfremd, gar als Fessel des ›wahren‹ religiösen Bekenntnisses der Volkskirche. Dass uns mit Blick auf den Islam eher der ungebundene, der volkskirchenhafte Furor des Religiösen Sorge machen sollte, dass Rituale auch Ausdruck von Stabilität und Verlässlichkeit sind, wird immer noch nicht begriffen.

Die Hartnäckigkeit, mit der vor allem Linke gegen die katholische Kirche ziehen, lässt nach den Motiven fragen. Nehmen die Linken dem Vatikan immer noch übel, dass man dort im Stalinismus kein Menschenglück sah? Dass er die oft beschworene »humane Qualität« des Lebens in Vietnam oder Kambodscha unter den Kommunisten sehr viel nüchterner einschätzte als umnebelte Kommunarden? Oder stört sie das christliche Bekenntnis zu Verzicht und Armut, also dessen antimaterialistische Haltung, die viele Linke in ihren Eigentumswohnungen und toskanischen Landhäusern längst verraten haben? Auf jeden Fall wundert die geradezu rachsüchtige Konstanz, mit der die immer gleichen Vorwürfe erhoben werden: die Verbrechen bei der Christianisierung Lateinamerikas, Kreuzzüge, Inquisition, Hexenverbrennung – Untaten, wie sie von der katholischen Kirche längst eingestanden werden. Und dann besonders die Haltung zum Zölibat, zu Verhütung und Abtreibung, sowie zur Ordination von Frauen.

Dass man all dies diskutieren kann, ist unbestritten. Aber kann das prinzipielle Tötungsverbot unabhängig von Alter, Gesundheits- und Entwicklungszustand, an dem die katholische Kirche festhält, ihr wirklich zum Vorwurf gereichen? Betont sie mit dem Marienkult die Position von Mutter und Frau nicht viel mehr als beispielsweise die protestantische Kirche, bei der Frauen, trotz der überragenden Bedeutung von Maria und Maria Magdalena in der Passionsgeschichte, wie an den Rand gedrückt wirken? Ist der Zölibat als Ausdruck einer ungeteilten Liebe zu Gott wirklich eine so kritikwürdige Einrichtung? Und was legen die ebenso öden wie zwanghaften Verweise auf Inquisition, Hexenverfolgung und Kreuzzüge anderes nahe, als dass diese Kirche sich grundlegend gewandelt hat? Niemand wirft den Muslimen die Massaker bei der Eroberung von Konstantinopel, Jerusalem oder Budapest vor; niemand den schwedischen Protestanten die Verwüstungen Deutschlands im Dreißigjährigen Krieg. Warum kennt dann das

Buch der katholischen Kirche in den Augen ihrer Gegner keine abgeschlossenen Kapitel?

Wie gesagt, man kann die Geschichte des Katholizismus, wie auch Aspekte von Glauben und Kirchenverfassung, durchaus kritisch sehen. Aber doch nur in Kenntnis all dieser Fragen und auch mit Blick auf die Leistungen der Kirche für Erziehung, Altenpflege, Volksbildung, Kultur. An beiden Voraussetzungen fehlt es jedoch fast immer, und meist in erschreckender Weise. Selbst bei Intellektuellen stößt man oft auf eine seltsam voraussetzungslose, bestenfalls unbedarfte Kritik, die umso mehr verwundert, als der Islam vergleichsweise milde behandelt wird. Dass dort Frauen hohe religiöse Ämter verwehrt, Abtreibungen verboten sind, und die Geschichte des Islam vom Blut der Ungläubigen geradezu trieft, ist für die wenigsten Kulturrelativisten ein Anlass für Protest und Empörung. Während der Vatikan immer wieder für seine Ablehnung des Kondoms kritisiert wird, hat noch nie irgendwer die gleiche Forderung an islamische Würdenträger herangetragen, obwohl auch dieser Glaube in Afrika mehr als nur ein paar Anhänger hat – ganz abgesehen von der deutschen Naivität zu glauben, ein Wort des Papstes würde augenblicklich alles zum Guten wenden. Wer die Armut Afrikas wie die Versorgungsmängel kennt, die durch endlose Bürgerkriege entstandene Kultur der Vergewaltigung wie auch den verbreiteten Glauben an die Heilkräfte ungeschützten Verkehrs, wird wenig Hoffnung haben.

Gegenüber den christlichen Kirchen ist Kritik Ausdruck von Unabhängigkeit und Urteilskraft; gegenüber dem Islam ist sie für die gleichen Leute kultureller Imperialismus. Ruft ein muslimischer Würdenträger in England, Frankreich oder Deutschland zum Heiligen Krieg, zur Massakrierung der »Ungläubigen«, wird dies lediglich als private Auslegung einer etwas derben Religion betrachtet. Würde ein deutscher Bischof Muslime als »stinkende Affen und Schweine« bezeichnen, »die man endlich ausrotten müsse«, also sich genau der Worte bedienen, die an manchen Koranschulen für Christen und Juden üblich sind, könnte er zu Recht kaum auf Nachsicht hoffen. So ist es immer: Wer den friedlichen Charakter des Islam bestreitet, ist ausländerfeindlich, fast ein Faschist; gegenüber dem durch und durch verträglichen und im Vergleich geradezu unerhört liberalen Christentum von heute ist jeder noch so aberwitzige Vorwurf zulässig.

Während die katholische Kirche unter den Angriffen der Linken leidet, hat die protestantische sich eher aus eigener Kraft beschädigt. Gottesdienste wurden zu Happenings, liturgische Regeln weitgehend verabschiedet, dafür die angeblich volksnahen Gebräuche anderer Länder übernommen: Gospelgesänge, Vater-unser-Rap, meditative Tänze. Dazu Segnungen der Schwulenehe, kirchlich begleitete Ehescheidungsrituale und panreligiöse Dialogangebote. Statt um das Mysterium des Glaubens ging es von nun an in fast jeder Predigt um Tagespolitik: um Gentechnik, Nachrüstung, Atomkraft, Asylrecht. Die Kirche als außerparlamentarische Opposition mit dem einzigen Programmpunkt der Nächstenliebe, und zwar bis zur Selbstverleugnung. So suchte man Verständigung unterschiedslos mit allen und jedem: Mit verbrecherischen Befreiungsmilizen genauso wie mit Kommunisten, mit dem Dalai Lama und Islam: Kuscheltheologie statt Katechismus, Gesellschaftspolitik statt Gotteswort. Immer besserwisserisch, immer klüger als alle Politiker oder Richter – auch die x-te Ablehnung eines Asylantrags durch Gerichte und Behörden natürlich nichts als böser Wille, Faulheit und Missachtung christlicher Nächstenliebe. So macht man den Staat und seine Institutionen zu Monstern, und wenn zuweilen die gesellschaftlich stabilisierende Wirkung der großen Kirchen gelobt wird, sollte man sich ehrlicherweise auch einiger protestantischer Predigten erinnern, die eher aufs Gegenteil zielten. Nicht ohne Grund stammten einige Terroristen und deren Sympathisanten aus dem pietistischen Milieu evangelischer Pfarrhäuser.

Wer schon bisher die Lust der protestantischen Kirche, ihre Glaubensinhalte den Allerweltsmeinungen des Augenblicks anzupassen, mit Sorge beobachtete, hat nun noch mehr Grund zur Skepsis. Anfang 2007 erschien die *Bibel in gerechter Sprache*, ein weiterer Meilenstein auf dem Weg zur zeitgemäßen Trivialisierung des Glaubens. Schon die im Titel liegende Unterstellung, die Luthersche Bibelfassung sei nicht »gerecht« gewesen, dürfte viele Gläubige erstaunen. Nun also wissen wir endlich, wie Gottes Wort »geschlechtsneutral« klingt und, dass eine der größten Übersetzungsleistungen der deutschen Sprache nichts anderes war als eine ungerechte, frauenfeindliche, tief rückständige Übertragung. Dagegen ist die neue Fassung ein echter Gewinn. Hieß es früher »Der Herr ist mein Hirte, mir wird nichts mangeln«, steht nun in gerechtem Deutsch: »Adonaj weidet mich, mir fehlt es an nichts.« Großartig! Zwar nicht ganz so elegant, aber geschlechtsspezifisch neutral! Denn wir alle haben uns bekanntlich immer am maskulinen »Herr« gestört – da musste sich das hebräische »Adonaj« geradezu aufdrängen. Auch »Vater im Himmel« geht gar nicht, will man politisch korrekt sein. Stattdessen »himmlische Quelle«, was zwar ein wenig nach Sulzenhofener Mineralwasser klingt oder nach asiatischen Strauch-, Stein- und See-Göttern, aber den Vorteil hat, dass »Quelle« weiblich ist. Auch »Gott« hat in Teilen ausgedient – aus ihm wird an etlichen Stellen der und die »Ewige«, der und die »Lebendige« oder einfach nur »Er« und »Sie«. Und so immer weiter, ein Stück aus dem Tollhaus. »Adonaj, hilf!«, möchte man rufen und gleichzeitig fragen, welchem Übersetzer und Auftraggeber wie viele Sicherungen durchgebrannt sind. Da »Sicherung« im Deutschen weiblichen Geschlechts ist, dürfte diese Formulierung glücklicherweise auch nicht als betont frauenfeindlich verstanden werden.

Hat der protestantische Glaube eher unter der Anpassung an den Zeitgeist gelitten, stand die katholische Kirche für viele zu quer zu diesem Geist von Selbstverwirklichung und moralischer Relativität. In beiden Fällen wandten sich die Menschen ab. Ganze vier Prozent der 26,8 Millionen evangelischer Christen gehen noch regelmäßig zum Gottesdienst. In der Zeit zwischen 1990 und 2005 verlor die EKD rund 3,2 Millionen Mitglieder. Ähnliche Probleme auch bei der katholischen Kirche in Deutschland: Nahm nach dem Zweiten Weltkrieg noch die Hälfte der Katholiken (50,4 Prozent) regelmäßig an den Eucharistiefeiern teil, taten das im Jahr 2005 nur noch 14,2 Prozent; und auch hier verließen in den genannten 15 Jahren fast zwei Millionen Gläubige die Gemeinschaft der Katholiken, mit entsprechenden Folgen für das Aufkommen an Kirchensteuern.

Kommen jedoch die Kirchensteuereinnahmen zum Erliegen, sterben die Kirchen. Man rechnet damit, dass die Hälfte der 21 000 evangelischen und ein beträchtlicher Teil der 24 500 katholischen Sakralbauten »umgewidmet« werden müssen. Aus Gotteshäusern werden schon heute Restaurants, Büros, Wohnparks und sogar Fitnesscenter – oder sie verfallen, wie im kommunistisch entchristianisierten Osten. »Von dem Verlust, der die deutsche Kulturlandschaft bedroht, hat die Öffentlichkeit noch keine Vorstellung. Ein Bildersturm fegt über das Land«, schrieb die *Frankfurter Allge-*

meine Zeitung. »Volkskirche ohne Volk«, nennt es Hans Apel.

Bilderstürme sind immer Stürme der Entzivilisierung. Darum geht es auch hier. Denn mit den Kirchen werden auch die Schulen und Pflegedienste verschwinden, die christlichen Diakonien und Hospize. Der Staat, ohnehin schon überschuldet, wird diese Aufgaben kaum übernehmen können. In atheistischen Ländern, in denen jeder sich selbst der Nächste ist, sollte man besser nicht alt und krank werden, wenn der Staat vor dem Bankrott steht.

Schlimmer aber ist der Untergang des Christentums, wie oben angedeutet, für die geschriebenen und ungeschriebenen Regeln des gesellschaftlichen Lebens. Alle unsere Normen bedürfen letztlich einer unantastbaren, einer religiösen Absicherung – und, wie ich fest glaube, einer christlichen. Wer den Menschen nicht als Geschöpf Gottes begreift, kann ihn auch als Arbeitstier erachten, oder als bloße Versammlung von Zellen, Hormonen und Eiweißstoffen. Das eine führt ihn in die Arbeitslager des Gulag, das andere in die Organbank.

Unser Land steht auf christlichen Fundamenten – Punkt. Wer das nicht will, sollte sich über die Verluste im Klaren sein. Das heißt natürlich nicht, dass man Christ sein muss, um ein guter Mensch zu sein, und schon gar nicht, dass wir Christen nun alle anderen bekehren müssten. Dass Nichtgläubige und Angehörige anderer Religionen ein Recht auf ihre eigene Wahrheitssuche haben, ist für Christen selbstverständlich. Einen christlichen Gottesstaat will niemand; nicht einmal die Vertreter der Kirchen. Dass hierzulande alle Bürger die Trennung von Kirche und Staat als Errungenschaft betrachten, unterscheidet uns von islamischen Staaten. Wegen seines Übertritts zum Christentum drohte 2006 einem Afghanen in seiner islamischen Heimat die Todesstrafe – die Konversion sei, so der Richter, eine Beleidigung des Islam wie des Propheten und damit ein schweres Verbrechen. Erst nach Interventionen hoher westlicher Politiker wurde das Urteil »abgemildert« – der Konvertit wurde in eine psychiatrische Anstalt eingewiesen. Dass hierbei aufseiten der afghanischen Führung weniger die Sorge um den Menschen als die um den Strom der westlichen Hilfslieferungen und Milliarden eine Rolle gespielt haben dürfte, ist zu vermuten. Doch macht der Fall überdeutlich, dass selbst Atheisten eine gewisse Generosität im Urteil über das Christentum zeigen sollten. Denn sie alle leben unter dem Schirm der Wertvorstellungen, die allein das Christentum liefert, der Staat aus sich selbst heraus aber nicht liefern kann.

Aus diesem Grunde ist auch die Behauptung, moderne Zivilisationen bedürften keines religiösen Fundaments, sondern lediglich der multikulturellen Toleranz und Gelassenheit, in ihrer Torheit schwer erträglich. Wollen wir wirklich anfangen, die Grundwerte der westlichen Gesellschaft zur Disposition zu stellen? Und wie soll das praktisch aussehen? Wollen wir als Ausdruck multikultureller Toleranz die Scharia, den islamischen Rechtskanon, auch in Deutschland einführen? Wollen wir wirklich erleben, wie auf der Königsallee in Düsseldorf Dieben die Hand abgehackt wird, und auf dem Berliner Gendarmenmarkt die Ehebrecherinnen gesteinigt werden? Und warum nicht gleich auch die Rituale der Osterinseln oder der Urwälder Neuguineas auf dem Hamburger Rathausmarkt und der Münchner Theresienwiese?

Die Feststellung, dass wir im Kern ein christliches Land sind, dessen zentrale Werte auf christlichen Normen beruhen, wirft daher immer häufiger die Frage nach dem Umfang der Religionsfreiheit auf – und nach den Grenzen der religiösen Toleranz. Holla, werden jetzt meine Freunde rufen, nun verlässt Diekmann aber endgültig den Boden der Verfassung. Ganz im Gegenteil möchte ich jedoch wissen, was diesen Boden ausmacht: die Scharia oder vielleicht gar die Werke von L. Ron Hubbard, dem Gründer von Scientology? Oder doch das Christentum? Der Satz »Keine Freiheit für die Feinde der Freiheit«, meinen linken Freunden wohlbekannt, muss auch auf dem Feld der Religion gelten. Den Kopf in den Sand zu stecken und zu sagen: »Dagegen darf man nichts sagen, das ist Religion, und Religion ist verfassungsmäßig geschützt«, gilt nicht. Was falsch ist für unseren Staat und unsere Gesellschaft, muss benannt werden.

Und da nehme ich mir die Freiheit, zwischen den einzelnen Religionen zu unterscheiden. Kein Jude oder Buddhist plant Selbstmordattentate, kein Angehöriger des Taoismus oder Konfuzianismus stellt Kofferbomben in deutsche Regionalzüge. Die Gefahr kommt immer nur aus einer Ecke: der islamistischen. Nun werden mir wieder viele Leser empörte Briefe schicken, der Islam sei doch eine Religion des Friedens. Richtig, das habe ich auch schon geschrieben. So heißt es auch im Koran: »Und wenn dein Herr es gewollt hätte, wären alle auf Erden allesamt gläubig geworden. Willst du etwa die Leute zwingen, gläubig zu werden?« Mit anderen Worten: Hätte Allah alle Menschen zu Muslimen machen wollen, hätte er schon dafür gesorgt – hat er aber nicht. Wir dürfen auch nicht vergessen, wie armselig die europäische Kultur heute wäre, wenn der Kontakt zum Nahen Osten nicht bestanden hätte, zu Arabern, Persern und Osmanen. Hätten nicht islamische Gelehrte die Werke des Aristoteles aus der Versenkung gehoben, sie verlegt und kommentiert, wäre der griechische Philosoph dem Abendland heute wahrscheinlich gänzlich unbekannt. Muslime brachten das Papier zu uns, den Kaffee, das Schachspiel, den Kompass, selbst die Brieftauben. Dem spanischen Toledo und Granada schenkten die Mauren eine Blütezeit – die prunkvolle Architektur lässt heute noch den kulturellen Reichtum von damals erahnen. Worte arabischen Ursprungs wie Alkoven, Alkohol, Tarif, Magazin, Sofa oder Matratze haben wir wie selbstverständlich in unseren Wortschatz aufgenommen. Es gibt also überhaupt keinen Grund für kulturellen Dünkel unsererseits. Aber gerade wer den Reichtum und die Vielfältigkeit der islamischen Kultur kennt, muss Kritik daran üben, wie religiöse Eiferer sie in vielen islamischen Ländern zurückgedrängt haben und wie deren Fanatismus zu uns überschwappt. Die Gutmenschen, die davon schweigen, begehen genau jene Sünde, die sie doch so dringend vermeiden wollten: Überheblichkeit. »Kritik an der islamischen Welt, den Palästinensern und den islamischen Minderheiten wird als islamfeindlich und fremdenfeindlich gesehen. Diese Kulturrelativisten sehen jedoch nicht, dass sie, indem sie nichtwestliche Kulturen skrupulös von ihrer Kritik ausnehmen, die Träger dieser Kulturen in ihrer Kritik einzementieren, … mit den besten Absichten. Es handelt sich um Rassismus in Reinform.« Das sagt eine Frau, die als Muslima aufwuchs, dann zur Kritikerin wurde. Unnötig zu sagen, dass Ayaan Hirsi Ali nur unter Polizeischutz leben und solche Sätze schreiben kann.

Wer die Bedeutung des Christentums für unser Land erkennt, müsste eigentlich alles tun, um dessen Werte zu vermitteln. Dass das geschähe, ist nicht zu erkennen. Zu viele Schulen haben hier versagt, auch weil die Politik die Problematik nicht gesehen hat, nicht sehen wollte und sich in multikultureller Beliebigkeit erging. Es fehlte an Vorgaben, sie fehlen noch immer – kein Vorwurf den Lehrern. Auch die

Kirchen haben in Teilen versagt, auch hier kann man kaum einen Vorwurf machen. Natürlich hätten sie viel mehr in ihre Schulen investieren, deren Wert publik machen sollen – aber mit welchen Mitteln? Und auch die leer stehenden Klöster und Kirchenbauten könnten die Kirchen für die Lehrausbildung nutzen und damit junge Menschen an sich binden – wenn die Kirchen denn Geld hätten.

Vorwürfe machen kann man jedoch den Eltern. Sie haben sich, irregeführt durch die kurzsichtigen Parolen der Achtundsechziger, kaum um die religiöse Erziehung der Kinder gekümmert. Wer in die Kirchen geht, sieht viel zu wenig junge Eltern (mich leider eingeschlossen) mit ihren Kindern – obwohl das gute Beispiel noch immer die beste Erziehung ist. Dass es um Ausbildung geht, um die Vermittlung von Werten, von abendländischen Geschichten und abendländischer Geschichte, wissen die wenigsten. Kirchgang, Konfirmations- oder Kommunionsunterricht sind Erziehung. Sie sind wichtiger als Verabredungen, als Ausschlafen, als Tennistraining. Auch zur Schule schickt keiner sein Kind einfach zwei Stunden später, weil man noch gemeinsam frühstücken wollte oder weil das Kind keine Lust hat. Kein Kind mag Erziehung, so wenig wie das tägliche Klavierspiel oder das Lernen von Gedichten und Jahreszahlen. Mehr Spaß macht die Playstation. Aber möchte man später Richter, Anwälte oder Mediziner haben, deren ethische Maßstäbe sich auf Ballerspiele wie Tomb Raider, Final Fantasy und Metal Gear Acid gründen?

Das seltsame Desinteresse vor allem deutscher Intellektueller an Christentum und religiöser Erziehung wird glücklicherweise zuweilen durchbrochen: Nämlich immer dann, wenn *Bild* eine besondere Nähe zur christlichen Kirche zeigt, ob zum Protestantismus oder zum Vatikan. Dann empören sich die Atheisten. Als die Chefredaktion von *Bild* 2004 eine Privataudienz bei Papst Johannes Paul II. erhielt, freuten sich alle berufenen Wertebewahrer von *ZEIT*, *Frankfurter Rundschau* oder *Süddeutscher Zeitung* mit uns. »Ausgerechnet Diekmann«, war der Tenor, »ausgerechnet der Chefredakteur von *Bild*.« Dass sie an allen Tagen den Relativismus der Werte verkünden, die Schwulenehe zum Sakrament erklären und Euthanasie wie Abtreibung zum Menschenrecht, ist dann vergessen. Und vergessen sind auch die Artikel, in denen der Papst als rückständig, reaktionär und – in der Frage der Verhütung – als weltfremd an der Grenze zur Amoralität bezeichnet wurde. Dann ist der Papst selbst für die, die ihn sonst immer schmähen, plötzlich die Lichtgestalt, die doch bitte nicht dem Springerschen Beelzebub die Hand reichen möge.

Er tat es dennoch – wie auch sein Nachfolger Benedikt XVI. Auch er hatte, so der Papst-Biograph Peter Seewald, »keine Berührungsängste, wenn es darum geht, seine Botschaft unter die Leute zu bringen«. Und diese Botschaft verbreiten wir gern. Ob auf Weltkirchen- oder Weltjugendtag, mit zahlreichen Bibelausgaben und immer wieder mit Beiträgen von katholischer wie evangelischer Seite. Schon um unseren Freunden von der linksliberalen Presse, die bekanntlich frei von aller Sünde sind, das Glück der Überhebung zu bieten. Aber vor allem aus dem oben genannten Grund: Weil Deutschland ein christliches Land ist und meiner Hoffnung und Ansicht nach bleiben sollte. Und schließlich auch, weil die Einschätzungen des Intellektuellenmilieus der Großstädte meistens ein Indikator sind, dass bei den einfachen Menschen genau die gegenteilige Einstellung herrscht – eine im doppelten Sinne spiegelverkehrte Marktforschung. Wie weit weg diese Milieus vielleicht nicht von ihren Lesern, aber vom größten Teil der Bevölkerung sind, zeigt der ungeheure Erfolg kirchlicher Großveranstaltungen. Ob auf dem protestantischen Kirchentag, dem Weltjugendtag der katholischen Kirche oder beim Besuch des deutschen Papstes in seiner Heimat – überall säumten, obwohl Religion doch angeblich etwas so Rückständig-Vorgestriges ist, Hunderttausende die Straßen. Und überall herrschten Jubel, Heiterkeit, Freude, Glück.

Diese Stimmung steht in einem erstaunlichen Gegensatz zu der verbreiteten Meinung, das Christentum sei lustfeindlich. Wer sich die Bilder von den genannten Veranstaltungen in Erinnerung ruft, muss eher den gegenteiligen Eindruck gewinnen. Offensichtlich haben gerade jüngere Leute entweder keine Schwierigkeiten mit kirchlichen Vorgaben oder sie vertrauen auf die Nachsicht von Beichtvätern respektive auf die Kraft des Gebets. In jedem Fall zeigt sich eine Lebensfreude, die Sinnlichkeit keineswegs ausklammert und nichts mit dem verhockten, BH-freien Missmut zu tun hat, der für viele Alt-Achtundsechziger – aller sexuellen Befreiung zum Trotz – so kennzeichnend ist.

Inwieweit der Zulauf bei christlichen Großveranstaltungen allerdings auf eine Renaissance des Christentums schließen lässt, ist unklar. Der Publizist Martin Lohmann spricht zwar mit Blick auf die Faszination der römischen Kirche gerade auf jüngere Menschen von der »Lust, katholisch zu sein«. Doch scheint sich diese Lust auf Großveranstaltungen zu beschränken; an den Sonntagen sind auch die meisten katholischen Kirchen so leer wie zuvor.

Aber zumindest die Hoffnung besteht. Und damit die Aussicht, dass *Bild* auch in Zukunft Schlagzeilen wie »Wir sind Papst!« machen kann – und überhaupt noch Schlagzeilen. Denn in einer muslimischen Welt wäre »Wir sind Ayatollah!« sicherlich ebenso unzulässig wie weltanschaulich unabhängige Zeitungen generell. Uns allen sind die schon erwähnten Ausschreitungen und gesteuerten Pogrome noch in Erinnerung, die der Spott einiger dänischer Karikaturen nach sich zog.

Auch ohne islamischen Presserat gibt es jedoch selbst hier genug Kritik an unseren Schlagzeilen. Sogar »Wir sind Papst!«, das sofort in den Sprachgebrauch einging und in zahllosen Abwandlungen gleichsam totzitiert wurde, gab meinen Freunden Anlass zu Kritik und Häme – und zu besorgten Spekulationen über die Nähe von *Bild* und Vatikan. Die beste Antwort kam von einem amerikanischen Freund, der uns zur Wahl von Benedikt XVI. gratulierte und bestätigte, was linke Kritiker immer vermutet haben: »Wie schon bei Johannes Paul II. ist auch die Wahl des neuen Papstes ein Komplott von CIA und *Bild*, um das sozialistische Regime in dessen Heimatland zu destabilisieren.«

Unser täglicher Weltuntergang
Von der Bewahrung der Schöpfung zur Öko-Religion

Knut kennt jeder. Ganz Deutschland, nein, die ganze Welt begeisterte sich für den kleinen Eisbären aus dem Berliner Zoologischen Garten. Am Bärenfelsen bestaunten ihn täglich mehr als zehntausend gerührte Besucher. Nicht nur sie wussten um die ergreifende Geschichte des Eisbär-Babys, dessen Zwillingsbruder bei der Geburt gestorben war, das von der Mutter verstoßen wurde und nur durch Handaufzucht eines Tierpflegers überlebte. Seit Bundesumweltminister Sigmar Gabriel den kleinen Star zum »Botschafter für den Klimaschutz« ernannte, hat das Umweltthema ein neues, an unsere Gefühle appellierendes Symbol bekommen. Denn wer will schon, dass die Erwärmung der Erde dem niedlichen Knut und seinen Artgenossen die natürlichen Lebensgrundlagen entzieht und die Eisbären elend zugrunde gehen? Einmal beiseite gelassen, dass die Lebensgrundlage von Knut auf lange Zeit gesichert sein wird – und dies völlig unabhängig vom Klimawandel.

Wir sind emotional bewegt, nicht nur vom kleinen Knut, sondern vom Klimawandel als solchem. Er hat alle anderen Öko-Themen verdrängt, wie etwa die Erschöpfung der Süßwasserreserven, die Vernichtung der Regenwälder oder den

Export von Industriemüll in die Länder der Dritten Welt. Doch was ist dran an der Klimakatastrophe, von der alle Welt redet, vor allem aber die westlichen Industrienationen? Die Mehrheit der Wissenschaftler scheint der Auffassung, dass der CO_2-Ausstoß die Wurzel allen Übels sei, also das Kohlendioxid, das beim Verbrennen von Benzin, Öl, Kohle, Holz usw. entsteht. Die bereits messbare Erderwärmung sei der Vorbote einer verheerenden Entwicklung. Durch das Schmelzen der Polkappen steige der Meeresspiegel um mehrere Meter. Ganze Städte und Länder würden versinken. Gleichzeitig erhöhe die Erwärmung der Atmosphäre auch die Verdunstung mit der Folge sintflutartiger Überschwemmungen. Bald gebe es Hurrikane im Mittelmeer, begleitet von furchtbaren Epidemien. Denn der Treibhauseffekt mache immer größere Teile der Erde zu einer Petrischale für Krankheitserreger.

Viel Panikmache, sagen andere Wissenschaftler und bestreiten sogar den Zusammenhang zwischen dem Kohlendioxid-Ausstoß und der Erderwärmung. In der Vergangenheit sei die Konzentration des Gases auf der Erde ungleich höher gewesen, ohne dass die Temperaturen entsprechend gestiegen wären. Allein in den letzten 200 Jahren habe die CO_2-Konzentration dreimal, nämlich 1825, 1857 und 1942, höher gelegen als heute. Erdgeschichtlich betrachtet liege die gegenwärtige Erderwärmung im Rahmen eines ganz normalen Temperaturzyklus – es werde eben immer mal wärmer und dann wieder kälter auf Erden. So sei es zwischen dem 9. und 12. Jahrhundert deutlich wärmer gewesen als heute. Nicht ohne Grund hätten die Wikinger die große Insel weit im Norden »Grönland« genannt. Dieses »Grünland«, von dem aus Leif Erikson um das Jahr 1000 vermutlich als erster Europäer Amerika erreichte, war nicht schnee-

und eisbedeckt, sondern üppig bewachsen. Auf Neufundland, der Kanada vorgelagerten Insel, wuchs zu dieser Zeit wilder Wein; im Rheinland blühten Oliven- und Feigenbäume.

Darüber hinaus verweisen diese Wissenschaftler auf die Abkühlung des Klimas in den 70er-Jahren. Der *Spiegel* berichtete damals, dass die »Eisberge südwärts« zögen, die *Welt* schrieb von einem »Kälte-Trend bis zum Jahr 2000« und eine Berliner Zeitung befürchtete gar: »Die Eiszeit kommt.« 1982 dann die Bestätigung: Die Medien meldeten einen neuen Rekordwinter: Drei Viertel der Vereinigten Staaten seien mit Schnee bedeckt, in Alaska frören die Eisbären, in Schottland blockiere zum ersten Mal seit Menschengedenken Eis die Häfen; und in Norwegen sei die Temperatur auf 60 Grad unter null gefallen. Auch in Deutschland war es in diesem Winter rund fünf Grad kälter als im Durchschnitt früherer Jahre.

Und heute – Jahre später – nun die globale Erwärmung. Schwarzseher prognostizieren, dass im Zuge der Klimakatastrophe die Vegetation verdorren und alles Leben erlöschen werde. Am Ende verwandele sich unser blauer Planet in eine glühende Wüste, die menschenleer durch den Weltraum ziehe. Die Venus dient den Schwarzsehern als Modell: Schon in den 70er-Jahren hätten Untersuchungen des Goddard-Weltrauminstituts ergeben, dass die Venus von einem Kohlendioxid-Nebel umgeben sei und die mittlere Oberflächentemperatur deshalb bei 464 Grad Celsius liege.

Droht also auch uns das Jüngste Gericht? Weltuntergang in Gestalt des Höllenfeuers? Spielen die chemischen und atmosphärischen Unterschiede von Erde und Venus keine Rolle? Und auch nicht, dass sich die Erde rund 50 Millionen Kilometer weiter von der Sonne entfernt durchs All dreht?

Auszuschließen ist das nicht. Wenn es Gott gefällt, wird es so kommen. Doch zeigt die Lust an der Apokalypse wie all die biblischen Bezüge, worum es eigentlich geht. Der Publizist und Börne-Preisträger Henryk M. Broder analysierte: »Das Ganze ist keine Diskussion mehr, es ist eine Art Feldgottesdienst der Ungläubigen, die sich im Glauben an das Ende der Welt zusammengefunden haben.« Und wie zur Bestätigung lässt der ehemalige amerikanische Vizepräsident Al Gore in seiner oscar-prämierten Öko-Dokumentation »Eine unbequeme Wahrheit« Mitstreiter niederknien und für den Erhalt der Schöpfung beten. »Ökologismus«, so der Zukunftsforscher Matthias Horx, habe gute Chancen, zur Zentralreligion zu werden. So wird dann auch Bio-Diesel aus Raps als Errungenschaft gefeiert, obwohl dessen Ökobilanz erbärmlich ausfällt. Unterm Strich lässt sich aus einem Hektar nicht einmal ein Hektoliter Kraftstoff gewinnen. (Noch widersinniger ist es, wenn indonesischer Regenwald gerodet wird, damit auf Plantagen Palmöl für den deutschen Bio-Diesel-Markt gewonnen werden kann.)

Aber öko-religiöse Auseinandersetzungen werden eben anders, erbitterter geführt. Es geht nicht um Klärung der Fakten, sondern um Glauben, Erlösung und Exkommunikation – mit Absolutheitsanspruch, versteht sich. Wer von der nahenden Apokalypse nichts wissen will, wird zum »Klimaleugner«, dem das Wohl der Menschheit, der Kinder und Enkelkinder völlig egal sei – ein Verbrecher an den Menschen, den Tieren, der Schöpfung.

Das alles erinnert in seinem Rigorismus an die Diskussionen um das »Waldsterben« Anfang der 80er-Jahre – eine der großen Erregungsdebatten, die ausschließlich in Deutschland geführt wurde, unsere Nachbarn aber seltsamerweise kaum interessierte. Für die alternative Linke war der Schuldige schnell benannt: das Auto, ihr Lieblingsfeind. Obwohl der Individualverkehr nur zu einem Bruchteil den »sauren Regen« verursachte, wollten sie ihn insgesamt beschränken und behindern: mit Tempolimits, Fahrspuren nur für öffentlichen Personenverkehr, City-Maut, Sperrzonen, drastisch höheren Steuern und einem Benzinpreis von 5 Mark pro Liter.

Heute weiß man: Verantwortlich für den schlechten Zustand des Waldes waren in erster Linie die große Trockenheit 1976 sowie nachfolgende Frostschäden. Hinzu kamen neue Schädlinge und Pilze, die über die geschwächten Bäume herfielen. Die vom Menschen verursachten Schadstoffe spielten zwar eine Rolle, aber nicht die entscheidende – so waren ähnliche Schäden in anderen Ländern mit höherer Luftverschmutzung nicht festzustellen gewesen. Vor allem aber war der Katalysator längst entwickelt und in den USA bereits eingeführt. Ein Mittel gegen die verkehrsbedingten Ursachen des »sauren Regens« war vorhanden, auch wenn man das aufseiten der Öko-Apostel nicht sehen wollte.

Eine ähnlich sinnige Debatte entstand 2005. Und wieder war das Auto das Ziel der Attacken, wieder streifte die Diskussion die Grenzen der Hysterie. »Feinstaub« hieß nun der neue Schlachtruf der Umweltschützer. Dramatische Zahlen machten die Runde: 60 000 Tote pro Jahr allein in Deutschland, dazu ungezählte Fälle von Asthma, Allergien, Lungenschäden. Eine Kostenlawine bedrohe die Krankenkassen, der volkswirtschaftliche Schaden durch Arbeitsausfall und feinstaubbedingte Leistungseinbußen gehe in die Milliarden.

Wer nüchtern fragte, wo denn all die Toten seien und warum kein Arzt angesichts derart pandemischer Krankheitsbilder Alarm geschlagen hätte, stieß auf eine Mischung aus Misstrauen und Empörung. Man wolle die Sache wohl kleinreden, die Bedrohung wie Notwendigkeit radikaler Schritte nicht begreifen und weiterhin am Autofahren wie an anderen ökologisch bedenklichen Gewohnheiten festhalten. Man sei, in anderen Worten, ein unverantwortliches Öko-Schwein, egoistisch, dumm und bedenkenlos, das leichtfertig die Gesundheit älterer Menschen und Kinder aufs Spiel setze.

Feinstaub entsteht durch viele Prozesse: Durch industrielle Fertigung; durch Landwirtschaft; durch Reifenabrieb; durch Heizanlagen; durch Kraftwerke; durch Schüttgutverladung; durch Tierhaltung; durch Laserdrucker; durch Kaminfeuer; und auch durch Autos. Autos – das war für Grüne der Startschuss! Endlich hatten sie wieder einen Vorwand, um gegen das Autofahren mobil zu machen – und zwar gegen ältere Wagen und solche mit Dieselmotor. Dass es keine validen Zahlen zur Feinstaubentstehung gab und gibt – egal; dass die angeblichen gesundheitlichen Folgen des Feinstaubs von keiner Studie auch nur annähernd quantifiziert oder nachgewiesen werden – egal; dass auch Ottomotoren mit Katalysator Feinstaub und alle Wagen Reifenabrieb erzeugen, die einseitige Hatz auf ältere PKWs und Dieselfahrzeuge somit wenig plausibel ist – egal; dass auch Motorräder und -roller Feinstpartikel emittieren, ebenso Binnenschiffe, Flugzeuge, Dieselloks, Traktoren – egal, egal, egal; dass die höchste Feinstaubbelastung oftmals in landwirtschaftlichen Gebieten ohne nennenswerten Autoverkehr auftritt – egal; und egal war auch, dass Messungen in Mecklenburg-Vorpommern während des Besuchs von Präsident Bush bei Angela Merkel keine Verringerung der Feinstaubbelastung in irgendeiner der Straßen feststellen konnten, die für den Verkehr gesperrt waren.

Kurzum: Keine Fakten, aber viel Hysterie. Ein Katastrophenszenario jagt das nächste – die Religion des Ökologismus braucht neue Heilige. Waldsterben, Killerstürme, Feinstaub, CO_2 – fast ist es ein Wunder, dass es uns noch gibt. In Wirklichkeit geht es meist um anderes. Man will dem Auto ans Leder, oder genauer: dem Autofahrer ans Portemonnaie. Seither gibt es nun in einigen Städten die Feinstaubplakette, die das Autofahren für viele noch einmal teurer macht. Wer einen Geschäftswagen hat oder genügend Geld, den kümmert das nicht. Gekniffen sind die, die ohnehin wenig haben. Wenn die dann endlich ihren Wagen abschaffen und von öffentlichen Verkehrsmitteln aus beobachten, wie Niederländer, Polen, Tschechen, Italiener oder Dänen mit ihren älteren Wagen (aber ohne Plakette) durch Deutschland rauschen, werden sie alle jubeln.

Die trotzige Lust, mit der vor allem Grüne den Autofahrer verfolgen, wirft die Frage nach den Gründen auf. Sind es alte Reflexe der Studienzeit, als man noch Fahrrad fuhr und keinen alten Volvo oder VW-Bulli, die für ihren hohen Verbrauch berüchtigten Pädagogenmobile? Ist das Auto, aller Massenmotorisierung der letzten Jahrzehnte zum Trotz, für Grüne immer noch Symbol der Reichen, der Bonzen, des Kapitals? Oder ist der Hass auf das wichtigste deutsche Exportgut eine Form der Vergangenheitsbewältigung, weil man dem Land der Großväter und Großtäter den Erfolg nicht zugestehen mag? In jedem Fall verwundert die Unversöhnlichkeit, mit der viele Links-Alternative das Auto verdammen – und man darf gespannt sein, was ihnen gegen den Individualverkehr einfällt, wenn gänzlich emissionsfreie Wagen auf den Markt kommen.

Momentan aber haben sie den PKW wegen des CO_2-Ausstoßes im Visier. Und der UN-Klimabericht scheint ihnen recht zu geben. Allerdings ist der nicht unumstritten. Kritiker verweisen auf zahlreiche Defizite der Studie. So würden Ergebnisse, die der alarmistischen Tendenz des Berichts zuwiderliefen, schlicht außer Acht gelassen oder geleugnet. Dass eine höhere Konzentration von CO_2 viele Pflanzen zu stärkerem Wachstum anrege, dadurch aber das CO_2 der Atmosphäre entzogen würde, finde überhaupt keine Berücksichtigung. Auch die historischen Daten, welche die Dramatik der Klimaveränderung darlegen sollen, seien vielfach falsch, selektiv oder in ihrer Erhebungsmethodik zweifelhaft. Schließlich sei der CO_2-Austausch zwischen Atmosphäre und Weltmeeren, der wesentlich von Windgeschwindigkeiten und Wassertemperatur, aber auch von Planktonmenge und UV-Strahlung abhänge, nicht ansatzweise untersucht – obwohl schon leichte Veränderungen der Kohlendioxid-Konzentration im Meerwasser die Atmosphäre mit Milliarden Tonnen des angeblichen »Klimakillers« be- oder entlasten.

Vor allem aber bleibt in der Hysterie um den »Klimawandel« der Einfluss Deutschlands auf die weltweite CO_2-Produktion so gut wie außer Betracht. Jede Woche geht in China ein neues Kohlekraftwerk in Betrieb, häufig ohne die einfachsten Filter und Umwelttechniken. Nicht viel anders ist es in Indien, Brasilien, Indonesien. Sie alle verfügen über gewaltige Kohlevorkommen und Millionen armer Menschen, die nach all dem dürsten, was billige Energie verspricht: Arbeitsplätze, Lohn, Essen, kurz: ein besseres Leben.

Schon heute ist China gemeinsam mit den USA für mehr als ein Drittel der 30 Milliarden Tonnen Kohlendioxid verantwortlich, die jährlich in die Luft geblasen werden. Spätestens 2009 wird China die Vereinigten Staaten beim CO_2-Ausstoß überholt haben und zur Dreckschleuder Nr. 1 avancieren. Wenn jeder Chinese so viel Strom verbrauchen würde wie jeder Deutsche, müssten allein 2000 Kraftwerke à 500 Megawatt gebaut werden; wenn sie den Durchschnittsverbrauch der Amerikaner erreichen wollen, noch mehr. Und auch das würde nur dann reichen, wenn die Bevölkerungszahl konstant bliebe.

Die Klima-Schlacht wird also nicht in Deutschland geschlagen oder in Europa. Sondern vor allem in Asien und Lateinamerika, also in der Zweiten und Dritten Welt. Und auch in den USA. Selbst bei optimistischen Berechnungen machen daher alle deutschen Anstrengungen zur Senkung der CO_2-Emmissionen allenfalls einen Rundungsfehler im Steigungswinkel aus. Auch hier sollten wir daher von der trügerischen Autosuggestion Abschied nehmen, dass an unserem Gewese die Welt genese: Selbst wenn ganz Deutschland nachts im Dunkeln auf die Toilette ginge, hätte das nicht den Hauch eines Einflusses auf den Klimawandel.

Klimaschutz funktioniert nur als globale Lösung, wenn alle an einem Strang ziehen. Doch wir Deutschen stehen auf einsamem Posten, wenn es um die Reduzierung der CO_2-Emissionen geht: Kaum verhüllt sperren sich die meisten Länder, ob USA, Russland, ebenso die meisten europäischen Nationen, vor allem aber die aufstrebenden Staaten der Zweiten und Dritten Welt. Auch die Selbstverpflichtung von Heiligendamm ist überwiegend Schall und – natürlich CO_2-freier – Rauch: Denn wer das Ziel verfehlt, den Kohlendioxid-Ausstoß bis 2020 um 40 Prozent zu senken, muss keine Sanktionen befürchten. Nicht zufällig ist Deutschland das einzige Land auf Erden, das seinen Ausstoß von Treibhausgas in den zurückliegenden Jahren reduzieren konnte – was, wie Spötter behaupten, in erster Linie mit den Produktionsverlagerungen ins Ausland zu tun habe. So ließen sich die deutschen Emissionen natürlich am besten verringern.

Deutschland ist, wenn die Berechnungen stimmen, verantwortlich für nicht einmal ein Dreißigstel der weltweiten CO_2-Emissionen – wobei die Brandrodungen in Lateinamerika und Südostasien ebenso wenig berücksichtigt sind wie die riesigen Kohleflözbrände in Indien, China und Indonesien. Und wenn erst die Massenmotorisierung diese Länder erreicht, dürfte der deutsche CO_2-Anteil auf unter ein Prozent sinken. Kurzum: Selbst wenn Deutschland sämtliche Produktion stilllegen, den Individualverkehr abschaffen und auf jegliches Heizen von Häusern und Wohnungen verzichten würde, hätte dies kaum einen positiven Einfluss. Dennoch tritt Bundesumweltminister Gabriel auf, als könnten seine Vorschläge die Welt retten.

Das soll keineswegs heißen, dass man nicht tun sollte, was möglich ist – aber möglich allein reicht nicht. Es muss auch sinnvoll sein, vor allem verhältnismäßig. Keiner käme auf die Idee, die gesamte deutsche Rinder-, Pferde-, Schaf- und Schweinezucht abzuschaffen, nur weil jedes Tier jeden Tag bis zu 250 Liter Methangas produziert – einen »Klimakiller«, 21-mal stärker als CO_2.

Was also ist zu tun? Selbstverständlich ist ein schonender Umgang mit den Ressourcen erforderlich – mit Wasser, Öl, Energie. Aber die eher marginalen Auswirkungen deutscher Klimapolitik zeigen: Eine Reduzierung des hiesigen Ausstoßes hat weltweit keine Konsequenzen, wenn andere dafür ihren Ausstoß verdoppeln, verdreifachen, verzehnfachen. Wenn aber die CO_2-Reduzierung im eigenen Land nichts bewirkt und Appelle an anderen Nationen aussichtslos sind, bleibt eigentlich nur ein denkbarer Weg: Die Entwicklung neuer Technologien, beispielsweise die Verflüssigung und Einlagerung von CO_2 im großen und vor allem bezahlbaren Stil. Und der Export dieser Techniken in die Schwellenländer und aufstrebenden neuen Mega-Industrienationen wie China.

Es ist das große Dilemma der Grünen, dass sie Technik nur sehr selten als Chance begreifen. Für sie gibt es meist nur das »Zurück«, den Verzicht, die Entsagung. Das gibt ihrer Programmatik etwas Mönchshaftes, mit all den Aspekten von Umkehr, Einsicht, Reue, aber auch Weltfremdheit, moralischer Erhöhung und Eiferertum. Für manche mag das attraktiv sein; für eine Industrienation ist es ein Verhängnis.

Welche zentrale Technik der Zukunft man auch nimmt, ob Stammzellenforschung, Atomkraft oder gentechnisch veränderte Pflanzen: Überall sehen Grüne nur Gefahren, keine Möglichkeiten. Dabei mag eine gewisse Skepsis in Teilen durchaus berechtigt sein: Gentechnisch veränderte Eiweißstoffe bergen enorme Risiken, und auch die Frage der endgültigen Entsorgung nuklearen Abfalls ist nicht befriedigend gelöst. Aber glaubt wirklich irgendjemand, der Verzicht auf Forschung und Erprobung dieser Dinge würde uns irgendwie schützen? Dass wir eine Insel der Seeligen sind, trotz all der Schiffe und Flugzeuge, die täglich gentechnisch veränderte Pflanzen nach Deutschland bringen? Und trotz der Anbaugebiete für derartig veränderte Pflanzen in den Nachbarstaaten, trotz Pollenflugs und der Verbreitung von Pflanzensamen durch Vögel oder Nager?

Es ist der gleiche Selbst-Betrug wie beim Atomausstieg. Rund um Deutschland arbeiten Atommeiler, darunter in Tschechien, Polen, Belgien, Frankreich, England, Spanien, Schweden und der Slowakei; selbst die Eidgenossen verzichten nicht auf Atomstrom. Aber in Deutschland ist man der Ansicht, das Risiko einer atomaren Verseuchung lasse sich reduzieren, wenn man einige vergleichsweise sichere Meiler auf deutschem Boden abschaltet. Haben wir denn nicht durch Tschernobyl erfahren müssen, dass nuklearer Fallout – unerhört völkerrechtswidrig – nicht an Grenzen haltmacht? Und dass er sich auch durch Petitionen und Lichterketten nicht aufhalten lässt? Wie vieles andere in der deutschen Politik hat auch der Ausstieg aus der Atomenergie eine eindeutig irrationale Seite. Man steigt aus, weil der Begriff »Atom« den Deutschen Angst macht – er erinnert an Atombombe, Atomschlag, Atomkrieg. Dabei wissen alle: Angesichts der Zahl der Reaktoren in unmittelbarer Nachbarschaft sinkt das Risiko nicht um einen Jota. Schon den Päpsten war klar: Wenn Rom verwüstet wird, brennt auch der Vatikan.

Moderne Technik ist oft ein Ritt auf Messers Schneide. Das Potenzial ist groß, aber auch die Gefahren. Doch es gibt keine Alternative zum technischen Fortschritt. Wer das behauptet, belügt andere; wer es glaubt, belügt sich selbst. Der Verzicht ist daher keine Antwort. Die Frage lautet allein, wie man die Risiken in den Griff bekommt.

Diese Frage stellen die Grünen leider nie. Für sie gibt es in diesen Fragen immer nur das Nein – eine an Denkfaulheit grenzende Preisgabe alternativer Wege. Dabei könnte man ihnen in einigen Dingen durchaus zustimmen, beispielsweise in ihrem Misstrauen gegen privatwirtschaftliche Unternehmen bei der Abwägung von Sicherheits-, Umwelt- und Profitinteressen. Selbst die konservative und wirtschaftsfreundliche *Frankfurter Allgemeine Zeitung* titelte mit Blick auf das Kommunikationsdesaster nach dem – eigentlich eher drittrangigen – Störfall im Atomkraftwerk Krümmel: »Vertrauensverlust beginnt mit ›V‹ wie Vattenfall.« Auch den hinhaltenden Widerstand der Automobilindustrie gegen die Einführung des Katalysators in den 80er-

Jahren sollte man unter diesem Aspekt in Erinnerung behalten; nicht viel anders war es jüngst beim Diesel-Kat.

Vielleicht muss man der Wirtschaft diese besonders risikoreichen Techniken tatsächlich aus der Hand nehmen. Und die Forschung und Entwicklung an die Universitäten verlagern, mit Milliardenförderung. Denkbar wären in diesen Feldern auch partnerschaftlich von öffentlicher Hand und Privatwirtschaft betriebene Unternehmen, um Kontrolle und Transparenz zu erhöhen. Denkbar ist vieles. Aber es wird nicht gedacht. Niemand ist in seinen Konzepten so quälend alternativlos wie die »Alternativen«. Ihr Credo lautet immer nur: Ausstieg oder Verbot. Wovon kommende Generationen leben sollen, wenn die innovativen Technologien aus ihrem Land verschwinden, während die vergleichsweise einfachen Techniken des Schiffs-, Werkzeug- oder Automobilbaus längst in andere Länder abgewandert sind, sagen sie leider nicht.

Der von vielen geteilte Glaube, man könne auf Atomkraft oder Gentechnik verzichten, ist daher nicht nur Selbst-Betrug; er ist von elementarer Verantwortungslosigkeit. Schon jetzt führt die Behinderung der Forschung zur Verlagerung von Geldern in andere Länder, zum Abwandern von Spitzenkräften in die USA, nach England, Indien oder Singapur. Für ein Hochtechnologieland wie Deutschland, das außer Kohle keine wesentlichen Bodenschätze hat, ist das nichts weniger als eine Katastrophe. Deutschlands wahrer Reichtum war immer die Intelligenz und Kreativität, vor allem das technische Ingenium seiner Ingenieure, Erfinder, Tüftler. Wenn die nun wegziehen, weil sie hier nicht mehr arbeiten können, weil sie gesetzlich behindert, gegängelt, bevormundet werden, wird das ungeheure Folgen haben. In wenigen Jahren werden andere Länder an uns vorbeigezogen sein. Wovon lebt Deutschland dann, wer finanziert Rente, Krankenversicherung, Pflege? Ein paar Besucher aus Japan und den USA in Neuschwanstein oder Heidelberg werden kaum genügend Geld in die Kassen spülen, und für eine reine Dienstleistungsgesellschaft ohne industrielle Produktion ist Deutschland zu groß. Das mag auf einigen Kanalinseln funktionieren und in Liechtenstein, Gibraltar und Monaco, mit ein paar tausend Einwohnern und ausgewählten Bank- und Versicherungsgeschäften. Für ein Volk von 80 Millionen ist es keine Alternative.

Wer die Augen aufmacht, kann die Zeichen gar nicht übersehen. Deutschlands große, beschäftigungspolitisch wie gesamtbilanziell entscheidende Industrien sind Automobil- und Maschinenbau. Sie schaffen den Reichtum dieses Landes, sie finanzieren den Sozialstaat. Wenn sie lahmen, hinken auch andere, wenn sie verschwinden, sterben nicht nur die Zulieferer. Dann wird überall weniger Personal gebraucht: Weniger Lok- und Frachtführer für den Transport der Autos und Maschinen; weniger Wartungspersonal für Kraftwerke und Leitungstrassen; weniger Bauarbeiter für neue Werkshallen; weniger Sekretärinnen, Reinigungskräfte, Kreditsachbearbeiter. Hunderttausende werden dann arbeitslos, und wenn diese Menschen kein Geld mehr haben, wird auch der Konsum zusammenbrechen, der Tourismus, die Dienstleistungen. Die Fluggesellschaften und Reisebüros werden weniger Personal benötigen, die Kaufhäuser, die Ladenketten und auch alle, die für sie produzieren. Dann gehen in Deutschland die Lichter aus.

Weit ist es nicht mehr dahin. Selbst wenn die deutsche Automobilindustrie keine Produktion ins Ausland verlagern würde, ist ihre Zukunft als wesentlicher Pfeiler des Exports sehr fraglich. Das Auto ist in gewisser Hinsicht an ein Ende gekommen: Wir brauchen keine 17-Klimazonen-Automatik, keine 5000-Watt-Konzertsaal-Anlage, keine belüfteten, 40-fach verstellbaren Komfortsitze. Für die meisten reicht solide Technik, die sie halbwegs bequem und sicher von A nach B bringt. Nachtsichtgeräte, Abstandsradar und Spurwechsel-Warner mögen hübsche Entwicklungen sein – aber der Markt verlangt nicht nach ihnen. Selbst die *Süddeutsche Zeitung* überschrieb kürzlich ihren Test eines koreanischen Kompaktwagens mit der Frage, ob es »immer Golf sein müsse«. Im Massenmarkt sind die japanischen den deutschen Produkten schon lange ebenbürtig, nun kommen die koreanischen hinzu, bald werden auch die Chinesen so weit sein – und dies zu Preisen, mit denen Deutschland nicht konkurrieren kann. In Neuseeland, Australien, Thailand, Indonesien oder China sieht man kaum ein deutsches Fabrikat. Stattdessen überall Kia, Hyundai, Nissan, Suzuki, Honda und natürlich Toyota. In den Zukunftsmärkten von Südostasien haben Golf und Astra keine Chance.

Vor anderen, aber ebenso großen Problemen steht der deutsche Maschinenbau. Er leidet unter der Billigkonkurrenz aus asiatischen Ländern, aber auch unter immer schneller und dreister hergestellten Kopien. Noch sind viele Nachbauten und Plagiate qualitativ minderwertig. Doch auch hier holen die asiatischen Staaten hungrig und mit gewaltigen Schritten auf. Während hier über Patentverletzungen und mangelnden Rechtsschutz lamentiert wird, erobern diese Länder die Märkte.

Wovon also soll Deutschland in Zukunft leben? Das ist die Frage, die wir beantworten müssen. Ein bisschen Windkraft und Solartechnik, vergleichsweise einfache Produkte, werden kaum reichen, um Kranken-, Renten- und Pflegekassen zu bedienen. Denn auch diese Techniken werden andere Länder zu erobern versuchen, sollten sie sich als lukrativ erweisen. Natürlich kann man darüber nachdenken, das hiesige Leben auf ein niedrigeres Komfort- und Anspruchsniveau zu senken. Aber man sollte den Leuten sagen, welches Niveau sie dann erwartet. Hartz IV wird es nicht sein – sondern eher das von armen Leuten im 19. Jahrhundert.

Dass die Grünen mit ihrer oftmals radikalökologischen wie auch technisch meist ignoranten Klientel die Gefahren eines deutschen Ausstiegs aus allen Bereichen der Zukunftstechnologien nicht sehen, ist verständlich. Sie pflegen einen Romantizismus der Selbst-Bescheidung, die säkulare Version protestantischer Bedürfnislosigkeit. Zudem sind sie geistig nie aus dem Status einer Randpartei herausgekommen, die lediglich Spezialinteressen vertritt, Belange der großen Mehrheit jedoch nicht berücksichtigen muss. Viel bedenklicher ist, dass auch die Sozialdemokraten auf diesem Weg marschieren. Das mag früher, als die Grünen in der politischen Szene noch frisch und attraktiv wirkten, einmal eine Strategie gewesen sein, um Abwanderungen zu unterbinden. Heute allerdings, da gerade die Grünen erhebliche Probleme haben, mit ihrem Oberlehrer- und Makrameegondel-Image bei jüngeren Wählern zu punkten, scheint diese Taktik absurd. Denn das Stammklientel der SPD wird abwandern, wenn es den Sozialdemokraten nicht gelingt, für diese Wähler Arbeitsplätze zu sichern. Oskar Lafontaine ist mit seiner Kritik an Turbo-Kapitalismus und Globalisierung für sozial Deklassierte viel attraktiver als die gutmenschlich-tapsige SPD. Wenn er dann noch die nationalistischen, latent fremdenfeindlichen Tendenzen der alten SED-Kader wie des Prekariats bedient, wird er gerade in Großstädten diejenigen an sich binden, die früher sozialdemokratisch wählten. Seine Attacken auf »Fremdarbeiter«

waren nur ein Versuchsballon. Wenn er ernst macht und die antikapitalistische Sehnsucht der Deklassierten zusammenführt mit den Ängsten vor Verschleierung, Überfremdung und Parallelgesellschaft, wird er nicht zu stoppen sein. In Holland erreichte Pim Fortuyn mit einer ähnlichen Taktik bei den Gemeindewahlen in Rotterdam auf Anhieb mehr als ein Drittel der Sitze; trotz seines Todes wählten 2002 mehr als 17 Prozent der Niederländer seine Partei.

Warum also belügt die SPD sich selbst? Warum belügt sie ihre Wähler? Glaubt sie wirklich, die hiesige Industrie kann allein mit Windkraft leben, mit ein paar Sonnenkollektoren? Nicht einmal 9 Prozent des Primärenergieverbrauchs in Deutschland wurden 2006 durch Windkraft erzeugt. Windkraftanlagen laufen nur in einem relativ schmalen Bereich der Windstärke: Häufig bläst der Wind zu gering, dann wieder zu stark. Die von der Industrie benötigte Verlässlichkeit sieht anders aus, zumal die erzeugten Strommengen pro Windrad nahe an der Belanglosigkeit liegen: 10 000 Windräder sind nötig, um ein einziges großes Kernkraftwerk vollständig zu ersetzen – wo sollen die alle stehen? Erst nach 20 Jahren Dauerbetrieb erzeugt ein Windrad so viel Strom, wie allein für seine Produktion aufgewandt wurde – erst dann wird die Öko-Bilanz positiv, sofern nicht Blitzschlag oder Sturmschäden den Betrieb stören. Dass die »Verspargelung« die deutschen Landschaften nachhaltiger verändert als jeder Autobahnbau, dass der Schattenschlag Anwohner krank macht und die Rotoren viele Vögel zerfetzen, bleibt dabei außerhalb der Betrachtung. Wenn man bedenkt, wie jede Fledermaus, jeder Wachtelkönig, jeder Feldhamster und jede Lurchart Großprojekte stoppt, verwundert die Gleichgültigkeit, mit der Grüne das windradbedingte Vogelsterben akzeptieren. Würden Kraniche, Störche oder Greifvögel in vergleichbarer Zahl mit Kernkraftwerken kollidieren, gäbe es wütende Proteste und Untersuchungskommissionen; wenn sie an grünen, vom Steuerzahler subventionierten Träumen zugrunde gehen, schweigen die Roths und Bütikofers. Inzwischen betrachten selbst *Der Spiegel* und *Die Zeit* die Windkraft kaum noch als sinnvolle Alternative.

Auch die Sonnenenergie ist nicht mehr als ein energiepolitisches Feigenblatt. Mit jährlich rund einer Milliarde Euro gefördert, macht Photovoltaik gerade 0,3 Prozent des Energiemixes aus. Vermutlich wäre es effizienter, Arbeitslose dafür zu bezahlen, auf Ergometern für den deutschen Energiehaushalt zu strampeln. Und auch wenn wir bei der Entwicklung von Solarzellen führend in der Welt sind, auch wenn die Erzeugung von Solarenergie in Deutschland zu einem prosperierenden Wirtschaftszweig geworden ist: In unseren nördlichen Breiten scheint die Sonne einfach zu wenig. Jeder Häuslebauer weiß das – selbst mit staatlichen Subventionen rechnet sich eine Solaranlage nur in ganz wenigen Gebieten Deutschlands.

Nur die Linksalternativen der Grünen und in der SPD wissen es nicht – oder sie wollen es nicht wissen. Sie schätzen das ökologisch saubere Gewissen höher als die Einsicht in Notwendigkeiten. Wenn das böse Diktum zutrifft, wonach die protestantische Kirche mit ihrer tagespolitischen Verlautbarungshysterie mehr und mehr zur politischen Partei mutiere, dann gilt das leider auch umgekehrt – die SPD mutiert dabei immer mehr zu der Glaubensgemeinschaft, die die Grünen längst sind: voller Moralität, mit dem universalen Beglückungsanspruch für alle Völker und Menschen, und mit all der gut gemeinten Profillosigkeit. Nur eine Volkspartei für Arbeiter, Angestellte und einfache Leute, die deren Interessen klar vertritt, das ist sie nicht mehr.

Sonst würde sie dreimal überlegen, ob der Atom-Ausstieg wirklich ihre Klientel beglückt. Und ob nicht letztlich billige Energie der Garant dafür ist, dass ihren Wählern die Arbeitsplätze erhalten bleiben und der SPD ihre Wähler.

Unser Wohlstand ist abhängig vom Export. Ohne die Handelsüberschüsse sind dieses Land und das Leben darin nicht finanzierbar. Der Export aber ist abhängig von bezahlbarer Energie. Wind-, Sonnen- und Wasserkraft sind nicht ausreichend verfügbar. Kohle, Öl- und Gaskraftwerke hingegen sind wegen des CO_2-Ausstoßes hochproblematisch und wegen der Abhängigkeit von politisch unzuverlässigen Partnern in Russland und im Nahen Osten. Das ist eigentlich eine ganz einfache Rechnung. Und einfach ist auch die Antwort, welche Lösungen dann noch möglich sind.

Es gibt zwei. Die eine ist politisch nicht einfach, denn man müsste dabei mit dem Selbst-Betrug aufhören und mit dem Betrug an den Wählern. Die Politik müsste ihnen reinen Wein einschenken und Schritt für Schritt erklären, in welchem Dilemma wir uns befinden. Und sie dann abstimmen lassen, ob sie die keineswegs geringen Risiken der Atomenergie in Kauf nehmen wollen. Die andere Lösung war schon einmal für Deutschland geplant: völlige Re-Agrarisierung, verbunden mit dem Abbau der Industrieanlagen. Vorgeschlagen hatte dies 1942 US-Finanzminister Morgenthau für den Fall eines Sieges über Nazi-Deutschland. Es ist im Grunde die kriegerische Variante der heutigen Produktionsverlagerungen. Die Ergebnisse werden aber in einem Land, das inzwischen noch sehr viel mehr von Export und Industrieproduktionen abhängt, nicht grundlegend anders sein. Der damalige Verteidigungsminister Stimson notierte empört, »die Zerstörung eines so großen Teils der deutschen Industrie bedeutet für 30 Millionen Menschen den Hungertod«.

Lob der Achtundsechziger

Im traditionellen Rededuell des amerikanischen Wahlkampfs stellte Ronald Reagan seinem Vorgänger Jimmy Carter 1980 eine schlichte Frage: Was eigentlich unter dessen Führung besser geworden sei? Es war eine Kinderfrage, die Carter vernichtete. Weil sie alle Sozial-, Steuer- und Investitionsvorhaben, alle innen- und außenpolitischen Erfolge, alle Sachzwänge und Vertragsbindungen zur Seite schob und alle Politik auf einen ganz einfachen Nenner brachte: Was hat es uns genutzt?

Das ist eine vollkommen legitime Frage, die man an jede Epoche und ihre Repräsentanten stellen darf und sollte. Und auch allen, die einst mit dem Willen zu großen gesellschaftlichen Änderungen angetreten sind. Insofern können auch die Achtundsechzigerer dieser Frage kaum ausweichen, zumal sie selbst ihren Eltern die angeblich verweigerte Abrechnung mit deren eigenem Leben stets vorgehalten hatten.

Was also ist besser geworden, was geblieben? Die vorhergehenden Kapitel haben es wohl recht deutlich gemacht: aus meiner Sicht nicht viel. Politisch ist die Generation Achtundsechzig komplett gescheitert, weit über ihre extremistischen Erscheinungen wie RAF, K-Gruppen oder SDS hinaus. Die

Verhältnisse wurden nicht zum Tanzen gebracht, und die »antikapitalistische Sehnsucht« der Dutschkes und Kunzelmänner wurde so wenig gestillt wie die der Brüder Otto und Gregor Strasser, der linken Wortführer bei den Nationalsozialisten und Erfinder dieses Begriffs. Das Gewaltmonopol des Staates sowie seine Überwachungsmöglichkeiten sind bedrohlich gewachsen, nicht zuletzt unter tätiger Mithilfe einst unversöhnlicher Kritiker. Und die Bildungs- und Lebenschancen der weniger bevorzugten Schichten haben sich, das zeigen Studien, verringert – obwohl viele der Achtundsechziger später an Universitäten und Schulen tätig geworden sind. Kein großer Erfolg für eine Generation, die angetreten war, das »System« zurückzudrängen, Chancengleichheit herzustellen und den Kapitalismus zu bändigen.

Ästhetisch war Achtundsechzig ebenfalls kein Gewinn. Bücherregale aus Apfelsinenkisten, Sitzsack und Wasserpfeife, dazu nackte Glühbirnen und Wände, vielleicht ein paar Poster – die häusliche Selbstdarstellung als Kombination von Flohmarkt und Einzelzelle. Ebenso trostlos die Kleidung: Poncho, Parka, Palästinenserschal, selten gepflegt. Kein Arbeiter ist so rumgelaufen, und kaum eine Generation war in ihrer demonstrativen Geringschätzung von Konventionen und Kleidung so auf Oberflächlichkeiten fixiert wie jene, die mangelnde Hygiene als Ausdruck innerer Werte verstand. Nicht einmal die Blumenmädchen können die Bilanz aufhellen. All ihr indischer Schmuck, die Blütendiademe und Fußkettchen, die Schlangen-Ringe und Armreife bleiben letztlich Versatzstücke eines Trachtenkostüms, das allein wegen seiner Exotik attraktiv dünkte. Eleganz und Stil sind etwas anderes.

Die realsozialistische Trostlosigkeit, für die Achtundsechzig ästhetisch steht, verweist auf ein weiteres Feld des Versagens: das der Lebensfreude. Keine Generation war so muffig, verhockt, so fern jeden Humors und jeder Leichtigkeit. Während die amerikanische Verfassung den »Pursuit of Happiness«, das individuelle Streben nach Glück, als legitimes Ziel der Selbstverwirklichung benennt, verfolgte Achtundsechzig freiwillig das Gegenteil. Wer auf die Fotos dieser Zeit blickt, findet daher auch eine geradezu zwanghafte Ernsthaftigkeit: Ernst blicken nicht nur Politiker und Wirtschaftsbosse, ernst blicken auch Künstler und Schriftsteller, Journalisten und Studenten. Ernst und verbissen. Nur das Milieu ließ die Puppen tanzen, und nicht ohne Grund nahm Uschi Obermaier nach ihrer Kommunen-Erfahrung mit Rainer Langhans einen Zuhälter und Zecher zum Freund. Sie hatte wohl genug von all dem Grau der Debatten, der Wohnungen und der Kleidung, von all der blöden Solidarität mit den Kaffee-, Baumwoll- und Bananenpflückern dieser Welt.

Schließlich steht Achtundsechzig auch moralisch für Versagen. Der Stalinismus wurde kleingeredet, die 50 Millionen Opfer Maos, die verbrecherischen Regime der Khmer und Sandinisten, von Ho Chi Minh und Enver Hodscha. Und auch der DDR.

Diese Blindheit gegenüber den Verbrechen der Kommunisten birgt womöglich den Schlüssel zum Verständnis jener Generation. Entgegen dem eigenen Anspruch, der historischen Wahrheit zu ihrem Recht zu verhelfen, war Achtundsechzig vor allem geprägt von einem Hang zur Realitätsverweigerung. Man debattierte über weltweite Verstaatlichung, pazifistische Friedensordnungen und freiwilligen Konsumverzicht. Andere zogen sich zurück in Räusche und Meditationen; nicht wenige stiegen ganz aus. Überall Wolkenkuckucksheime, im Privaten wie im Öffentlichen. Mit der Realität wollte man nichts zu tun haben.

Das mag auch der Grund sein, warum die Generation der Achtundsechziger kaum eine bleibende wissenschaftliche Leistung vorweisen kann – keine bedeutende Geschichtsschreibung, kaum eine wichtige geisteswissenschaftliche Arbeit. Sie alle erfordern den Blick für Realitäten, nicht Ideologien. Anders als zuweilen behauptet steht Achtundsechzig gerade nicht für ein »Denken in Alternativen«! Die unvoreingenommene Wirklichkeitserfassung, die immer Ausgangspunkt freien Denkens ist, war gerade keine Stärke dieser Zeit.

Die Verdienste von Achtundsechzig liegen daher allein jenseits der Wirklichkeit, im tief romantischen Zugriff auf die Welt. Einige schöne Gedichte sind entstanden, einige große Songtexte. Davon abgesehen bleibt Achtundsechzig nur als gesellschaftspolitische Negativform in Erinnerung, als Wette auf das ausnahmslos falsche Pferd, ob Multikulti oder die Verachtung von Staat, Nation, Familie, Eigentum, Leistung, Fleiß, Vaterlandsliebe.

Geblieben ist auch die Öffnung des Privaten. Schon in der Kommune 1 wurden die Toilettentüren ausgehängt, und der Hang zu Selbstanalyse und Bekenntnis, zur Veröffentlichung des Intimen, zur schauprozesshaften Selbstdarstellung lebt noch heute fort. Von ihm haben vor allem die Medien profitiert, und nichts hat die Boulevardisierung der Politik so befördert wie diese Öffnung des Privatlebens. Zumindest in dieser Hinsicht bin ich daher den Achtundsechzigern zu Dank verpflichtet.

Danksagung

Zuallererst gilt mein Dank den Leserinnen und Lesern, die Interesse an den hier vertretenen Standpunkten und Anliegen aufgebracht und sich dafür Zeit genommen haben.

Zum Entstehen dieses Buches haben zahlreiche Freunde, Kollegen und andere Ratgeber beigetragen, denen ich zu großem Dank verpflichtet bin. Hervorheben möchte ich Dr. Ralf Georg Reuth, der sehr viel mehr als nur den ersten Anstoß zu *Der große Selbst-Betrug* gegeben hat. Wurzel und Flügel haben dem Manuskript Tanit Koch und Dr. Nicolaus Fest verliehen. Und was immer die Defizite dieses Buches sein mögen, ohne die Korrekturen und Hinweise von Nikolaus Blome, Claus Jacobi, Marion Horn, Dirk Hoeren, Jörg Quoos, Prof. Utz Claassen, Hans-Hermann Tiedje, Kay E. Sattelmair, Dr. Otto C. Hartmann, Hauke Brost, Roger Köppel, Dr. Paul C. Martin, Joachim Hunold, Oliver Santen, Josef Nyary und Martin Lohmann wären sie um ein Vielfaches größer. Ebenso herzlich möchte ich den Unterstützern danken, die es vorgezogen haben, unerwähnt zu bleiben.

Dem Piper Verlag, vor allem Dr. Wolfgang Ferchl und Ulrich Wank, bin ich für die großartige Zusammenarbeit und für die Geduld mit mir sehr verbunden. Danken möchte ich schließlich meiner Frau Katja Kessler, die selbst Bücher schreibt – zum Glück viel lustigere.

PIPER

Jeff Gerth, Don Van Natta Jr.

Hillary Rodham Clinton

Ihr Weg zur Macht. Aus dem Amerikanischen von Michael Bayer, Karlheinz Dürr, Dagmar Mallet, Ursel Schäfer und Heike Schlatterer. 416 Seiten. Klappenbroschur

»Hillary Rodham Clinton ist die geheimnisvollste Erscheinung der amerikanischen Politik. Wir wollen dieses persönliche und politische Rätsel aufklären«: Mit diesem Buch wird der US-Wahlkampf nach der Sommerpause in seine erste heiße Phase eintreten, bevor dann im Januar 2008 die »Primaries«, die ersten Vorwahlen der Parteien, offiziell beginnen. Seit Jahren konzentrieren sich zwei der berühmtesten Reporter Amerikas, die Pulitzerpreisträger Jeff Gerth und Don Van Natta Jr., auf die einzigartige Karriere der Senatorin aus New York. Sie zeigen in diesem Buch, wie geschickt Hillary Rodham Clinton jene Mechanismen der amerikanischen Politik aushebelt, die ihren Aufstieg verhindern könnten, und wie ihr Bündnis mit Bill Clinton sie abwechselnd behinderte und förderte. Die Autoren beschreiben eindrucksvoll und analysieren präzise, woher die Attraktivität dieses »Dream-Teams« der amerikanischen Politik kommt.

01/1677/01/L